Silke Förschler, Christiane Keim, Astrid Silvia Schönhagen (Hg.)
Heim/Tier

D1734242

wohnen +/– ausstellen Schriftenreihe
Herausgegeben von Irene Nierhaus und Kathrin Heinz

wohnen +/– ausstellen Schriftenreihe, Band 6
Herausgegeben von Silke Förschler, Christiane Keim,
Astrid Silvia Schönhagen
http://www.mariann-steegmann-institut.de/publikationen

Forschungsfeld wohnen +/– ausstellen
Mariann Steegmann Institut. Kunst & Gender
Institut für Kunstwissenschaft – Filmwissenschaft – Kunstpädagogik
Universität Bremen

MARIANN STEEGMANN INSTITUT   Institut für
Kunst & Gender   Kunstwissenschaft   Universität Bremen
                             Filmwissenschaft
                             Kunstpädagogik

Bibliografische Informationen der Deutschen Nationalbibliothek
Die Deutsche Nationalbibliothek verzeichnet diese Publikation in der
Deutschen Nationalbibliografie;
detaillierte bibliografische Daten sind im Internet über http://dnb.d-nb.de abrufbar.

Umschlagkonzept, Gestaltung und Satz: Christian Heinz
Redaktion: Silke Förschler, Christiane Keim, Astrid Silvia Schönhagen
Lektorat und Korrektorat: Ulf Heidel
Druck: Majuskel Medienproduktion GmbH, Wetzlar
Print-ISBN: 978-3-8376-4691-7
PDF-ISBN: 978-3-8394-4691-1
https://doi.org/10.14361/9783839446911

Gedruckt auf alterungsbeständigem Papier mit chlorfrei gebleichtem Zellstoff.
Besuchen Sie uns im Internet: http://www.transcript-verlag.de
Bitte fordern Sie unser Gesamtverzeichnis und andere Broschüren an unter:
info@transcript-verlag.de

Silke Förschler, Christiane Keim,
Astrid Silvia Schönhagen (Hg.)

HEIM/
TIER

Tier-Mensch-Beziehungen
im Wohnen

[transcript] wohnen +/- ausstellen

HALT

EINLEITUNG

GETEILTE TOPOGRAFIEN, GETEILTE RÄUME

PLATZIERUNGEN. VON DER ÄSTHETISCHEN ERZIEHUNG DES TIERES UND DES MENSCHEN

INTIMISIERUNG.
GRENZZIEHUNGEN
ZWISCHEN
WOHNSUBJEKTEN

EIN
LEI
TUNG

Silke Förschler, Christiane Keim, Astrid Silvia Schönhagen
Wohnen als *interspecies relationship*

Was das Heimtier vom Nutztier unterscheidet,[1] ist vor allem seine einzigartige Beziehung zum Menschen. Heimtiere, im Englischen *pets* oder *companion animals* genannt, gelten nicht nur als treue Gefährt*innen und Wegbegleiter*innen von uns Menschen, sondern sie sind vielfach als unsere Mitbewohner*innen auch unsere Hausgenoss*innen. Damit wird das Wohnen, das gemeinhin als eine genuin menschliche Kulturpraxis gilt, maßgeblich von der Anwesenheit tierlicher (Mit-)Bewohner*innen mitbestimmt. Oder anders formuliert: Die Art des Beziehungsgefüges zwischen Menschen und ihren Heimtieren bzw. zwischen Heimtieren und ihren Menschen hat einen entscheidenden Einfluss auf die Gestaltung von Wohnräumen und folglich auf die gemeinsame Wohnpraxis. Könnten Wände sprechen, würden sie eine Vielzahl solcher *interspecies*-Wohngeschichten preisgeben, in die neben den kulturellen Spezifika der Tier-Mensch-Beziehungen auch deren historischer Wandel eingeschrieben ist. Vor diesem Hintergrund liegt es nahe, die Fragestellungen und Theoreme der Human-Animal Studies mit dem Forschungsfeld des Wohnens zu verknüpfen. Dabei geraten nicht nur unterschiedliche Formen von Tier-Mensch-Beziehungen im Wohnen in den Blickpunkt; im Rahmen einer allgemeinen, medial vermittelten Kulturgeschichte des Wohnens können Tier-Mensch-Beziehungen vielmehr auch neu kontextu-

---

1   Mit der Verwendung des Begriffs Heimtier liegt der Fokus auf Tieren, die menschliches Wohnen mitbestimmen und Teil von Praktiken des ‚Heimeligmachens' sind. Die Kategorie Haustier hingegen umfasst auch Nutztiere wie Kühe, Schweine und Pferde, die zwar unmittelbar mit Menschen zusammenleben können, jedoch nicht unbedingt menschliches Wohnen mitgestalten.

alisiert werden. Zur Verdeutlichung dieser Problematik und als Einstieg in die vorliegende Publikation seien im Folgenden zwei künstlerische Arbeiten vorgestellt, die *interspecies*-Wohnen thematisieren und zugleich veranschaulichen, wie unterschiedlich die visuelle und narrative Umsetzung von Tier-Mensch-Beziehungsgefügen (*interspecies relationships*[2]) im Wohnen gestaltet sein kann. Ganz bewusst wurden Beispiele ausgewählt, die unterschiedlichen historischen Zusammenhängen entstammen und paradigmatisch für je verschiedene Auffassungen vom Tier-Mensch-Verhältnis in häuslicher Umgebung stehen. Es handelt sich um Dominique Doncres Gemälde *Le juge Lecocq et sa famille* aus dem Jahr 1791 sowie den Animationsfilm *The Secret Life of Pets* von 2016.

Wohngeschichten: Von der Anthropomorphisierung zur tierlichen Agency in den eigenen vier Wänden

Das Ölgemälde *Le juge Lecocq et sa famille* wurde 1791 von Pierre-Louis Joseph Lecocq, einem in der nordfranzösischen Gemeinde Arras tätigen Richter, bei dem Maler Dominique Doncre (1743–1820) in Auftrag gegeben (Abb. 1). Dargestellt sind Monsieur Lecocq, der titelgebende Advokat mit dem tierlichen Namen (*coq* ist das französische Wort für Hahn), und seine sechsköpfige Familie (ein Schoßhündchen mit eingerechnet) in einem zeitgenössischen, mit Arabesktapeten und Landschaftssupraporten ausgestatteten Interieur. Bei dem Werk, in dem sich die Gattungen der Interieurdarstellung und des repräsentativen Familienporträts durchdringen, fällt besonders die Inszenierung des Beziehungsgeflechts zwischen den menschlichen und tierlichen Akteur*innen ins Auge. In Abwandlung sentimentaler Darstellungskonventionen des späten 18. Jahrhunderts, mit denen die Verbundenheit von Familienangehörigen durch innige Umarmungen oder Blicke zum Ausdruck gebracht werden sollte, setzte Doncre hier die Zuneigung der einzelnen

---

2 *Interspecies relationship* ist für Donna Haraway zentral in ihrer Beschreibung von Möglichkeiten des Zusammenlebens. In ihrem Konzept der „companion species" definiert sie: „Human nature is an interspecies relationship", Haraway 2009, S. 19. Zentral sind hier die wechselseitigen Konstitutionen und Interdependenzen von Tier und Mensch; Subjekt und Objekt, Innen und Außen, Natur und Kultur sind zu materiell-semiotischen Knoten verschlungen.

Silke Förschler, Christiane Keim, Astrid Silvia Schönhagen

1 Dominique Doncre, *Le juge Lecocq et
sa famille*, 1791, Öl auf Leinwand,
98 × 82 cm, Musée de la Révolution
française, Vizille

Familienmitglieder – und zu ebenjenen zählte ganz offensichtlich auch
das Heimtier – sinnbildhaft durch das Motiv der Gabe von auffällig ins
Bild gesetzten Süßigkeiten in Szene. Eine zentrale Rolle kommt dabei Monsieur Lecocq zu: Kompositorisch im Zentrum der pyramidalen
Mensch-Tier-Familien(an)ordnung stehend, wird er nicht nur als Reprä-
sentant eines öffentlichen Amtes (erkennbar an seiner schwarzen Richterrobe) dargestellt,[3] sondern auch in der Rolle des *pater familias*. Letzte-

3   Lecocq war, wie viele französische Adelige, Verfechter einer liberalen
    politischen Haltung, deren Befürworter in den Jahren zwischen der Fran-
    zösischen Revolution (1789) und der Terrorherrschaft Robespierres
    (1793/94) für eine Aussöhnung von Monarchisten und Revolutionären
    eintraten. Hierauf deutet, abgesehen von seiner schwarzen Robe, das Ne-
    beneinander vestimentärer Insignien seines Berufsstandes, die eigentlich
    unterschiedlichen politischen Systemen zuzuordnen sind: So trägt er über

re findet ihren unmittelbarsten Ausdruck in dem liebevoll-gütigen Blick, mit dem er seiner jüngsten Tochter ein Zuckerstück darreicht und ihr damit stellvertretend für die gesamte Familie seine Zuneigung bekundet. Gespiegelt wird seine Geste vom jüngsten seiner drei Söhne, der dem Familienhund, einem pudelartig geschorenen Springerspaniel, ebenfalls ein Leckerli – allerdings als Belohnung fürs ‚Männchen-Machen‘ – in Aussicht stellt. Und ein weiteres Mal spiegelbildlich aufgegriffen wird diese Bewegung in einer Szene auf der Arabesktapete an der Wand, wo in einem sich rapportartig wiederholenden, von Festons und Girlanden umrankten Dekorelement ein Mann einer sitzenden Dame seine Reverenz erweist, sprich ‚seinen Mann steht‘. In Doncres Gemälde zeigt sich also ein vielfältiges Beziehungsgeflecht, das über Gesten, Blickdramaturgien und räumliche Beziehungen ausgehandelt wird und in das auch der zum Schoßhündchen degradierte Springerspaniel, eigentlich ein stattlicher englischer Jagdhund, als Teil der Familie *aktiv* eingebunden ist – ganz im Gegensatz zum Bediensteten, der im Hintergrund das Essen serviert und in seiner räumlichen Isolation dramaturgisch aus dem bildgewordenen innersten Zirkel der Familie ausgeschlossen wird.

Das Interieur, das spätestens seit der Mitte des 18. Jahrhunderts in Wohndiskursen als Ort des Privaten respektive des Nicht-Öffentlichen galt,[4] wird damit als Sphäre der Intimisierung familialer Beziehungen präsentiert; es versinnbildlicht die in der Literatur vielfach konstatierte Sentimentalisierung bzw. Emotionalisierung familialer Beziehungen.[5] Eine solche ‚Aufladung‘ der Doncre'schen Bild- bzw. Raumfindung wäre

---

der schwarzen Richterrobe eine in den Farben der Trikolore gehaltene Schärpe mit Medaillon, die ihn – ebenso wie die Kokarde am Hut auf dem Tisch neben ihm – als Diener und Verfechter des nachrevolutionären Frankreichs charakterisiert; das Wappen und die rote Magistratsrobe eines *conseiller de roi*, die hinter dem von einem Putto beiseitegeschobenen Vorhang zum Vorschein kommen, bezeugen hingegen, dass er eine ähnliche Tätigkeit bereits im Ancien Régime ausübte. Lecocq wird also als ein Mann des Übergangs und des Ausgleichs zwischen alter und neuer Zeit dargestellt. Für eine ausführliche Auseinandersetzung mit den politischen Implikationen dieser Interieur-Darstellung vgl. Amy Freunds Artikel „The Revolution at Home", in dem die Autorin diese als Sinnbild für „patriotic domesticity" deutet, Freund 2011, bes. S. 18–24, hier S. 23.

4   Siehe hierzu exemplarisch Ariès/Duby 1992, Reulecke 1997, Nierhaus 1999, S. 86–113.

5   Hierzu exemplarisch Koschorke u.a. 2010, S. 105–125, Schmidt-Voges 2010, Deinhardt/Frindte 2005, Trepp 2000.

nicht möglich gewesen ohne die Erfindung des Konzepts der romanti-
sierten Liebesehe, die im Verlauf des 18. Jahrhunderts zunehmend an
die Stelle monetär begründeter Heirats- und Standesallianzen getreten
war, wodurch sich das Verständnis von Partnerschaft und Familie nach-
haltig wandelte. In den Diskursen des bürgerlichen Zeitalters fanden
diese Veränderungen in romantisierenden Vorstellungen wie der Gat-
tinnen- oder Gatten-Liebe, aber auch in der Sentimentalisierung der
Eltern-Kind-Beziehung durch Begriffe wie Mutter- oder Vaterliebe ihren Ausdruck. Parallel dazu wurden Bedienstete, die dem klassischen
oikos-Verständnis zufolge noch zum ‚innersten Zirkel‘ der Familie gehört
hatten, aus der sogenannten Kernfamilie ‚herausgeschrieben‘. Das um
die Wende zum 19. Jahrhundert entstandene Familienporträt der Lecocqs ist ein eindrückliches Beispiel für diesen von Albrecht Koschorke,
Eva Eßlinger, Nacim Ghanbari, Sebastian Susteck und Michael Thomas
Taylor konstatierten „sentimentalen Familiendiskurs"[6], der um 1800 in
zahlreichen Spielarten – so auch in der Gattung des Gruppenporträts
– seinen Widerhall fand. Zur Familie gehörte hier allerdings eben auch,
was nicht häufig genug betont werden kann, ein nicht-menschlicher Mitbewohner, ein Schoßhündchen-Springerspaniel, zu dessen Einbindung in
das sentimentalisierte familiale Beziehungsgeflecht vor allem das ‚Männchen-Machen‘ und seine damit einhergehende Anthropomorphisierung
beitragen. Hieran zeigt sich, dass die Emotionalisierung und Intimisierung familialer Beziehungen nicht nur das Verhältnis der menschlichen
Familienangehörigen untereinander, sondern auch das zu ihren liebsten
tierlichen Mitbewohner*innen betreffen konnte.[7] Heimtiere waren damit,

6   Koschorke u.a. 2010, S. 117.
7   Der Aspekt der Emotionalisierung von Tier-Mensch-Beziehungen ist in
     den Human-Animal Studies vielfach beleuchtet und historisiert worden:
     Pascal Eitler und Maren Möhring verorten den Beginn emotionalisierter
     Tier-Mensch-Beziehungen beispielsweise im langen 19. Jahrhundert, vgl.
     Eitler/Möhring 2008 und Eitler 2009; Karen Raber hingegen macht die
     Anfänge der Tierliebe bereits im 17. Jahrhundert aus, siehe Raber 2007.
     Zum Wandel der Heimtier-Mensch-Beziehungen im Laufe der Geschichte
     siehe allgemein auch Katja Kynast und Klaus Petrus, vgl. Kynast 2015
     und Petrus 2015. Mit der Frage nach der Emotionalisierung und Famili-
     alisierung von Tier-Mensch-Beziehungen im Wohnen hat sich bisher al-
     lerdings ausschließlich Maren Möhring befasst; Möhring deutet derartige
     Strategien der Verhäuslichung des Tierlichen als *spacing*, durch das erst
     „der häusliche[ ] Bereich der Familie und des Selbst geschaffen" werde,
     Möhring 2015, S. 396.

wie Maren Möhring konstatiert, „[a]ls ‚machine[s] à aimer' [...] zentrale Figuren des [adeligen wie auch, Anm. d. Verf.] bürgerlichen (Gefühls-) Haushalts", die „die Familie als Einheit" gegenüber einem nicht-familialen, gesellschaftlichen Außen abzugrenzen halfen.[8]

In der Verschaltung von emotionalisiertem Familiendiskurs und Personifizierung bzw. Anthropomorphisierung des Tieres als ‚Ersatz-' oder ‚Mitmensch' offenbart sich aber noch ein weiterer wichtiger Bezugspunkt zum Diskursfeld des Wohnens – nämlich die Frage nach der Domestizierung des Tieres als Voraussetzung menschlich-tierlichen Zusammenseins. Bestimmte Tierarten wie Hunde, Katzen oder *pet birds* gelten, da sie als reinlich und außerordentlich lernfähig erachtet werden, grundsätzlich als besonders geeignet für das Zusammenleben mit uns Menschen. Im Gegensatz zu diesen ‚klassischen' Heimtieren sind andere, traditionell zumeist landwirtschaftlich genutzte Tiere wie Kühe oder Schweine seit Beginn des bürgerlichen Zeitalters als Haus- oder Nutztiere zunehmend aus dem engmaschigen Netz emotionalisierter, häuslicher Heimtier-Mensch-Beziehungen ausgeschlossen worden.[9] So verstanden verweist das ‚Männchen-Machen' des Schoßhündchens der Lecocqs nicht nur auf seine Vermenschlichung oder Anthropomorphisierung im Kontext sentimentalisierter, familialer Tier-Mensch-Beziehungen im Interieur, sondern es steht eben auch für die Lernfähigkeit und damit für die Domestizierbarkeit dieses tierlichen Familienmitglieds. Doncre geht sogar noch einen Schritt weiter: Er hebt den verniedlichten, anthropomorphisierten Springerspaniel bilddramaturgisch durch Gestik und Mimik auf dieselbe (Entwicklungs-)Stufe wie die beiden jüngsten Kinder der Lecocqs, deren Erziehung, ebenso wie die des Schoßhündchens, durch einen Wechsel von ‚Zuckerbrot und Peitsche' gekennzeichnet ist – versinnbildlicht in der Figur des *pater familias*, der mal als strenger, tadelnder, strafender oder schlichtender Familienpatriarch und ‚Richter' auftreten muss, mal als lobender oder Süßigkeiten verteilender Liebling der Allerkleinsten (wie hier der Fall). Im Familienporträt der Lecocqs mit seinem erweiterten Repertoire menschlicher und tierlicher Familienangehöriger durchdringen sich somit auf eindrückliche Weise

---

8 Möhring 2015, S. 397.
9 Siehe hierzu auch den Essayband zur Ausstellung „Tierisch beste Freunde. Über Haustiere und ihre Menschen", die 2017/18 im Deutschen Hygiene-Museum in Dresden stattfand, Ausst.-Kat. Dresden 2017.

Silke Förschler, Christiane Keim, Astrid Silvia Schönhagen

Diskurse um sentimentalisierte Tier-Mensch-Beziehungen mit Fragen nach der Erziehung und/oder Domestizierung unterschiedlicher Zimmer- oder Hausbewohner*innen im (privaten) Interieur.

Ein völlig anderes Bild vom Zusammenleben von Tieren und Menschen, insbesondere von der Verhäuslichung des Tierlichen, entwirft der über 200 Jahre später entstandene computeranimierte Trickfilm *The Secret Life of Pets* (USA 2016, R.: Chris Renaud) von Illumination Entertainment. Auch hier sind die Heimtiere vor allem anthropomorphisierte Lebewesen in tierlicher Gestalt. Im Gegensatz zu Doncres fest im anthropozentrischen Weltbild der Aufklärung bzw. des bürgerlichen Zeitalters verankertem Blick wird ihnen allerdings – ganz im Sinne des 21. Jahrhunderts und der von den Human-Animal Studies eingeforderten Vorstellung von tierlicher Handlungs- und Wirkungsmacht – *animal agency* zugeschrieben.[10] Dies zeigt sich gleich zu Beginn des Films, als sich der in einer schäbigen Papierkiste ausgesetzte Max, der hundliche Hauptprotagonist dieser im New York der Gegenwart angesiedelten Story, auf die ‚Suche' nach einer*/einem* neuen Mitbewohner*in begibt. Diese findet der Jack-Russell-Terrier auch sehr schnell in Katie, einer agilen jungen Frau, die ihn zufällig auf der Straße aufliest; seit jenem Moment verbindet die beiden, wie der Ich-Erzähler Max mehrfach betont, eine innige Freundschaft. Das klassische Paradigma vom Heimtier als treuem Begleiter und Freund des Menschen wird hier also umgekehrt, insofern Max als aktiv handelndes und fühlendes Heimtier dargestellt wird, das Emotionen für Katie entwickelt; die junge Frau wird sozusagen zu Max' ‚Lieblingsmenschen', er zum anhänglichen Mitbewohner, der nicht verstehen kann und will, warum ‚Frauchen' frühmorgens für die Arbeit das Haus verlässt. Die innige Beziehung der beiden spiegelt sich in für Max typischen Formulierungen, die ihm im Laufe der Filmerzählung in den Mund gelegt werden. So berichtet er zu Beginn des Films etwa: „[W]e have the perfect relationship [...]. Katie would do everything for me. And I am her loyal protector. [...] Our love is stronger than words. Or shoes.[11] It's me and Katie. Katie and me. Us against the world. I wouldn't go so far as to call us soul mates, even though any sane person who saw us would."

---

10 Roscher 2015 plädiert für eine saubere Trennung in der Zuschreibung von Wirkungsmacht und Handlungsmacht. Hierfür schlägt die Autorin eine Ausdifferenzierung von Akteursgemeinschaften nach *relationaler agency*, *entangled agency*, *embodied agency* und *animal agency* unter Berücksichtigung des jeweiligen sozialen und zeitlichen Kontextes vor.

11 Max zerkaut mit Vorliebe Katies Schuhe.

Ähnlich idyllisch gestaltet sich auch das Zusammenleben der Heimtiere und ihrer menschlichen Mitbewohner*innen in *The Life of Pets*. So hat Max beispielsweise sein eigenes ‚Wohlfühlplätzchen' respektive flauschig ausstaffiertes Körbchen ganz in der Nähe von Katies bequemem rotem Sofa, wo er – sobald sich ihm die Gelegenheit bietet – mit seinem ebenso anhänglichen ‚Frauchen' kuschelt. Gidget, eine äußerst modebewusste Zwergspitzdame mit weißem Fell, die unsterblich in Max verliebt ist, darf sogar gemeinsam mit ihren beiden kunstbeflissenen menschlichen Mitbewohner*innen am Esstisch Platz nehmen, im Hintergrund ein Warhol-artiges Konterfei ihrer selbst an der Wand (Abb. 2). Durch Bildfindungen wie diese wird der Eindruck vermittelt, Max und die anderen Heimtiere seien die perfekten tierlichen Doubles ihrer selbsterwählten menschlichen ‚Herrchen' oder ‚Frauchen'. Doch tatsächlich entwickeln sie eigene Ideen sowie Vorlieben und besitzen einen ausgeprägten persönlich-tierlichen Geschmack. Am deutlichsten zeigt sich dies beim gestriegelten Pudel Leonard, der mit seinem eleganten menschlichen Mitbewohner in einem mondänen Apartment lebt. Sobald sein ‚Lieblingsmensch' allerdings die gemeinsame Wohnung verlässt, tauscht Leonard die von ‚Herrchen' bevorzugte klassische Musik gegen Heavy-Metal-Sound, und man sieht ihn headbangend mit seinen Freund*innen – anderen Heimtieren aus der Nachbarschaft – durch die Wohnung toben und das Inventar verwüsten (Abb. 3). Ähnlich selbstbestimmt gibt sich auch der zahme und scheinbar zerbrechliche Wellensittich Sweetpea; hat sein menschlicher Mitbewohner die Wohnung verlassen, befreit er sich aus seinem Käfig, um Computerspiele zu spielen, in denen er mit Düsenjets durch Grand-Canyon-ähnliche Landschaften jagt.

Neben diesen ihre menschlichen Mitbewohner*innen innig liebenden Heimtieren existiert im Film eine zweite Kategorie von (Heim-)Tieren: die sogenannten *flushed pets*, ehemalige Heimtiere, die von ihren Menschen verstoßen worden sind. Diese lernt Max kennen, als er mit dem Neufundländer-Mischling Duke bei einem gemeinsamen Spaziergang durch die Stadt als vermeintlich streunender Straßenhund von Tierfängern in einem Laster ‚entführt' wird. Die *flushed pets* sind durchweg zwiespältige, verdorbene Charaktere und äußerst hässliche Zeitgenoss*innen, die sich nach Aussage ihres Anführers, des garstigen weißen Kaninchens Snowball, aus freien Stücken für ein Leben ohne menschliche Begleiter*innen entschieden haben. Ihr Zuhause ist die stinkende, vermüllte Kanalisation, die antipodisch zu den komfortablen, von Menschenhand liebevoll eingerichteten Wohnungen ‚kultivierter' Heimtiere wie Max, Gidget oder Leonard konzipiert ist.

2 Gidget am Esstisch mit ihren menschlichen Mitbewohner*innen, Screenshot aus *The Secret Life of Pets*, 2016

3 Leonard headbangend mit seinen
   tierischen Freund*innen, Screenshot
   aus *The Secret Life of Pets*, 2016

Einleitung

Tierliches Wohnen, wie es in *The Secret Life of Pets* in fiktionalisierter Form präsentiert wird, geht folglich auf die bewusste Entscheidung eines jeden Tieres für ein bestimmtes Wohn- und/oder Lebensmodell zurück. Dabei wird den Heimtieren ebenso wie ihren vernachlässigten Artgenoss*innen, den *flushed pets*, nicht nur ein Eigenleben und ein eigener Wille, sondern auch ein hohes Maß an Individualität in Form von Geschmack und Stilbewusstsein oder eben deren dezidierter Negation zugeschrieben. Heimtiere wie der Springerspaniel der Familie Lecocq, die nach menschlichen Vorstellungen für ein gemeinsames *interspecies*-Wohnen domestiziert wurden und werden, gehören nach dieser im Film kommunizierten Auffassung von einer tierlichen Agency, welche die bis weit ins 20. Jahrhundert verbreitete Objektifizierung nicht-menschlicher Lebewesen zu überwinden sucht, der Vergangenheit an.

Zur Neuordnung der Wohnsubjekte. Plädoyer für eine Wohnforschung jenseits anthropozentrischer Subjekt-Objekt-Dichotomien

Darstellungen von Heimtieren, in denen (wie bei Doncre) *pets* als nach menschlichen Vorstellungen eines familialen Zusammenlebens zugerichtete Mitbewohner*innen vorgeführt werden oder die (wie der Animationsfilm *The Secret Life of Pets*) tierliche Lebewesen als eigenständige Subjekte und damit als selbstbewusste Akteur*innen eigener Wohnideen repräsentieren, haben auf den ersten Blick nur wenig gemein. Dennoch verbindet diese sehr unterschiedlichen Medialisierungen der Spezies ‚Heimtier‘, wie das Nomen ‚Heim‘ im Namenskompositum bereits impliziert, vor allem ein Aspekt: Sie führen vor Augen, dass Beziehungen zwischen Tieren und Menschen im gemeinsamen Wohnen eine besondere Ausprägung erfahren (können). Damit rückt das Interieur als Ort der Interaktion und des Zusammenlebens in den Fokus. Gleichzeitig wird der Blick auf Konzepte und Vorstellungen des Wohnens gelenkt, wie sie seit dem späten 18. Jahrhundert in der westlichen Hemisphäre, insbesondere in Nord- und Mitteleuropa, entwickelt worden und bis heute weithin wirksam geblieben sind; in diese Konzepte ist auch das Tier als nicht-menschlicher Akteur gleichsam mit eingeschrieben worden. Konkret bedeutet dies, dass das Wohnen als ein Ort, eine alltägliche Praxis und eine Form von *interspecies relationship* les- und analysierbar ist, die sowohl medial vermittelt als auch

18

kulturell und historisch kodiert ist. Eine Thematik, die uns in diesem Kontext besonders interessiert, ist die Frage, inwiefern auch tierliche Akteur*innen in menschliche Wohntheorien und -didaktiken einbezogen werden und welcher Stellenwert ihnen dabei zukommt.[12]

Die Didaktisierung des (privaten) Wohnraums ist seit der Mitte des 18. Jahrhunderts ein wichtiger Aspekt in westeuropäischen Wohndiskursen.[13] Der Aufklärungstheoretiker Karl Philipp Moritz (1756–1793) beispielsweise bezeichnet in seinem Aufsatz „Häußliche Glückseligkeit – Genuß der schönen Natur" das Haus, genauer das Wohnzimmer, als Keimzelle jedweder menschlicher Beziehungen. Er schreibt: „In sein eigentliches Wohnzimmer, in den Schoß seiner Familie, drängt sich sein [des Menschen] wirkliches Daseyn, das durch die bürgerlichen Geschäfte gleichsam zerstreut wurde, am meisten wieder zusammen."[14] Moritz' Aussagen stehen stellvertretend für einen zeitgenössischen Diskurs, der Konstellationen des Räumlichen mit Prozessen der Subjektformierung verband. In der ‚Intimität' des von den in der öffentlichen Sphäre getätigten ‚Geschäften' befreiten Heims sollte das Subjekt geformt werden – und zwar in einer Weise, die es der*/dem* Einzelnen ermöglichte, an der Entwicklung eines von einem spezifischen Wertekanon geprägten Gesellschaftsmodells mitzuwirken.[15] Die Bildung bzw. Selbst-Bildung der Subjekte im und durch das Wohnen[16] stand dabei im Dienste der Vorstellung einer bürgerlichen Gesellschaftsordnung, deren Aufbau über Differenz schaffende Zuschreibungen – des Geschlechts, der sozialen Schicht, der nationalen, religiösen oder kulturellen Zugehörigkeit – erfolgte. Das Wohnen als gesellschaftlich geformter Ort kann daher von seiner Genese aus betrachtet als kulturell und politisch motivierte Erfindung gelten, die um 1800 Einzug in die westlichen Gesellschaften hielt.

---

12 Jüngst sind einige historische Studien erschienen, deren Anliegen es ist, das Heimtier-Mensch-Verhältnis nicht als anthropozentristische Geschichte zu schreiben. Siehe exemplarisch: Steinbrecher 2011, Breittruck 2012, Zelinger 2018.

13 Mit dem Aspekt der Privatheit respektive Innerlichkeit als subjektkonstituierender Praxis im Interieur der Moderne setzt sich epochenübergreifend der Band *Interiors and Interiority* auseinander, siehe Lajer-Burcharth/ Söntgen 2015.

14 Moritz 1962, S. 35.

15 Moritz nimmt damit die Benjamin'sche Charakterisierung des Interieurs als „Universum" des „Privatmanns" sowie des Salons als „eine Loge im Welttheater" vorweg, siehe Benjamin 2015, S. 52.

16 Zu Diskursen und Praktiken der Subjektformierung vgl. Reckwitz 2010.

Diese Auffassung vom Wohnen impliziert, dass das ‚richtige Wohnen' respektive die Regeln ‚richtigen' Wohnverhaltens erlernt werden können und müssen. Diese Aufgabe und Funktion kommt, ebenfalls seit dem späten 18./frühen 19. Jahrhundert, spezifischen Medien oder Medienverbünden (wie Architektur-, Design- und Ausstattungsmagazinen, Wohnausstellungen, Interieurbildern, Filmen u.a.m.) zu, die den Bewohner*innen den zeitgemäßen Einrichtungsgeschmack näherbringen und sie mit den Normen des ‚korrekten' Wohnens vertraut machen sollen. Das ‚objektive' Wissen davon, „was zum Wohnen gehört, nicht gehört oder gehören könnte", schreiben Irene und Andreas Nierhaus in der für die kulturwissenschaftliche Wohnforschung grundlegenden Einleitung des Tagungsbandes *Wohnen Zeigen* (2014), ist also tatsächlich das Ergebnis eines langen persönlichen wie gesellschaftlichen Vermittlungs- und Aneignungsprozesses. Wie Wohnen in den verschiedenen Epochen, Jahrhunderten oder Jahrzehnten organisiert werde, leite sich – so die Autor*innen weiter – entsprechend von gesellschaftlichen Prozessen ab, die das „Wohnen als Anordnungsgefüge aus sozialen, gesellschaftspolitischen, kulturellen und ästhetischen Diskurspolitiken und Repräsentationsstrategien formiert ha[ben] und weiter formier[en]".[17] Geschmack und Stil von Wohnungseinrichtungen verdanken sich demnach nicht allein individuellen Entscheidungen oder stellen eigene Vorlieben zur Schau; vielmehr spiegelt sich in Wohnsituationen und ihren räumlich-szenischen Arrangements durch den Einsatz von medialen „Argumentationsnetzwerken"[18] Erlerntes, das von den Rezipient*innen mit ihrem Handeln im eigenen Heim reproduziert bzw. in ihre jeweiligen Lebensumstände übersetzt werden kann und soll. Das private Wohnen erweist sich so als Domestizierungsvorgang,[19] der einen wesentlichen Anteil an der Herstellung moderner Subjektidentitäten hat.

Die hier skizzierten Thesen kulturwissenschaftlicher Wohnforschung gehen in ihrer Fokussierung auf die Wohnsubjekte und deren Beziehungen zu den Räumen und Bildern des Wohnens bislang ausschließlich von menschlichen Akteur*innen aus.[20] Die wissenschaftliche Reflexion über

17 Nierhaus/Nierhaus 2014, S. 12.
18 Ebd., S. 13.
19 Vgl. ebd.
20 Ebenso fokussieren sie auf westliche Konzepte und Formen des Wohnens, die – anders als in nicht-westlichen nomadischen Kulturen – das Wohnen als ein immobiles denken. Kritisch hinterfragt hat dieses Paradigma in

Silke Förschler, Christiane Keim, Astrid Silvia Schönhagen

kulturell zugeschriebene und historisch verfestigte Subjektpositionen im Wohnen erkennt zwar in Bestimmungen des Geschlechts oder der sozialen Schicht Markierungen von Differenz, die für das Wohnen eine wichtige Rolle spielen; eine weitere zentrale Demarkationslinie, nämlich die zwischen Tier und Mensch oder – im Kontext dieser Publikation – die zwischen menschlichen und nicht-menschlichen Wohnenden, ist bisher allerdings unbeachtet geblieben.[21] Bedenkt man nicht nur die Verbreitung eines häuslichen Zusammenlebens von Tier und Mensch, sondern auch die zahlreichen (Kon-)Textualisierungen und Visualisierungen, die von dieser Beziehungsform erzählen oder sie bildlich vor Augen führen, scheint dies erstaunlich. Ein solches Ausblenden nicht-menschlicher Akteur*innen des Wohnens lässt sich eigentlich nur mit Verweis auf die immanent mitschwingende Vorstellung eines gleichsam ‚naturalisierten' Wissens über die primäre Differenz von Mensch und Tier bzw. Kultur und Natur erklären, wie sie René Descartes im 17. Jahrhundert mit seiner Unterscheidung vom Menschen als vernunftbegabtem Subjekt und dem Tier als seelenlosem Lebewesen für Jahrhunderte festgeschrieben hat.[22] Umso notwendiger ist es, wie in diesem Band angestrebt, den Spe-

jüngerer Zeit beispielsweise die Bremer Tagung *Unbehaust wohnen. Verheerende wie diskrete Desaster* (Mai 2018), die u.a. unterschiedliche kulturelle Narrative mobilen Wohnens zur Diskussion stellte.

21 Hierauf macht auch Maren Möhring aufmerksam: „Seit einigen Jahren haben die Human-Animal Studies auf die Bedeutung der Tier-Mensch-Beziehungen für ein differenzierteres Verständnis von Gesellschaft, Geschichte und Gegenwart hingewiesen. Trotzdem hat das Haustier als Mitglied des Haushalts und als Wesen, das ‚in unmittelbarer Gemeinschaft mit dem Menschen lebt', in Studien über die Geschichte des Hauses und der Familie noch nicht die ihm gebührende Aufmerksamkeit erfahren." Möhring 2015, S. 389.

22 Descartes macht diese Differenz an der Fähigkeit zu sprechen fest: „[...] es ist ein sehr bemerkenswerter Sachverhalt, dass es – die Verrückten nicht ausgenommen – keine so stumpfsinnigen und dummen Menschen gibt, die nicht fähig wären, verschiedene Worte zusammenzustellen und daraus eine Rede zu bilden, durch die sie ihre Gedanken verständlich machen; und dass es umgekehrt kein anderes Tier gibt, das, so vollkommen und so glücklich veranlagt es auch sein mag, Ähnliches leistet. [...] [D]ies bezeugt nicht nur, dass die Tiere weniger Vernunft haben als die Menschen, sondern dass sie gar keine haben", Descartes 2015, S. 58f. Diese Descartes'sche Unterscheidung der Kollektivsingulare ‚Mensch' und ‚Tier', die sich durch die gesamte westeuropäische Moderne fortsetzen wird, ist wiederum eine auf spezifische Weise kulturell geprägte Sichtweise; sie unterscheidet sich fundamental von animistischen Vorstellungen in nicht-westlichen Kulturen, die von einer Beseelung der Natur ausgehen und die strikte Trennung von

ziezismus im Nachdenken über das Wohnen und seine Subjekte zu hinterfragen und in das Räderwerk der „anthropologischen Maschine, die den Menschen immer wieder aufs Neue herstellt, indem er ihn von den anderen Tieren scheidet",[23] einzugreifen. Denn eine Wohnforschung, die das Wohnen nur von seinen menschlichen Akteur*innen her begreift und die tierlichen (Mit-)Bewohner*innen außer Acht lässt, bleibt normativen anthropozentrischen Vorstellungen verhaftet.

Das Heimtier blickt zurück. Inszenierungen von Tier-Mensch-Beziehungen im Wohnen

Im Zuge einer Neubewertung der Tier-Mensch-Relation im und durch das Wohnen rücken auch unterschiedliche Szenarien oder Inszenierungsformen eines gemeinsamen *interspecies*-Wohnens in den Fokus. Einer der wenigen Autor*innen, die sich bisher mit dieser Thematik auseinandergesetzt haben, ist Jacques Derrida. Legendär ist sein zehnstündiger Vortrag bei dem Kolloquium „Das autobiographische Tier" (1997), der unter dem Titel *L'Animal que donc je suis* im Jahr 2006 publiziert wurde. Darin reflektiert der Philosoph über das Verhältnis zu seiner Katze im gemeinsamen Wohnen. Fasziniert beschreibt Derrida Szenen des gegenseitigen In-Augenschein-Nehmens, die alle dadurch charakterisiert sind, dass sie im Wohnraum stattfinden. Als „verrücktes Theater des ganz Anderen"[24] bezeichnet er diese zwar nicht planbaren, sich aber täglich wiederholenden Begegnungen mit dem Tier. Besondere Intensität bekommt das Zusammentreffen in Momenten wie dem morgendlichen Waschen, wenn Derrida den Blick der Katze auf seinem entblößten Körper spürt. In einem derart unkontrollierbaren Aufeinandertreffen von Tier und Mensch, einem derart passiven Exponiertsein

---

menschlichem und tierischem Dasein daher nicht kennen. Siehe hierzu exemplarisch den von Irene Albers und Anselm Franke für das Haus der Kulturen der Welt/Berlin herausgegebenen Band *Animismus – Revisionen der Moderne*, Albers/Franke 2015. Eine tierfokussierte Gegenrede zu Descartes findet sich bei Meijer 2018.

23 Ullrich 2016, o.S. Ullrich orientiert sich mit dem Begriff der „anthropologischen Maschine" an Giorgio Agamben, der damit die Anordnung benennt, durch die eine Abgrenzung des Menschen vom Tier bewirkt wird. Vgl. Agamben 2003.

24 Derrida 2015, S. 262.

seiner selbst wird für Derrida nicht nur die Nacktheit als Nacktheit erfahrbar; er erkennt auch den Blick des Tieres als einen, dessen „Grund bodenlos bleibt, der vielleicht unschuldig und grausam zugleich ist, empfindlich und unempfindlich, gut und böse, unausdeutbar, unlesbar, unentscheidbar, abgründig und geheim".[25]

An anderer Stelle schildert der Philosoph eine sich ebenfalls allmorgendlich wiederholende Szene, in der die Katze ihm mit flehentlichem Blick bedeutet, ihr wieder die Badezimmertür zu öffnen, nachdem sie beide gemeinsam das Bad betreten haben. Als grundlegend beschreibt Derrida auch die Erfahrung des ‚kätzischen' Blicks, der auf ihm ruht, wenn er seiner felinen Mitbewohnerin eigentlich den Rücken zugekehrt hat oder das Zimmer bereits verlassen hat. Ganz wesentlich für diese „unhaltbare Nähe"[26] zwischen Katze und Mann, zwischen Philosoph und Tier ist Derridas Verständnis vom Heim oder Zuhause als Möglichkeitsraum. Die eigenen vier Wände bilden bei ihm das Setting für Szenen des In-Kontakt-Tretens oder der Kontaktverweigerung, wodurch der Fokus auf (visuelle) Inszenierungsstrategien des Zusammenlebens von Tier und Mensch gelenkt wird.

Wohnverhältnisse lassen sich demnach hervorragend in epistemologischer Hinsicht betrachten, um Aussagen und Erkenntnisse über das Tier-Mensch-Verhältnis zu treffen. In den tierlichen und menschlichen Praktiken des Zusammenlebens im Heim bilden sich, so die These, eigene Positionen heraus: Positionen des menschlichen Subjekts und des tierlichen Objekts, Positionen, die diese Subjekt-Objekt-Unterscheidung affirmieren, sie aber auch herausfordern oder gar verändern. Ebenso wie Derrida interessiert uns im Rahmen dieser Publikation also gewissermaßen eine im Wohnen entwickelte „Tierpassion"[27], die Tier-Mensch-Grenzziehungen in der Praxis dekonstruiert und „eine heterogene Vielfalt an Organisationsformen der Beziehungen"[28] anerkennt. Derridas Beschreibung dieser Beziehungen als „intim und abgründig zugleich" und als „nie vollständig objektivierbar"[29] kann dabei helfen, das Wohnen als kulturelle Inszenierungspraxis neu zu fassen.

25 Ebd., S. 264.
26 Ebd.
27 Ebd., S. 263.
28 Ebd., S. 286.
29 Ebd.

Gemeinschaftliches Wohnen entsteht überall dort, wo Tiere und Menschen in alltägliche und routinierte Interaktionen treten. Gleichzeitig prägt der Wohnraum Arten und Praktiken der Tier-Mensch-Relationalität ganz entscheidend mit: Er ermöglicht unterschiedliche Formen von *interspecies*-Begegnungen, er erzeugt Hierarchien in Beziehungsgefügen oder sorgt dafür, dass bestimmte (An-)Ordnungen im Umgang miteinander erfunden, erprobt, hinterfragt oder auch immer wieder aufs Neue bestätigt werden. Zudem kann tierliches und menschliches Wohnen als Dispositiv oder Metapher verwandt werden – mit dem Ziel, Formen des Zusammenlebens zu verdeutlichen oder die Wahrnehmung für Tierliches zu schärfen. Inszenierungspraktiken des gemeinschaftlichen Wohnens in den Mittelpunkt zu stellen, bietet außerdem die Möglichkeit, einzelne Tierarten nicht von vornherein als Nicht-Heimtiere, etwa aufgrund ihrer taxonomischen Zuordnung, aus Wohndiskursen auszuschließen oder sie lediglich aufgrund bestimmter (menschlicher) Nutzungs- oder Verwendungsweisen in den Fokus zu nehmen: Sogenannte Schädlinge können auf diese Weise ebenso in den Blickpunkt geraten wie tote Tiere in Form von Jagdtrophäen, Taxidermien oder Fellen, die als Teil dekorativer Ausstattungsprogramme des Interieurs gleichermaßen zur Verhäuslichung von Mensch und lebendem (Heim-)Tier beitragen können. Die ‚klassische‘ Heimtier-Haltung aus rein emotionalen Gründen und in einer fürsorglichen und subjektivierenden Weise ist somit nur eine mögliche Form von Tier-Mensch-Relationen im Wohnen. Mit einem erweiterten Verständnis vom Tierlichen und Menschlichen im Heim gewinnen vielmehr auch Begegnungsstätten oder (örtliche) Gleichzeitigkeiten an Bedeutung, die für gewöhnlich unberücksichtigt bleiben würden.

Tierliches und menschliches (Zusammen-)Wohnen

Der vorliegende Band untersucht Arten des Wohnens von und mit Tieren oder tierlichen Artefakten in unterschiedlichen historischen Kontexten. Ziel ist es, Fragestellungen der Human-Animal Studies und der kulturwissenschaftlich orientierten Wohnforschung zusammenzubringen sowie die jeweiligen Ansätze zu ergänzen. Im Mittelpunkt stehen Prozesse der Verhäuslichung und/oder Domestizierung der ‚tierlichen Natur‘ sowie deren Medialisierung. Das Interesse gilt außerdem, wie bereits mehrfach herausgestrichen, der Analyse des Beziehungsgeflechts zwischen Menschen und anderen Tieren: Welche Bilder vom Wohnen werden durch das Zusammenleben von menschlichen und nicht-menschlichen Hausgenoss*innen evoziert? Welcher Subjektbegriff wird bei Darstellungen von *interspecies relationships* in häuslicher Umgebung zugrunde gelegt? Und inwiefern wird die jahrhundertealte, vermeintlich unumstößliche Dichotomie von ‚Natur' und ‚Kultur' im gemeinsamen Wohnen aufgelöst?

Die Beiträge der einzelnen Autor*innen sind in drei Themenbereiche gruppiert. Unter der Überschrift *Geteilte Topografien, geteilte Räume* analysieren die Artikel im ersten Teil des Bandes Eigenschaften tierlicher und menschlicher Raum(an)ordnungen. Katja Kynast widmet sich in ihrem Aufsatz umwelttheoretischen Konzepten, die das Wohnen und Zusammenleben von Lebewesen an subjektiven Raum- und Zeitverhältnissen orientiert engführen. Anhand von Jakob von Uexkülls *Streifzügen durch die Umwelten von Tieren und Menschen* (1934) zeigt Kynast hierzu Interdependenzen von Wohndiskursen und ökologischem Wissen auf. Jessica Ullrich beschäftigt sich mit zeitgenössischen Kunstprojekten, die Formen der human-felinen Ko-Habitation thematisieren, um dazu anzuregen, Tier-Mensch-Relationen neu zu verhandeln. Zentral sind dabei Interventionen in künstlerisch veränderte Räume, die auf je spezifische Interessen von Katze und Mensch reagieren und damit neue Formen der Ko-Habitation ermöglichen. Anne Hölck legt in ihrem Beitrag dar, welchen Stellenwert Wohndiskurse für die zoologische Forschung und Praxis haben können. Mit Verweis auf Begrifflichkeiten des Wohnens entwickelte der Zoologe Heini Hediger in den 1960er-Jahren ein Territorienkonzept für Tiergärten, das sowohl tierlichen Bedürfnissen als auch denen der Zoobesucher*innen gerecht zu werden suchte, wenngleich es mit dem architektonischen Paradigma von der Befriedigung der Schaulust brach. Ausgehend von einer historischen Einordnung und Bewertung dieses Konzepts stellt Hölck die Frage nach dessen Aktualität und (Nicht-)Relevanz in der zeitgenössischen Zooarchitektur.

Der zweite Teil unserer Publikation, betitelt mit *Platzierungen. Von der ästhetischen Erziehung des Tieres und des Menschen,* legt den Fokus auf spezifische Anordnungen und regelgeleitete Anweisungen für das Zusammenleben von Tieren und Menschen unter einem Dach. Das Tier oder seine (künstlerischen) Repräsentationen werden hier verstanden als Teil historisch spezifischer Naturalisierungs- und/oder Domestizierungsdiskurse, die sich mit Narrativen des Wohnens und alltäglichen Wohnpraktiken überlagern. Anhand historischen Text- und Bildmaterials untersucht

Einleitung

Mareike Vennen die im 19. Jahrhundert noch junge Heimaquarien-Praxis, in der sich bürgerliches Freizeitvergnügen, naturwissenschaftliche Forschungsinteressen und Inneneinrichtungsfragen überlagern und die Frage nach dem Stellenwert des Naturraums im bürgerlichen Interieur auf ganz eigene Weise gestellt wird. Ellen Spickernagel stellt das in der Kleinplastik ‚verlebendigte‘ und ‚erfühl- oder ertastbare‘ Tier ins Zentrum ihrer Ausführungen. In kritischer Auseinandersetzung mit der Geschichte des Neuen Bauens nimmt die Autorin unterschiedliche Tierskulpturen von Künstler*innen wie August Gaul, Philipp Harth oder Renée Sintenis als Teil eines Ausstattungsprogramms der Moderne in den Blick, mittels dessen das ‚Kreatürlich-Natürliche‘ ins eigentlich als funktional und zweckbetont definierte Wohnen ein- oder vordringt. Einer anderen Form der Nutzung und Funktionalisierung des (geteilten) Wohnraums wendet sich Barbara Schrödl mit dem Sujet des Hundeliegeplatzes zu. Während die ‚klassische‘ Hundehütte das Tier noch an einem Ort außerhalb der menschlichen Wohnung verortet(e), zeigt Schrödl, welch mannigfaltige Formen, Verformungen oder auch Auswüchse die Indoor-Anordnung des Hundeplatzes in der Gegenwart annimmt und welche Aspekte der Domestizierung und Intimisierung des Tierlichen damit verbunden sind.

Mit Fragen der Intimisierung und Domestizierung von Tier-Mensch-Verhältnissen setzen sich auch Ute Hörner und Mathias Antlfinger in ihrem Beitrag auseinander. Anders als die übrigen Autor*innen bedienen sie sich allerdings nicht des ‚klassischen‘ Formats eines wissenschaftlichen Buchbeitrags, sondern sie wählen die Briefform. Diese ermöglicht es den beiden Künstler*innen, in einen imaginären Dialog mit ihren beiden Graupapageien Karl und Clara zu treten, mit denen sie als Interspezies-Kollektiv CMUK[30] unter einem gemeinsamen Dach leben und arbeiten. In persönlichen Worten schildern Hörner und Antlfinger das Kennenlernen sowie das Zusammenwohnen und -arbeiten im Künstler*innen-Kollektiv und die damit einhergehenden Herausforderungen und wechselseitigen Einflussnahmen. Die Thematik der (ästhetischen) Erziehung des Tieres und des Menschen für ein gemeinsames Wohnen und Arbeiten findet somit, ebenso wie in Friedrich Schillers paradigmatischer Abhandlung *Über die ästhetische Erziehung des Menschen* (1795), in der Briefform ein adäquates Ausdrucksmittel – wenn auch mit einem postmodernen Augenzwinkern.

---

30   CMUK ist ein Akronym, das aus den Anfangsbuchstaben ihrer Namen (Clara, Mathias, Ute, Karl) gebildet wird.

Im Anschluss an diese textuell-künstlerische Intervention setzen sich die Beiträge im dritten Teil mit dem Themenkomplex *Intimisierung. Grenzziehungen zwischen Wohnsubjekten* auseinander. Aline Steinbrecher beschreibt, wie gerade der Hund seit dem 16. Jahrhundert in Lexikonbeiträgen und medizinischen Diskursen zunehmend zu einem Gefährtentier des Menschen stilisiert wurde und damit im 18. Jahrhundert zu einem signifikanten Teil bürgerlicher Wohnkultur werden konnte. Mit der Bedeutung exotischer, außereuropäischer Tiere für das Wohnen im späten 17. und frühen 18. Jahrhundert beschäftigt sich Friederike Wappenschmidt, wobei ihr Fokus auf der zeitgenössischen Chinoiserie-Mode liegt. Die Autorin zeigt, wie diese Form der exotisierenden Einrichtung der höfischen und adeligen Gesellschaft Gelegenheit bot, die Beziehungen mit ihren Tieren bereits vor der ‚Erfindung' der Sentimentalisierung von Tier-Mensch-Beziehungen im bürgerlichen Zeitalter zu emotionalisieren. Christina Threuter widmet sich in ihrem Beitrag dem toten Tier als Teil textiler Ausstattungsprogramme im 19. Jahrhundert. Ihre Deutung exotischer Raubtierfelle als sensuell aufgeladene Markierungen geschlechtlicher Positionierungen im Wohnraum geht dabei weit über deren gängige Deutung als koloniale Jagdtrophäen hinaus. Eine Grenzüberschreitung der anderen Art schildert Mariel Jana Supka in ihrem Text, der – ebenso wie der Brief von Hörner/Antlfinger – das Ergebnis einer künstlerisch-praktischen Auseinandersetzung mit dem Thema *interspecies*-Wohnen ist. Basierend auf einem Selbstversuch geht Supka der Frage nach, was passiert, wenn Tiere wie der asiatische Marienkäfer, die eigentlich nicht als Heimtiere, sondern als unerwünschte ‚Schädlinge' bzw. ‚Lästlinge' betrachtet werden, in das intimisierte, menschliche Zuhause vordringen. Dabei interessieren die Autorin vor allem ihre eigenen, persönlichen Anpassungsstrategien an ein geteiltes Wohnen.

Sowohl die Breite an historischen Kontexten als auch die Breite an methodischen Zugängen der Artikel in diesem Band lassen erahnen, wie vielfältig tierliche und menschliche Interaktionen im Wohnen sind. Der Sammelband versteht sich angesichts dessen als Ausgangspunkt für weitere Auseinandersetzungen mit dieser so alltäglichen wie besonderen Form der Begegnung von Tier und Mensch.

Dank

Der Sammelband ist aus der Tagung „Heim-Tier. Inszenierungspraktiken in tierlichen und menschlichen Wohnverhältnissen" hervorgegangen, die am 10. und 11. November 2016 an der Universität Kassel stattfand. Hierbei handelte es sich um eine gemeinsame Veranstaltung des Forschungsfeldes wohnen +/– ausstellen in der Kooperation des Instituts für Kunstwissenschaft – Filmwissenschaft – Kunstpädagogik der Universität Bremen mit dem Mariann Steegmann Institut. Kunst & Gender (Leitung: Irene Nierhaus/Kathrin Heinz) und des LOEWE-Schwerpunkts „Tier – Mensch – Gesellschaft: Ansätze einer interdisziplinären Tierforschung" der Universität Kassel.

Neben den Vortragenden und Diskutant*innen, die an der Tagung beteiligt waren, konnte eine Reihe weiterer Autor*innen für die vorliegende Publikation gewonnen werden. Allen Autor*innen, die mit uns über das Heimtier und *interspecies relationships* im Wohnen nachgedacht und uns ihre Beiträge zur Verfügung gestellt haben, sei ganz herzlich gedankt. Die Drucklegung der Publikation wurde ermöglicht durch eine großzügige finanzielle Förderung des Mariann Steegmann Instituts. Kunst & Gender; dieser Institution gilt daher unser besonderer Dank. Die Gestaltung von Satz und Layout, die sich am besonderen typografischen Erscheinungsbild des Tagungslayouts orientiert, hat in bewährter Weise Christian Heinz übernommen. Ulf Heidel hat wie immer für ein sehr sorgfältiges Lektorat gesorgt. Bei beiden möchten wir uns nachdrücklich bedanken. Dem transcript Verlag danken wir für die Aufnahme in das Verlagsprogramm, Irene Nierhaus und Kathrin Heinz für die Aufnahme in die Reihe *wohnen +/– ausstellen*.

Berlin und Bremen im März 2019

Silke Förschler, Christiane Keim, Astrid Silvia Schönhagen

Literatur

Agamben 2003 – Giorgio Agamben, Das Offene. Der Mensch und das Tier, übers. v. Davide Giuriato, Frankfurt a. M. 2003.

Albers/Franke 2015 – Irene Albers u. Anselm Franke, Animismus – Revisionen der Moderne, Zürich 2015.

Ariès/Duby 1992 – Philippe Ariès u. Georges Duby (Hg.), Die Geschichte des privaten Lebens, Bd. 4: Von der Revolution zum Großen Krieg, Wien 1992.

Ausst.-Kat. Dresden 2017 – Viktoria Krason u. Christoph Willmitzer (Hg.), Tierisch beste Freunde. Über Haustiere und ihre Menschen, Ausst.-Kat. Deutsches Hygiene-Museum Dresden, 28.10.2017–1.7.2018, Berlin 2017.

Benjamin 2015 – Walter Benjamin, Louis-Philippe oder das Interieur, in: ders., Das Passagen-Werk, Bd. 1 (= Gesammelte Schriften V.1), hg. von Rolf Tiedemann, 7. Aufl., Frankfurt a. M. 2015, S. 52–53.

Breittruck 2012 – Julia Breittruck, Vögel als Haustiere im Paris des 18. Jahrhunderts. Theoretische, methodische und empirische Überlegungen, in: Jutta Buchner-Fuhs u. Lotte Rose (Hg.), Tierische Sozialarbeit. Ein Lesebuch für die Profession zum Leben und Arbeiten mit Tieren, Berlin u. a. 2012, S. 131–146.

Deinhardt/Frindte 2005 – Katja Deinhardt u. Julia Frindte, Ehe, Familie und Geschlecht, in: Hans-Werner Hahn u. Dieter Hein (Hg.), Bürgerliche Werte um 1800. Entwurf – Vermittlung – Rezeption, Köln u. a. 2005, S. 253–272.

Derrida 2015 – Jacques Derrida, Das Tier, das ich also bin [2006], in: Roland Borgards, Esther Köhring u. Alexander Kling (Hg.), Texte zur Tiertheorie, Stuttgart 2015, S. 262–287 [leicht gekürzte Version der 2010 im Passagen-Verlag erschienenen Übersetzung von Markus Sedlaczek].

Descartes 2015 – René Descartes, Bericht über die Methode [1637], in Auszügen abgedruckt in: Roland Borgards, Esther Köhring u. Alexander Kling (Hg.), Texte zur Tiertheorie, Stuttgart 2015, S. 55–60.

Eitler/Möhring 2008 – Pascal Eitler u. Maren Möhring, Eine Tiergeschichte der Moderne – theoretische Perspektiven, in: Traverse. Zeitschrift für Geschichte 15 (2008), S. 92–106.

Eitler 2009 – Pascal Eitler, In tierischer Gesellschaft. Ein Literaturbericht zum Mensch-Tier-Verhältnis im 19. und 20. Jahrhundert, in: Neue Politische Literatur 54 (2009), S. 207–224.

Freund 2011 – Amy Freund, The Revolution at Home. Masculinity, Domesticity and Political Identity in Family Portraiture, 1789–1795, in: Temma Balducci, Heather Belnap Jensen u. Pamela J. Warner (Hg.), Interior Portraiture and Masculine Identity in France, 1789–1914, London 2011, S. 15–29.

Haraway 2009 – Donna Haraway, When Species Meet, Minneapolis 2009.

Koschorke u. a. 2010 – Albrecht Koschorke u. a., Vor der Familie. Grenzbeziehungen einer modernen Institution, München 2010.

Kynast 2015 – Katja Kynast, Geschichte der Haustiere, in: Roland Borgards (Hg.), Tiere. Kulturwissenschaftliches Handbuch, Stuttgart 2015, S. 130–138.

Lajer-Burcharth/Söntgen 2015 – Ewa Lajer-Burcharth u. Beate Söntgen (Hg.), Interiors and Interiority, Berlin 2015.

Meijer 2018 – Eva Meijer, Die Sprachen der Tiere, Berlin 2018.

Möhring 2015 – Maren Möhring, Das Haustier: Vom Nutztier zum Familientier, in: Joachim Eibach u. Inken Schmidt-Voges (Hg.), Das Haus in der Geschichte Europas. Ein Handbuch, Berlin/Boston 2015, S. 389–405.

Moritz 1962 – Karl Philipp Moritz, Häußliche Glückseligkeit – Genuß der schönen Natur, in: ders., Schriften zur Ästhetik und Poetik (1785–1793). Kritische Ausgabe, hg. v. Hans Joachim Schrimpf, Tübingen 1962, S. 33–35.

Nierhaus 1999 – Irene Nierhaus, Arch[6]. Raum, Geschlecht, Architektur, Wien 1999.

Nierhaus/Nierhaus 2014 – Irene Nierhaus u. Andreas Nierhaus, Schau_Plätze des Wohnwissens, in: dies. (Hg.), Wohnen Zeigen. Modelle und Akteure des Wohnens in Architektur und visueller Kultur (= wohnen+/–ausstellen 1), Bielefeld 2014, S. 9–35.

Petrus 2015 – Klaus Petrus, Heimtier, in: Arianna Ferrari u. Klaus Petrus (Hg.), Lexikon der Mensch-Tier-Beziehungen (= Human-Animal Studies 1), Bielefeld 2015, S. 144–146.

Raber 2007 – Karen Raber, From Sheep to Meat, from Pets to People. Animal Domestication 1600–1800, in: Matthew Senior (Hg.), A Cultural History of Animals in the Age of Enlightenment, Oxford/New York 2007, S. 73–99.

Reckwitz 2010 – Andreas Reckwitz, Subjekt (= Einsichten. Themen der Soziologie), 2. Aufl., Bielefeld 2010.

Reulecke 1997 – Jürgen Reulecke (Hg.), Geschichte des Wohnens, Bd. 3: 1800–1918. Das bürgerliche Zeitalter, Stuttgart 1997.

Roscher 2015 – Mieke Roscher, Zwischen Wirkmacht und Handlungsmacht – Sozialgeschichtliche Perspektiven auf tierliche Agency, in: Karsten Balgar u.a. (Hg.), Das Handeln der Tiere. Tierliche Agency im Fokus der Human-Animal Studies, Bielefeld 2015, S. 43–67.

Schmidt-Voges 2010 – Inken Schmidt-Voges, Strategien und Inszenierungen häuslichen Lebens zwischen 1750 und 1820. Eine Einführung, in: dies. (Hg.), Ehe – Haus – Familie. Soziale Institutionen im Wandel 1750–1850, Köln 2010, S. 9–27.

Steinbrecher 2011 – Aline Steinbrecher, Hunde und Menschen. Ein Grenzen auslotender Blick auf ihr Zusammenleben (1750–1850), in: Historische Anthropologie 19, 2 (2011), S. 192–210.

Trepp 2000 – Anne-Charlott Trepp, Emotion und bürgerliche Sinnstiftung oder die Metaphysik des Gefühls: Liebe am Beginn des bürgerlichen Zeitalters, in: Manfred Hettling u. Stefan-Ludwig Hoffmann (Hg.), Der bürgerliche Wertehimmel. Innenansichten des 19. Jahrhunderts, Göttingen 2000, S. 23–55.

Ullrich 2016 – Jessica Ullrich, Schwarmästhetik. Distributive Agency in der Interspezies-Kollaboration CMUK, in: Die Welt, in der wir leben. Hörner/Antlfinger und das Interspezies-Kollektiv CMUK, Köln 2016, o.S.

Zelinger 2018 – Amir Zelinger, Menschen und Haustiere im Deutschen Kaiserreich. Eine Beziehungsgeschichte, Bielefeld 2018.

TOPOGRAFIEN,
GETEILTE RÄUME

GETEILTE
TOPOGRAFIEN,
GETEILTE RÄUME

GETEILTE
TOPOGRAFIEN,
GETEILTE RÄUME

GETEILTE
TOPOGRAFIEN,
GETEILTE RÄUME

GETEILTE
TOPOGRAFIEN,
GETEILTE RÄUME

GETEILTE
TOPOGRAFIEN,
GETEILTE RÄUME

GETEILTE
TOPOGRAFIEN

Katja Kynast

Zimmerbilder unsichtbarer Welten. Eine neue Ökologie mit Haushund, Mensch und Stubenfliege?

„Das Zimmer des Menschen", „Das Zimmer des Hundes" und „Das Zimmer der Fliege" sind drei Abbildungen betitelt, die Jakob von Uexküll (1864–1944) und Georg Kriszat (1906–?)[1] in ihren *Streifzügen durch die Umwelten von Tieren und Menschen* (1934) präsentieren. Der Biologe Uexküll gilt als Wegbereiter der Ökologie, also der ‚Lehre vom Haushalt', die Beziehungen der Lebewesen untereinander und zur umgebenden Außenwelt, d.h. ihrem Zuhause untersucht.[2] Dabei geht die Ökologie meist jedoch nicht von einem tatsächlichen Haus oder einer Wohnung aus. Anhand unterschiedlicher biologischer, philosophischer und anthropologischer Ansätze möchte ich in diesem Beitrag diskutieren, welche Möglichkeiten und Problematiken gerade eine solche Engführung von Konzepten des Hauses und des Wohnens mit Forschungen zu den Beziehungen der Lebewesen birgt.

[1]   Zu Kriszats wissenschaftlicher Karriere und Beziehung zu Uexküll siehe Mildenberger 2007, S. 227–229.

[2]   Der Begriff Ökologie leitet sich vom altgriechischen *oikos* (Haus) ab und geht auf Ernst Haeckel (1834–1919) zurück, der damit den Teil der Physiologie definiert, der die Wechselbeziehungen der Organismen untereinander sowie die Beziehungen des jeweiligen Organismus zur umgebenden Außenwelt bzw. seinem Zuhause untersucht. Haeckel verwendete den Begriff erstmals 1866, also vor der Konstituierung der Ökologie als Disziplin. Zur Geschichte des Begriffs, der Disziplin und zu Formen ökologischen Denkens seit der Antike vgl. Bühler 2016, S. 8f. Heidegger 1983, S. 382 sowie Toepfer 2011a, S. 681–687.

Im frühen 20. Jahrhundert entwickelte Jakob von Uexküll einen gänzlich neuen Ansatz, die Beziehung der Lebewesen zur umgebenden Welt zu denken. In dezidierter Abgrenzung zum darwinistischen Milieubegriff führte er das Konzept der Umwelt in die Biologie ein – Umwelt verstanden als jener Teil einer Umgebung, der für einen bestimmten Organismus von Bedeutung ist und mit dem er in einem Funktionszusammenhang steht.[3] Zur Umwelt gehören, anders gesagt, nur Elemente, die eine Bedeutung für das jeweilige Lebewesen haben. Die Bedeutung erschließt sich dabei aus der Beziehung und aus dem Gebrauch, den ein Organismus von einem bestimmten Element macht. Während Umgebung dadurch definiert ist, dass sie objektivierbar ist und sich auch aus einer Beobachter*innenperspektive erschließt, etwa wenn Eigenschaften ihrer Elemente beschrieben werden, befinden wir uns mit dem Umweltbegriff immer auf der Ebene eines subjektiven Funktionszusammenhangs. Aufgabe der Umweltforschung ist es, diesen Zusammenhängen nachzugehen.[4] Entsprechend geht es bei Uexküll gerade nicht darum, Anpassungen der Lebewesen an eine als objektiv vorhandene Umgebung zu untersuchen, sondern das Gefüge von Lebewesen und Umgebung selbst wird zum Ausgangspunkt der Forschung. Da sich dieses Gefüge je nach Art oder sogar Individuum unterscheidet,[5] kann Umwelt im Gegensatz zu Umgebung nur als etwas Subjektives verstanden werden, das sich immer schon in Umwelten diverser Lebewesen pluralisiert. Wie das geschieht und welche Implikationen dies sowohl für Konzepte des Wohnens wie für ökologisches Wissen hat, möchte ich hier anhand dreier Gefüge, die Uexküll gemeinsam mit

---

3   Jakob von Uexküll führte den Umweltbegriff in *Umwelt und Innenwelt der Tiere* von 1909 (erw. und überarb. Aufl. 1921) ein. Als weiteres Hauptwerk gilt *Theoretische Biologie* (1920, Neuaufl. 1928), in dem sich eine der frühesten Abbildungen eines Funktionskreises findet, mit dem die Verbundenheit von Organismen mit ihrer Umwelt dargestellt ist. Mitte der 1920er-Jahre gründete Uexküll das Institut für Umweltforschung in Hamburg. Vgl. Mildenberger 2007.

4   Das Konzept der Bedeutung wird in *Theoretische Biologie* nur kurz in diesem Sinne eingeführt. In der *Bedeutungslehre* von 1940 befasst Uexküll sich damit eingehend. Thomas Sebeok (1920–2001), einer der wichtigsten Begründer der Biosemiotik, rezipiert Uexküll u.a. deshalb als einen der Wegbereiter auch seiner Disziplin.

5   Uexküll äußert sich in dieser Hinsicht nicht eindeutig. Häufig erläutert er die Differenzen anhand von Arten, wie auch in dem hier vorgestellten Abschnitt der *Streifzüge*, dennoch verweist er hin und wieder auf individuelle Unterschiede.

seinem Assistenten und Ko-Autor Kriszat in den *Streifzügen* präsentiert, untersuchen.

Im fortgeschrittenen Alter von 70 Jahren führte Uexküll seine Leser*innen mit den *Streifzügen*, die sein größter publizistischer Erfolg waren und als Argumentations- und Materialsammlung gegen eine „Maschinentheorie der Lebewesen"[6] angelegt sind, an eine breite Auswahl von Umwelten heran. Die *Streifzüge* sind eine Art Zusammenfassung wesentlicher Theoreme seiner Umwelttheorie sowie eine Zusammenschau bisher geleisteter Forschungen zu spezifischen tierlichen Umwelten. Insbesondere die Zecke und ihre Umwelt haben durch dieses Buch und seine Rezeption eine gewisse philosophische Prominenz erlangt,[7] aber es werden auch die Umwelten der Biene, der Schnecke und anderer Mollusken, des Pantoffeltierchens, des Seeigels, der Pilgermuschel, der Dohle und – wie im hier zu besprechenden Kapitel zum „Merkbild und Wirkbild" – die Umwelten des Hundes und der Fliege beschrieben und sichtbar gemacht.

Für die Umwelttheorie und -forschung ist, so meine Hypothese, die Arbeit mit Bildern konstitutiv. Dies lässt sich etwa schon daran zeigen, dass die Chronofotografie zu jenen experimentellen Verfahren gehört, die Uexküll bereits sehr früh anwandte. Er nutzte sie beispielsweise, um die Bewegungsabläufe von Seesternen zu analysieren, aber auch zur Ausarbeitung und Vermittlung seiner Theoreme. Außerdem bediente er sich fotografischer Verfahren, um tierliche Wahrnehmungswelten zu simulieren.[8] Die *Streifzüge* sind besonders reich bebildert; auf gut 100 Seiten finden sich knapp 60 Abbildungen. Konsequenterweise ist das Werk als *Ein Bilderbuch unsichtbarer Welten* untertitelt. Dass der erst 30-jährige, frisch graduierte Georg Kriszat, der für das Bildmaterial verantwortlich war, als Ko-Autor ausgewiesen ist, spricht dafür, dass die Abbildungen als eigenständige Produktion verstanden wurden und dass ihnen deshalb auch ein originärer epistemologischer Wert zugesprochen

---

6   Uexküll/Kriszat 1934, S. 3. Der Begriff *Streifzüge* ist sicher mit Bedacht gewählt. Er verweist zum einen auf die naturkundliche Praxis, ein Gebiet zu erkunden – statt im Labor zu experimentieren –, und zum anderen auf die Textpraxis der kursorischen Darstellung und Erörterung.

7   Vgl. Deleuze/Guattari 1992, S. 350; zur Wissensgeschichte der Zecke siehe v.a. Bühler 2006a.

8   Zur Verwendung chronofotografischer Verfahren bei Uexküll vgl. Kynast 2010, grundsätzlich zu den Medien der Biologie und zum technischen Bild siehe Berz 2010 und Bredekamp u.a. 2008.

werden kann, dem ich hier nachgehen möchte. Ich werde mich daher im Folgenden mit einem Set von drei Bildern aus diesem Werk – und das heißt zugleich mit einer Reihe von drei Umwelten – beschäftigen. Sie zeigen einen Teil eines Hauses, des *oikos*, und tragen die Titel „Das Zimmer des Menschen", „Das Zimmer des Hundes" und „Das Zimmer der Fliege". Zimmerbilder erwartet man wohl eher in Kunstbänden oder Architekturführern als in einer zoologischen Publikation, vor allem weil Wohnräume normalerweise ausschließlich mit menschlicher Behausung assoziiert werden. Im Werk zweier Biologen würde man hingegen eher Illustrationen vermuten, die wilde Tiere in ihrer natürlichen Umgebung oder ihrem Habitat zeigen. Uexküll und Kriszat entschieden sich jedoch für die Darstellung eines Zimmers, um die unterschiedlichen Umwelten der Lebewesen sichtbar zu machen. Die Lebewesen selbst sind hier, anders als etwa in naturkundlichen Dioramen, nicht Teil des Bildes.[9]

Ich interessiere mich für die Implikationen und Potenziale, die mit dieser Darstellungsweise verbunden sind. Hierzu werde ich die Abbildungen zunächst genauer betrachten und beschreiben, was dort an Interieur, Mobiliar und Gegenständen zu sehen ist – und was ausgespart ist. Zweitens wende ich mich den Bewohner*innen zu und frage, welche Einsichten in deren Beziehungen zur Umwelt mithilfe der Zimmerbilder ermöglicht werden, d.h. welche Bedeutungen sichtbar gemacht werden. Zugleich möchte ich untersuchen, welche kulturhistorischen Bedeutungsebenen durch die konkrete Auswahl der Arten, nämlich des *Haus*hundes und der *Stuben*fliege, umwelttheoretischen Konzepten wie auch Fragen des gemeinsamen Wohnens hinzugefügt werden. Drittens möchte ich mich anthropologischen und philosophischen Betrachtungen des Wohnens im Anschluss an Uexküll zuwenden. Wenn Wohnen gewöhnlich als Ausdruck der Trennung von ‚Natur' und ‚Kultur' verstanden wird, ist zu fragen, inwiefern diese Dichotomie hier

---

9   Dioramen, also Darstellungen von Tieren in ihrem ‚natürlichen' Habitat, wie sie in Naturkundemuseen seit dem frühen 19. Jahrhundert entstanden, kennen Haus oder Zimmer als Marginalie. Als Beispiel sei hier auf Hausmaus und Hausratte in den Dioramen des Naturhistorischen Museums Braunschweig verwiesen, vgl. Hevers 2003, S. 58f. Neuere Studien belegen, dass Museumsbesucher*innen sich besonders für Dioramen interessieren, die Spuren menschlicher Zivilisation oder vom Menschen geprägte Lebenswelten zeigen, vgl. Scheersoi 2014, S. 122–124. Es wäre daher interessant, sich anthropogenen naturkundlichen Dioramen einmal eingehender zu widmen.

brüchig wird und ob sich ausgehend von Uexküll Ansätze ausmachen lassen, in denen sich die konzeptuelle Vorstellung vom Wohnen als anthropologischem Spezifikum zugunsten eines neuen Zusammenrückens von Haus und Ökologie auflöst. Gewissermaßen geht es darum zu fragen, was es für die Biologie bedeuten könnte, sich der Umwelt ‚Wohnraum' zu öffnen, und welche analytischen Potenziale sich durch die Engführung von Konzepten des (Haus-)Tiers und der Umwelt mit Konzepten des Wohnens erschließen lassen.

Drei Zimmer in Pastell

Bei den drei Zimmerbildern handelt es sich – abgesehen von einer weiteren kleineren Serie, auf die ich später noch kurz eingehen werde – um die einzigen Farbabbildungen im gesamten Buch. Mit ihrer Ausführung wurde bemerkenswerterweise nicht ein wissenschaftlicher Illustrator beauftragt, sondern der auf Landschaften und Interieurs spezialisierte Pastellmaler Franz Huth (1876–1970).

Huths Varianten eines möblierten, tier- und menschenleeren Zimmers sind auf drei aufeinanderfolgenden Seiten des Werks abgedruckt. Die drei Zimmer und ihr Mobiliar sind identisch und unterscheiden sich ausschließlich in der Farbgebung. Die Umgebung ist auf der Ebene der Zeichnung, also in den Konturen, repräsentiert, während mit der Malerei die unterschiedlichen Bedeutungen des Mobiliars, d.h. die Pluralisierung in subjektive Umwelten dargestellt wird. Die Pastellmalerei als Mischform aus Zeichnung und Malerei ist dabei eine kongeniale Technik, um nicht nur Umgebung und Umwelt in einem Bild sichtbar zu machen, sondern auch um zu zeigen, wie sie voneinander zu unterscheiden sind.[10] Die Methode des Bildvergleichs, der sich Uexküll und Kriszat hier nicht

10   Durch das Genre des Zimmerbilds wird die Frage der Umgebung übrigens noch auf andere Weise adressiert: Zimmerbilder hatten ihre Blütezeit im frühen 19. Jahrhundert. In ihrer Detailgenauigkeit legten sie Zeugnis ab vom Geschmack und Lebensstil ihrer Bewohner*innen und dokumentierten so den gesellschaftlichen Status des Individuums bzw. sein soziales Milieu. Vgl. Stein 2006, S. 188. Zur Begriffsgeschichte von Milieu, Umwelt und Umgebung/*environment* und zur Wirksamwerdung des Milieubegriffs in der Soziologie seit Émile Durkheim (1858–1917) siehe Müller 2001, S. 102, Sprenger 2014, Toepfer 2011b.

zum ersten Mal bedienten, ist sowohl in der Kunstgeschichte als auch in den Naturwissenschaften gebräuchlich. Die visuelle Konfrontation ermöglicht sowohl Nähe oder Verwandtschaftsbeziehungen zu verdeutlichen als auch Unterschiede sichtbar zu machen.[11]

Was ist auf den Zimmerbildern in den *Streifzügen* zu sehen und was wird miteinander verglichen? In allen Abbildungen gehört ein Sofa zum Interieur, ein gedeckter Tisch mit drei Stühlen, darüber eine Lampe, außerdem ein Sekretär, davor ein Hocker. An der hinteren Wand steht ein gut bestücktes Bücherregal und ein einzelner gepolsterter Stuhl. Es scheint sich um ein *Wohn- und Studierzimmer* zu handeln, obwohl es signifikante Auslassungen gibt, die den Raum unwohnlich machen. So stehen zwar Gläser und Teller auf dem Tisch, aber das Besteck fehlt. Verzichtet wird auch auf Teppiche, Wanddekorationen und Fenster; das Bücherregal ist aber gefüllt und auf dem Sekretär steht ein Tintenfass (wenn auch ohne Feder). Es scheint sich um die schematische Darstellung eines Zimmers zu handeln, das weniger den Charakter eines Wohnzimmers als eines synthetischen Zimmers besitzt und Wohn-, Studier- und Herrenzimmer, also verschiedene funktional differenzierte Räume in einem Schau-Raum kombiniert.[12]

Die Zimmerdarstellungen unterscheiden sich ausschließlich in ihrer jeweiligen Farbgebung und in ihren Farbnuancen, wodurch die Bedeutung, die das Interieur für das jeweilige Lebewesen hat, sichtbar gemacht werden soll. Mit neun unterschiedlichen Farben ist das erste Zimmer, das des Menschen (Abb. 1),[13] am komplexesten ausgemalt. Die Farben stehen für einen bestimmten Nutzen, den die Gegenstände für den Menschen haben und der in ihrem Gebrauch zum Ausdruck kommt. Entsprechend haben Stühle, Hocker und Sofa einen „Sitzton"[14] (braun), der Tisch hat einen hellrosa „Speiseton", die Teller, von denen man essen kann, sind

---

11   Vgl. Dünkel 2008.

12   Zum Display des (privaten) Wohnens siehe Nierhaus/Nierhaus 2014.

13   Ich übernehme im Folgenden den Singular ‚Mensch', auch wenn ich den damit einhergehenden anthropologisch-philosophischen Implikationen nicht folge.

14   Den Begriff der Tönung, auch Färbung, verwendet Uexküll, um zu markieren, wie die Gegenstände vom Subjekt konstituiert sind. Adolf Portmann wird in seinem Vorwort zur späteren, 1970 erscheinenden Auflage der *Streifzüge* die Tönung als „erste Feststellung auf dem Wege zur verborgenen Innerlichkeit" und umsichtigen „Einführung des Subjekts" in die Biologie beschreiben, vgl. Portmann 1970, S. XIII.

Abb. 29. Das Zimmer des Menschen.

1 „Das Zimmer des Menschen",
Zeichnung in den *Streifzügen*,
1934

Abb. 30. Das Zimmer des Hundes.

2 „Das Zimmer des Hundes",
Zeichnung in den *Streifzügen*,
1934

Abb. 31. Das Zimmer der Fliege.

3 „Das Zimmer der Fliege",
Zeichnung in den *Streifzügen*,
1934

rosa und die Gläser rot, der Boden, auf dem man läuft, ist grau, das Bücherregal ist blau, das Schreibpult gelb, die Lampe weiß und die Wände haben einen blauen „Hinderniston".

Das Zimmer des Hundes (Abb. 2) hingegen kennt nur fünf Farben. Mit Regal, Pult und Lampe kann der Hund nichts anfangen; sie haben deshalb den gleichen „Hinderniston" wie die Wand. Gleiches gilt für den unbrauchbaren Hocker, auch wenn grundsätzlich die Bedeutung von Sitzgelegenheiten wie Sofa und Stühlen bestehen bleibt. Für die Fliege (Abb. 3) schließlich hat das gesamte Zimmer einen grauen „Laufton", der Boden ebenso wie die Wände, die Decke, das Regal, Tische, Stühle und Sofa. Ausgenommen sind nur das Geschirr, das eine „Esstönung" hat, und die Lampe, die wärmt.

Auf den ersten Blick könnte man vermuten, dass es bei den drei Abbildungen darum geht, die unterschiedliche Wahrnehmung von Mensch, Hund und Fliege zu illustrieren.[15] Für die Fliege haben Uexküll und Kriszat dies in anderen Kapiteln der *Streifzüge* unternommen, indem sie beispielsweise das Sehvermögen von Facettenaugen mit einer gerasterten Fotografie nachzubilden versuchten. Doch davon ist hier nichts zu sehen. Uexkülls und Kriszats Anliegen war es nicht, zu visualisieren, dass ein und dasselbe Zimmer von seinen unterschiedlichen Bewohner*innen grundverschieden wahrgenommen wird, sondern es ging ihnen darum zu zeigen, wie das Zimmer jeweils genutzt wird und welche Bedeutungswechsel die Einrichtungsgegenstände dabei durchlaufen.

Anhand einer zweiten, kleineren Serie von Farbabbildungen erläutert Uexküll, weshalb es nicht ausreicht, die Wahrnehmung, etwa durch physiologische Analyse der Sinnesorgane, zu erforschen, wenn man die Beziehungen von Organismus und Umwelt untersuchen möchte. Die Serie zeigt drei Begegnungen eines Einsiedlerkrebses mit einer Seeanemone (Abb. 4).[16] Genau genommen begegnet hier hypothetisch *derselbe* Krebs *derselben* See-

---

15   In weiteren Kapiteln der *Streifzüge* finden sich Abbildungen, welche die Fliegenwahrnehmung einer Dorfstraße oder eines Kronleuchters nachzubilden versuchen. Kriszat veröffentlichte später gemeinsam mit Kai Otto Donner (1922–1995) Untersuchungen zum Fliegenauge, siehe Donner/Kriszat 1950.

16   In den *Streifzügen* wird das Synonym Seerose für Seeanemone verwendet. Um Verwechslungen mit der Wasserpflanze auszuschließen, verwende ich den geläufigeren Namen Seeanemone. Die Seeanemone ist keine Pflanze, sondern gehört zur Klasse der Blumentiere (Anthozoa). Die Beziehung zwischen Einsiedlerkrebsen und Seeanemonen ist ein häufiges Beispiel für eine Symbiose.

Abb. 28. Bedeutungswechsel der Seerose in der Umwelt des Einsiedler-krebses.

4 „Bedeutungswechsel der Seerose
   in der Umwelt des Einsiedler-
   krebses", Zeichnung in den *Streifzügen*, 1934

anemone. Der Krebs reagiert auf die Seeanemone, die er physiologisch
immer gleich wahrnimmt, auf jeweils unterschiedliche Weise, je nachdem
welches Bedürfnis er gerade hat (bzw. welcher Mangel ihm experimentell
zugefügt worden ist). Im ersten Fall war die Seeanemone, die der Krebs
gewöhnlich auf seiner Schale trägt, um sich vor Tintenfischen zu schützen,
entfernt worden. Bei der geschilderten Begegnung versucht er deshalb, sich
die Seeanemone wieder aufzupflanzen. Im zweiten Fall hatte man ihm seine
Schale komplett abgenommen. Der Krebs versuchte nun erfolglos, in die
Seeanemone hineinzukriechen. Drittens ließ man ihn einige Zeit hungern,
sodass er die Seeanemone bei der letzten Begegnung als mögliche Nahrung
betrachtete und anfraß. Wie in der Zimmerserie ist auch hier der Bedeutungswechsel durch unterschiedliche Farbtöne dargestellt. Die farbigen
Abbildungen in den *Streifzügen* signalisieren damit auch eine Innovation,
nämlich die Einführung des Konzepts der Bedeutung in die Biologie.

Entsprechend sind Lebewesen in der Umweltforschung nicht als passive Rezeptoren konzipiert. Es reicht auch nicht aus, die Physiologie ihrer Sinnesorgane zu untersuchen, denn das von den Sinnesorganen gelieferte *Merkbild*, so der Uexküll'sche Terminus, kann durch eine daraufhin einsetzende Handlung, ein *Wirkbild*, ergänzt und verändert werden. Die Wirkbilder ergeben sich aus dem, was ein Tier tut; sie sind die „in die Umwelt projizierten Leistungen der Tiere".[17] Die Umwelt eines Lebewesens setzt sich immer aus Merkbild und Wirkbild zusammen. Indem Lebewesen bei ihren Handlungen beobachtet werden, wird ihre Umwelt sichtbar bzw. – um im Bild zu bleiben – wird es möglich, sich ihre Umwelten „auszumalen".[18]

In den Zimmerbildern geht es deshalb auch nicht um eine naturkundliche Darstellung der Tiere in ihrem Milieu, ihrem Habitat oder gar ihrer natürlich-kulturellen Umwelt. Die betrachteten Abbildungen versinnbildlichen nicht den menschlichen Blick auf die Tiere in ihrer Umgebung, sondern sie sind der Versuch eines Perspektivwechsels, in dem die Umwelt vom Standpunkt des jeweiligen Lebewesens aus betrachtet wird. Die menschen- und tierleeren Zimmer erfüllen auf diese Weise Uexkülls Forderung, die er bereits 1921 in *Umwelt und Innenwelt der Tiere* formulierte: „Unsere anthropozentrische Betrachtungsweise muß immer mehr zurücktreten und der Standpunkt der Tiere der allein ausschlaggebende werden."[19]

Schreibszenen, Hausregeln und ihre Überfliegung

In Anbetracht der Tatsache, dass die Abbildungen sichtbar machen sollen, wie unterschiedlich ein und dasselbe Zimmer von verschiedenen Lebewesen gebraucht wird, wirkt es auffallend ungenutzt. Bis auf eine signifikante Ausnahme sind die Darstellungen des Interieurs überwiegend schematisch und zeigen auch keine Gebrauchsspuren, was insgesamt den Eindruck des Unbewohntseins verstärkt.

Im Zimmer des Menschen ist mittig und in leuchtenden Farben ein Esstisch platziert, er ruft die kulturelle Praxis der Tischgemeinschaft auf. Es gibt allerdings kein Besteck und auch nichts zu essen. Weder

---

17   Uexküll/Kriszat 1934, S. 60.
18   Uexküll verwendet die Metapher der „Ausmalung", ebd.
19   Uexküll 1921, S. 5.

Pflanzen noch Bilder, Dekorationen oder Gebrauchsgegenstände lassen genauere Rückschlüsse auf die Bewohner*innen zu. Im Vergleich dazu ist das Bücherregal neben dem Schreibpult recht detailliert dargestellt: Die Bücher sind nicht einfach nur schematisch angedeutet, sondern unterscheiden sich in Breite und Höhe – und man kann annehmen auch im Inhalt. Einige wirken, als seien sie erst vor Kurzem in das Regal zurückgestellt worden, während Lücken wiederum anzeigen, dass Bücher fehlen und sich vielleicht in ganz anderen Zimmern befinden. Man möchte darüber spekulieren, was sich in dem dargestellten Handapparat befinden könnte. Möglich wäre, dass es sich bei den Büchern im unteren Regal um Kunstbände handelt. Vielleicht findet sich in den oberen Regalen biologische Fachliteratur. Denkbar wären auch Publikationen von Uexküll und Kriszat, ja sogar die *Streifzüge* selbst könnten wie eine *mise en abyme*, eine theoretische und bildliche Metareflexion der Zimmerbilder im Regal stehen. Das Bücherregal wäre dann eine Art Carroll'sches Kaninchenloch, das es dem Menschen wie in *Alice im Wunderland* ermöglicht, sich durch sein (Wohn- und Studier-)Zimmer in die Umwelten anderer Lebewesen zu begeben.

Auch wenn sich das Zimmer des Menschen nicht als umwelttheoretisches Studierzimmer bestimmen lässt, kann man zumindest feststellen, dass hier nicht die Umwelt eines abstrakten, neutralen Menschen dargestellt ist, sondern die einer arbeitenden, lesenden und schreibenden Person.[20] Es wird außerdem ein Ort des Beisammenseins gezeigt. Der Tisch ist für drei Personen gedeckt. Da kein Detail auf die Anwesenheit eines Kindes oder einer Frau hindeutet,[21] ließe sich spekulieren, ob er nicht für Uexküll und Kriszat sowie den Illustrator Huth gerichtet ist. Damit wäre hier in Form einer Tischgemeinschaft die Autorenschaft der Zimmerbilder angedeutet.[22]

Dieser Darstellung wird das Zimmer des Hundes zur Seite gestellt. Dass für den Vergleich der Umwelten die Wahl auf den Hund fällt, liegt vermutlich nicht nur daran, dass er gemeinhin eine artübergreifende Gemeinschaft mit dem Menschen vorzieht und nie eine andere Behausung

---

20 Ausstattung und Stil legen es nahe, dass es sich um das Zimmer eines bürgerlichen männlichen Subjekts der westlichen Hemisphäre handelt.
21 Zu Männlichkeit und Weiblichkeit im Interieur siehe Rossberg 1999.
22 Zur Schreibszene sie u.a. Campe 1991.

kannte als die menschliche.[23] Ausschlaggebend war sicher auch, dass Uexküll während der Arbeit an den *Streifzügen* zusammen mit seinem Assistenten Emanuel Sarris (1899–1977) die hundliche Umwelt erforschte.[24] Und besonders verlockend war es für Uexküll als entschiedenen Gegner behavioristischer und mechanistischer Ansätze vielleicht auch, ein Lebewesen als Subjekt seiner Umwelt zu beschreiben, das im Anschluss an die Forschungen von Iwan Petrowitsch Pawlow (1849–1936) zum „Inbegriff der Reflexmaschine" geworden war.[25]

Abgesehen von diesen möglichen Intentionen und den konkreten Forschungsergebnissen zu Hunden an Uexexternal Institut für Umweltforschung bringt der Haushund als Figur bestimmte Implikationen mit sich. Dazu gehört beispielsweise, dass Hunde nicht nur domestizierte, sondern meist dressierte, erzogene und auch untergeordnete Lebewesen im Haus sind. Zwar hat auch im Zimmer des Hundes das Geschirr einen „Ess-" und „Trinkton", aber es ist fraglich, ob ein Hund Gläser und Teller wirklich benutzen wird. Nicht, weil er es nicht könnte oder möchte, sondern weil insbesondere für Hunde bestimmte von Menschen festgelegte Hausstandsregeln gelten, wie sie seit der Frühen Neuzeit in Erziehungsratgebern dokumentiert sind.[26] Aus demselben Grund ist auch bei den als Sitzgelegenheiten markierten Gegenständen (Stuhl und Sofa) nicht gewiss, ob oder wie lange der Hund auf ihnen liegen wird. Eigentlich gibt es mit Ausnahme des Bodens im gesamten Zimmer nichts, was Hunde nutzen könnten, ohne in Konflikt mit geläufigen Hausregeln zu geraten. Wohnen heißt nämlich auch – und dies wird am Hund und dessen Paratexten wie den Ratgebern deutlich – Zusammenleben zu regulieren und zu hierarchisieren. Hinzu kommt, dass Prozesse der Zähmung und der Domestizierung in der Kulturgemeinschaft des Menschen bevorzugt am Beispiel des Hundes, des *canis lupus familiaris*, des Wolfs in der Familie, exemplifiziert werden.[27] Wenn Wohnen als Unterscheidung zwischen

---

23 Es wird vermutet, dass die Domestizierung der Hunde bereits vor über 100.000 Jahren begann, d.h. weit vor der sogenannten Neolithischen Revolution.

24 Uexküll und Sarris publizierten u.a. Untersuchungen zur Umwelt und zum Duftfeld des Hundes. Vgl. Uexküll/Sarris 1931 und Uexküll 1932.

25 Bühler 2006b, S. 127.

26 Vgl. hierzu den Beitrag von Aline Steinbrecher in diesem Band.

27 Am Beispiel der Metropole Paris hat dies etwa Kathleen Kete für das 19. Jahrhundert ausführlich dargelegt, vgl. hierzu Kete 1994.

Kultur und Natur funktionieren soll, so muss diese Differenz am Haushund, dieser ambivalenten Figur zwischen Natur und Kultur, stets aufs Neue bestätigt werden. Eine der ersten Maßnahmen bei einem Welpen ist entsprechend, ihn zur Stubenreinheit zu erziehen und so beispielsweise die Grenze von rein und unrein zu bearbeiten. Dem populären Diskurs zufolge besteht allerdings zugleich die Gefahr, den Hund zu sehr zu ,vermenschlichen', was sich insbesondere im Gebrauch der Wohnung zeigt. Ein Hund, der im Bett schläft oder vom Tisch gefüttert wird, gilt gemeinhin als unzulässig anthropomorphisiert. Wenn in den *Zimmerbildern* dem Hund von den beiden Biologen also eindeutig Sofa, Stühle und Geschirr als zu seiner Umwelt gehörig zugewiesen sind, so wird der Hund als ambivalentes Tier zwischen Natur und Kultur ins Recht gesetzt und gleichzeitig die anthropologische Differenz, wie sie in Wohnpraktiken und Hausordnungen zum Ausdruck kommt, infrage gestellt.

Raumtheoretisch ließen sich die damit angedeuteten irregulären Nutzungen menschlicher Mobilien und Gegenstände als Hinweis auf eine Interspezies-Heterotopie deuten: Die Darstellung des Zimmers des Hundes mit seinen eingeschriebenen, abweichenden Ingebrauchnahmen ließe sich demnach als ein Schwellen- und Übergangsraum interpretieren, der ontologische Status infrage stellt. In dem gezeigten Wohn- und Arbeitsraum sind Hunde jedenfalls nicht als Objekte biologischer Experimente – wie etwa bei Pawlow – inszeniert, sondern als an Ess- und Sitzgelegenheiten interessierte Bewohner*innen.

Allerdings steht der Hund selbst wie kaum eine andere Figur für die Bewachung von Grenzen.[28] Für die Sphäre des Hauses heißt dies, die Schwelle zwischen Stube und Draußen, Familienangehörigen und Fremden, Privatem und Öffentlichem zu verteidigen. Hierbei machen sich die Menschen das teilweise sehr ausgeprägte Territorialverhalten von Hunden zunutze bzw. fördern es. Laut Gudrun von Uexküll (1878–1969) veranlasste eine Präsentation zu Forschungen zum Duftfeld des Hundes am Institut für Umweltforschung den Philosophen Ernst Cassirer (1874–1945) zu folgender Replik: „Rousseau hat gesagt, den ersten Menschen, der einen Zaun zog und sagte, das ist mein, hätte man erschlagen müssen.

---

28 Es gelingt natürlich nicht, die unglaubliche Diversität hundlicher Phäno-
    typen unter einen Singular Hund zu fassen. Selbstverständlich eignet sich
    nicht jeder Hund als Wachhund usw. Zur Kulturgeschichte von Menschen
    und Hunden siehe McHugh 2004.

Nach dem Vortrag von Professor von Uexküll wissen wir, daß das nicht genügt hätte. Man hätte schon den ersten Hund erschlagen müssen."[29] Sprichwörtlich schwierig ist es, eine Fliege zu erschlagen. Im Sinne Cassirers wäre dies auch nicht nötig, denn die Fliege ist die Antithese zum Grenzbewacher. Die Stubenfliege, *musca domestica*, ist wie der Hund ein Kosmopolit und sie ist überall, wo Menschen sind. Gleichzeitig widersetzt sie sich allen menschlichen Domestizierungs- und Zähmungsversuchen, sie ist auch hierin die Gegenfigur zum Haushund. Schon Plutarch beschrieb sie neben der Schwalbe als das einzige Tier, das in menschlichen Behausungen wohnt, aber nicht domestiziert ist.

Welche Bedeutung(en) diese Behausung für sie hat, zeigt das Zimmer der Fliege. Dieses letzte Zimmer der Reihe ist eigentlich gar nicht mehr farbig, sondern grau und weiß. Vorherrschend ist der graue „Laufton", der verdeutlicht, dass der Fliege die funktionalen Differenzierungen der Hunde und insbesondere der Menschen gleichgültig sind, dass sie über Schreib- oder Lesegeräte, Sitzmöbel oder Wände einfach hinwegläuft. Dies verweist zum einen auf die geringere Komplexität ihrer Umwelt, weshalb Uexküll und Kriszat betonen, wie sicher sich diese Insekten in ihrer Umwelt mit ihren beschränkten Bedeutungen bewegen. Im Hygienediskurs und aus kulturhistorischer Perspektive bekommt der Umstand, dass sie übergangslos vom Boden über den Tisch zur Wand fliegen oder laufen, jedoch eine andere Bedeutung. Die *Streifzüge* erschienen zu einem Zeitpunkt, als die Fortschritte in der Bakteriologie zu einem radikalen Imagewandel der Hausfliege führten. Sie galt nun nicht mehr als harmloses Lebewesen von primär entomologischem Interesse, sondern wurde zum hygienischen Problem.[30] Auch heute noch wird die Fliege als ‚Hygieneschädling' beschrieben. Die Grenzen von rein und unrein ignorierend, bewegt sie sich in unseren Häusern und Wohnungen als Vehikel für Schmutz und Krankheitserreger. Darüber hinaus funktioniert sie, wenn sie nonchalant vom Schlafzimmer raus auf die Straße schwirrt und wieder zurück, als eine Art Vektor, der auch die Grenzen von privat und öffentlich überschreitet. Die Stubenfliege ist dabei das fliegende Auge, die *fly on the wall*, die uns auch bei unseren intimsten Handlungen beobachtet. Als diese unbemerkte Beobachterin gilt sie als Vorbild des

---

29   Uexküll G., 1964, S. 168f.
30   Vgl. Connor 2006, S. 104f.

Direct Cinema[31]. Doch damit nicht genug. Vor allem weibliche Fliegen starten zuweilen Angriffe auf unseren Sehsinn, wenn sie sich auf der Suche nach Proteinen auf unsere Augen setzen.[32]

Wohnzeug

Einer der ersten und einflussreichsten Philosophen, der Uexküll rezipierte, war Martin Heidegger in seiner Beschäftigung mit Konzepten von Welt und Umwelt.[33] Zentral sind hier insbesondere das Hauptwerk seiner frühen Philosophie, *Sein und Zeit* von 1927, sowie seine Vorlesung im Wintersemester 1929/30, die posthum als *Grundbegriffe der Metaphysik* veröffentlicht wurde. In *Sein und Zeit* widmet sich Heidegger einer „Analyse der Umweltlichkeit und Weltlichkeit überhaupt",[34] ausgehend

---

31 Das Direct Cinema entstand in den 1960er-Jahren mit den ersten tragbaren Kameras. Es orientiert sich am Ideal der „reinen Beobachtung", d.h., es versucht nicht, bestimmte Reaktionen zu provozieren oder die Handlung zu skripten, ähnlich einer Fliege, die mühelos überall hingelangt und dabei den menschlichen Handlungen gegenüber gleichgültig ist (es sei denn natürlich, sie gelten ihr selbst, wie etwa ein Schlag mit der Zeitung).

32 Vgl. Connor 2006, S. 57.

33 Spätestens mit der Nennung Heideggers wird deutlich, dass der historische Kontext verlangt, auf die politische Ausrichtung der behandelten Autoren einzugehen, auch wenn diese nicht Thema dieses Aufsatzes sind. Zur Ambivalenz Uexexternal, der sich einerseits für jüdische Kollegen einsetzte, aber auch mit staatsbiologischen Schriften an das Regime anschließen wollte, siehe Mildenberger 2007, S. 157f. Die Debatte um Heideggers Verhältnis zum Nationalsozialismus begann mit seinem Rektorat an der Freiburger Universität 1933. Inwiefern nicht nur seine Person, sondern auch sein Werk und bereits seine Schrift *Sein und Zeit* als von der NS-Ideologie ‚eingefärbt' einzuschätzen sind, darüber besteht eine fortdauernde Forschungskontroverse, siehe hierzu Thomä 2003. Giorgio Agamben beispielsweise stellt einen direkten Zusammenhang zwischen Heideggers Uexküll-Rezeption und der Analyse der Beziehung von Lebewesen und Umwelt zur nationalsozialistischen Geopolitik her, siehe Agamben 2002, S. 53.

34 Heidegger 1993, S. 66. Im Rahmen dieses Aufsatzes kann ich mich nur wenigen Aspekten der Uexküll-Rezeption Heideggers widmen; auch Heideggers Philosophie ist nur sehr verkürzt wiedergegeben. Insbesondere seine Auseinandersetzung mit der Zeit, die er in den Mittelpunkt seiner Untersuchungen stellte, bedürfte jedoch gerade im Kontext seiner Uexküll-Rezeption einer genaueren Analyse.

vom allgemeinen Begriff der Umwelt und anhand einer spezifischen Umwelt, nämlich eines Zimmers.

Weil in dieser „fundamentalontologischen" Untersuchung die Zeit den Interpretationshorizont bildet, wird auch Umwelt nicht als rein räumliches Phänomen gefasst. Das ‚Um-' von Umwelt verweise zwar auf Räumlichkeit, so Heidegger, habe aber keinen primär räumlichen Sinn. Ebenso meint das ‚Um-' in einem Zimmer weniger ein räumliches Drumherum als die Tatsache, dass „Zeug" oder „Einrichtung"[35] nicht für sich allein stehen, sondern immer schon auf etwas anderes verweisen. Anders gesagt: Ein Studierzimmer besteht nicht aus einer Sammlung von zufällig nebeneinander platzierten Dingen, sondern erst verschiedene zusammengehörige Gegenstände ergeben einen Arbeitsplatz. Das Heidegger'sche „Zeug" oder auch „Wohnzeug" steht auf ebendiese Weise in einem Verweiszusammenhang, in einer „Um-zu-Struktur": „Schreibzeug, Feder, Tinte, Papier, Unterlage, Tisch, Lampe, Möbel, Fenster, Türen, Zimmer. Diese ‚Dinge' zeigen sich nie zunächst für sich, um dann als Summe von Realem ein Zimmer auszufüllen. Das Nächstbegegnende, obzwar nicht thematisch Erfaßte, ist das Zimmer, und dieses wiederum nicht als ein ‚Zwischen den vier Wänden' in einem geometrischen räumlichen Sinne – sondern als Wohnzeug."[36] Angesprochen wird hier nicht eine Welt, deren räumliche Arrangements wir distanziert betrachten und vermessen, sondern mit dem Nächsten und Naheliegenden ist das gemeint, worauf wir pragmatischen Zugriff haben. So wie das ‚Um-' nicht primär räumlich zu verstehen ist, meint auch Nähe in diesem Zusammenhang nicht den messbaren Abstand eines Körpers zu einem anderen, sondern das, was der*dem Einzelnen „durch das besorgende In-der-Welt-sein" zunächst begegnet.[37] Umwelt ist bei Heidegger also als die alltägliche Welt zu verstehen, in der man mit „Zeug" hantiert, es gebraucht und behandelt.[38] In seiner Vorlesung *Die Grundbegriffe der Metaphysik* setzt sich Heidegger mit den Naturwissenschaften, insbesondere der Biologie, auseinander und führt seine Überlegungen zur ontologischen Interpretation der Umwelt fort, dieses Mal mit einer Rezeption

---

35   Ebd., S. 68.
36   Ebd.
37   Ebd., S. 107.
38   Den Begriff des Zeugs entlehnt Heidegger vom griechischen *pragmata* als dasjenige, was einem im besorgenden Umgang begegnet und gleichzeitig abgesetzt ist von den Dingen, die aus einem solchen Handlungszusammenhang herausgelöst sind.

der Uexküll'schen Prägung des Umweltbegriffs in *Umwelt und Innenwelt der Tiere* von 1909. Heidegger bezeichnet Uexküll als einen der „hellsichtigsten Biologen von heute"[39], vor allem weil er begriffen habe, dass nur das „*Beziehungsgefüge des Tieres zu seiner Umgebung*" Ausgangspunkt der biologischen Forschungen sein kann.[40] Heidegger kritisiert also eine Position, die voraussetzt, „daß das Tier vorhanden sei, und daß es sich dann an eine vorhandene Welt anpasse und sich danach entsprechend verhalte und daß von ihm das Beste ausgelesen werde".[41] Die Verbindung mit der Umgebung gehöre vielmehr bereits zum Wesen des „Benehmens" und des „Fähigseins".[42] Der britische Anthropologe Timothy Ingold wird, wie ich weiter unten zeigen werde, genau hier ansetzen, um zu verdeutlichen, wie Tiere immer schon in gebauten Umwelten hantieren (sich verhalten, Fähigkeiten ausbilden), um so in Abgrenzung zu Heidegger zu demonstrieren, wie ontologische Differenzen unterlaufen werden.

Was Heidegger deutlich machen möchte und was in der Verwendung der für die tierliche Sphäre reservierten Begriffe des Benehmens und Fähigseins zum Ausdruck kommt, ist, dass Biolog*innen nur Aussagen darüber treffen können, in welcher Beziehung Tiere zu ihrer Umwelt stehen. Aussagen über den Menschen in seiner Umgebung kann und darf die ‚klassische' Biologie hingegen nicht treffen. Zur Untermauerung seiner Kritik, dass die Trennung zwischen Menschen und Tieren in den Naturwissenschaften nicht fundamental genug formuliert sei, und um seine Argumentation für eine grundlegende Differenz zwischen Humanität und Animalität aufzubauen, bedient Heidegger sich ausgerechnet bei Beispielen aus den naturwissenschaftlichen Disziplinen. Tiere seien, wie Heidegger am viel zitierten Beispiel der Biene ausführt, die über dem Honigschlecken ihr eigenes Sterben nicht bemerkt, in einem Zustand der Benommenheit und hätten im Gegensatz zum Menschen keine Möglichkeit, ihr Dasein und ihr Verhalten zu reflektieren. Tiere benähmen sich daher in ihrer Umwelt,

---

39 Heidegger 1983, S. 315.
40 Ebd., S. 382.
41 Ebd.
42 Dem Benehmen und Fähigsein sind mehrere Unterkapitel der *Grundbegriffe* gewidmet. Zur Verbundenheit mit der Umgebung siehe besonders deutlich ebd., S. 375: „Denn das Tier ist nicht ein Organismus und dann als dieser noch etwas, was eine Verbindung mit seiner Umgebung eingeht, sondern die *Verbundenheit mit der Umgebung* [...] gehört zum inneren Wesen des Benehmens, d.h. zu dem, wozu das Fähigsein Fähigsein ist."

aber nie in einer Welt.[43] Eine vergleichende Betrachtung der Umwelten von Menschen und Tieren, wie sie in den *Streifzügen* vorgenommen werden, wäre nach Heidegger also nicht zulässig.

Wie Christina Vagt in ihrer Untersuchung zu Umwelt und Maschine bei Heidegger und Uexküll schreibt, ist Heideggers Rezeption der umwelttheoretischen Schriften als Auftakt seiner umfangreichen Kritik am Gegenstandsbereich exakter Wissenschaften zu verstehen. So verweise Heidegger den Uexküll'schen Umweltbegriff ontologisch in seine Grenzen, weil er die Bestimmung des Menschen nicht der Biologie überlassen wolle. Heideggers Kunstgriff bestehe gewissermaßen darin, der Biologie mit einer epistemologischen Fragestellung zu begegnen. Er interessiere sich mehr dafür, wie in der Biologie gesehen und gefragt werde, als dafür, was sie an Erkenntnissen gewonnen habe. Dies ermögliche einen Umgang mit den Naturwissenschaften, in dem zum einen das generierte Wissen aufgenommen und zum anderen dessen Gültigkeitsbereich eingeschränkt wird.[44] Diese Einschränkung hat zur Konsequenz, dass nicht nur ein Vergleich, wie er in den Zimmerbildern vorgenommen wird, unzulässig wäre, sondern grundsätzlich schon der Anspruch eines Biologen – oder zweier Biologen und eines Pastellmalers –, einen menschlichen Wohnraum entwerfen und somit Aussagen über die Welt des Menschen treffen zu können.

Wohnperspektiven *under construction*

In seinem Essay „Building, Dwelling, Living. How Animals and People Make Themselves at Home in the World" (2000) sucht Ingold im Anschluss an Uexküll und Heidegger nach einer neuen Weise, die Beziehung von Organismus und Umgebung (*environment*) zu denken. Ihm geht es wie schon Uexküll darum, die „neo-darwinistische Hegemonie" herauszufordern und Leben nicht als Ergebnis von Anpassung zu beschreiben. Im Gegensatz zu Uexküll betont Ingold allerdings den prozesshaften Charakter des Lebens und auch der Umwelten. Seine Umwelten sind

---

43   In den *Grundbegriffen* entwickelt Heidegger seinen berühmten Dreischritt:
       der Stein ist weltlos, das Tier ist weltarm, der Mensch ist weltbildend, ebd.,
       S. 263. Zur fundamentalen Kritik an diesen Thesen und der anthropolo-
       gischen Differenz siehe v.a. Derrida 2010 sowie Agamben 2003.
44   Vgl. Vagt 2010, S. 93.

nie fertig, sondern immer *under construction*. Einen Schlüssel zu diesem Verständnis von Umwelt sieht Ingold in Praktiken des Wohnens: So etwas wie eine bedeutungsvolle Umwelt gebe es nämlich nicht deshalb, weil Lebewesen sich an diese angepasst hätten, sondern weil sie bewohnt werde.[45] In einer prozessorientierten Erweiterung des Uexküll'schen Forschungsansatzes, vom Gefüge von Organismus und Umwelt auszugehen, plädiert Ingold dafür, die Perspektive des Wohnens („dwelling perspective") einzunehmen, um an eine neue Ökologie anschließen zu können. Wohnen versteht Ingold als die Tätigkeit, mit der sich Menschen und Tiere in der Welt einrichten, was immer auch Akte des *worldmaking* einschließe. Ingolds „dwelling perspective" ist also eine der Handelnden (*practitioners*), und er grenzt sie von der „building perspective" (Perspektive des Bauens) ab, die von einer bereits gebauten Welt ausgeht, die erst in einem zweiten, nachgeordneten Schritt bewohnbar ist.

Aus der Perspektive des Bauens wären Akte des *worldmaking* folglich den Akten des Wohnens immer schon vorgängig – ein Ansatz, den Ingold nicht mit einem ökologischen Ansatz vereinbaren kann. Er schließt sich deshalb Heideggers etymologischen Ausführungen zum Wohnen und Bauen an, um einen Perspektivwechsel anzustoßen und zu argumentieren, dass bereits die Unterscheidung von Bauen und Wohnen nicht tragbar ist. Bauen leitet sich laut Heidegger vom altenglischen *buan* ab, was Wohnen bedeutet (ein Begriff, der bis heute in Wörtern wie Nach*bar* überdauert hat). Das Bauen wäre demnach nicht dem Wohnen vorgängig, sondern Bauen wäre immer schon Wohnen, und nur wer wohnt, wäre auch in der Lage zu bauen. Ein solches Bauen könne folglich nicht mehr bedeuten, Ideen, Pläne und mentale Repräsentationen auf die Welt wie auf ein Rohmaterial zu projizieren, denn die Welt sei keine passive Masse, sondern Ausgangspunkt ebensolcher Prozesse. Den Versuch, neu über Organismen und ihre Beziehung zur Umwelt nachzudenken (*new ecology*), versteht Ingold entsprechend als Grundlage dafür, auch das kreative Engagement der Menschen in der Welt verstehen zu können.[46]

Ingold verdeutlicht seine Theorie an einem der bekanntesten (und ‚berüchtigsten') bauenden Tiere – dem Biber. Ein Biber bewohne eine Umwelt, die schon von seinen Ahn*innen bearbeitet worden sei, und nur innerhalb dieser modifizierten Umgebung entwickle er seine Verhal-

---

45 Vgl. Ingold 2000, S. 173.
46 Vgl. ebd.

tensmuster und seine Orientierungsfähigkeit.[47] Mit dieser Argumentation schließt Ingold an die auch von Heidegger anerkannte Perspektive des Gefüges von Lebewesen und Umwelt an, die in diesem konkreten Fall zum Bindestrichwort „animal-in-its-environment" wird. Die Wohnperspektive ist bei Ingold dabei jedoch nicht, wie bei Heidegger, auf die menschliche Sphäre reduziert. Ingold nutzt sie vielmehr, um zu zeigen, wie sich Dichotomien von Evolution und Geschichte, Biologie und Kultur auflösen.[48]

Ausgänge

Die *Streifzüge* scheinen mit ihren Zimmerbildern einen Nerv getroffen zu haben. Im Rahmen dieses Aufsatzes konnte ich nur einige Eckpunkte ihrer weitreichenden kulturhistorischen und philosophischen Implikationen wie auch ihrer Rezeption markieren. Abschließend möchte ich diese nun mit Bezug auf den thematischen und theoretischen Rahmen des vorliegenden Bandes diskutieren. Die von Franz Huth geschaffenen Zimmerbilder verdeutlichen den neuen und in der damaligen philosophischen Rezeption gewürdigten biologischen Ansatz, das Gefüge von Lebewesen und Umwelt zum Ausgangspunkt der Forschung zu machen. Auffällig ist dabei, dass die anderen zur Umwelt eines Organismus gehörenden Lebewesen in den Zimmerbildern ausgespart bleiben, das Gefüge also auf die betrachteten Tiere und ihre physikalische Umwelt reduziert bleibt.

Fliegen interessieren sich vor allem für die zuckrigen und proteinhaltigen Spuren von Menschen;[49] ihre Existenz ist mit Menschen

---

47   Vgl. ebd., S. 186.

48   Anders als bei Heidegger gibt es in Ingolds Texten durchaus Abbildungen und ihre Verwendung wirkt teilweise fast naiv. So gibt es Vergleiche der Baupläne von Biberbauten und Häusern der Yupik oder Grafiken, die die Entwicklung im Hüttenbau der im zentralafrikanischen Regenwald lebenden Mbuti zeigen; Ingold übernimmt auch Zeichnungen aus den *Streifzügen*, um Uexkülls Theorie zu erläutern. Es finden sich bei ihm jedoch keine Zimmerbilder, und es wäre reizvoll zu überlegen, wie und mit welchen Medien Ingold seine Wohnperspektive und die Betonung des Prozesshaften sichtbar gemacht hätte.

49   Eine weitere und letzte Abbildung des Kapitels zeigt so auch „Die Dinge in der Umwelt der Fliege", wozu eine warme Kaffeekanne und ein Zuckerstück gehören, siehe Uexküll/Kriszat 1934, S. 62.

assoziiert, auf deren konkrete Anwesenheit können sie aber durchaus verzichten. Das Heimtier-Dasein der Stubenfliege ist also in den besprochenen Darstellungen durch ein menschenleeres Zimmer bei gedecktem Tisch gut getroffen. Für Haushunde gilt hingegen allgemein, dass es für sie von großer Bedeutung ist, dass ihre menschlichen Mitbewohner*innen anwesend, sprich zu Hause sind. Die Abbildung eines menschenleeren Zimmers des Hundes wäre aus tierpsychologischer Perspektive, aber auch im Hinblick auf die Geschichte der Ko-Habitation und Ko-Evolution daher kaum sinnvoll. Wenn es darum geht, die Elemente zu markieren, mit denen Hunde in Beziehung stehen bzw. die für sie Bedeutung haben und deshalb Teil ihrer Umwelt sind, fällt besonders auf, dass es sich hier um ein menschenleeres Zimmer handelt und die wichtigsten Bezugspunkte der allermeisten Hunde also gar nicht auftauchen. Überhaupt räumen Uexküll, Kriszat und Huth die Zimmer sehr auf; es gibt keine oder kaum Anzeichen dafür, dass Wohnen als prozesshaft verstanden wird oder die tierlichen Bewohner*innen das Wohnumfeld mitgestalten. Gerade dadurch aber, dass ein rein anthropogenes Wohnumfeld gezeigt wird, lassen sich die Darstellungen als Heterotopien und als Verweis auf ‚andere Räume‘ interpretieren, etwa wenn Hunden der Gebrauch von Sofa und Tellern zugeschrieben wird. Spuren des gemeinsamen Wohnens von Menschen und Heimtieren sind jedoch nicht dargestellt, obwohl Beziehungen der Lebewesen untereinander für die umwelttheoretische Forschung grundsätzlich von Interesse sind, wie am Beispiel der Symbiose von Seeanemone und Einsiedlerkrebs verdeutlicht wurde. Es ließe sich nun argumentieren, dass es bei den Zimmerbildern nicht darum geht, konkrete Wohnbeziehungen oder -gemeinschaften darzustellen, sondern ein Theorem der Umwelttheorie zu veranschaulichen. Eine Analyse der Bilder zeigt jedoch, dass zwar die Beziehungen von Mensch, Hund und Fliege untereinander nicht dargestellt werden, die der Menschen untereinander aber durchaus, versinnbildlicht etwa als Tischgemeinschaft oder als intellektuelle Beziehung, wie sie durch das Bücherregal angedeutet wird. Das Zimmer des Menschen steht somit gewissermaßen in Übereinstimmung mit Heideggers Philosophie, der zufolge Welt immer auch die Mit-Welt als Gemeinschaft der Menschen meint. Eine mögliche Lesart der Zimmerbilder wäre also, dass Haushund und Stubenfliege in diesen Darstellungen ganz der Heidegger'schen ontologischen Differenzierung folgend vom Mit-Sein ausgeschlossen sind.

Ich möchte aber noch eine weitere Interpretation vorschlagen. Gerade weil die Interieur-Darstellungen einer Logik des Nebeneinanders und nicht des Miteinanders folgen, verdeutlichen sie einen gleichgeordneten Zugang zur Umwelt. Auf diese Weise wird eine Diversität der Lebewesen-Umwelt-Gefüge sichtbar, die per se keine Hierarchisierungen kennt. Mensch, Hund und Fliege haben aus umwelttheoretischer Perspektive eine gleichberechtigte und gleichgeordnete Beziehung zum Wohnraum. Dieser Zugang widerspricht zwar einer Praxis, in der – so habe ich anhand der kulturhistorischen Implikationen (etwa der Hygiene- oder Regulierungsdiskurse, die Fliege und Hund aufrufen) zu verdeutlichen versucht – das Zusammenwohnen auf zumeist sehr ausgeprägten Hierarchisierungen beruht. Tiere sind in der Zimmerbildserie jedoch prinzipiell als den Menschen neben- oder gleichgeordnet in einem kulturellen Umfeld bestimmt, weshalb die angesprochenen Diskurse und Hierarchisierungen grundsätzlich zur Debatte gestellt werden. Eine Emanzipation vom Heimtier zum Wohntier, wie ich es im Anschluss an die wohntheoretischen Ausführungen Heideggers und vor allem Ingolds taufen möchte, wäre somit angelegt. Schließlich verlässt ein umwelttheoretischer Ansatz, der vom Tier-Zimmer-Gefüge ausgeht, die Schauanordnung naturkundlicher Dioramen, in der grundsätzlich aus menschlicher Perspektive auf Tiere in ihrem natürlichen Habitat geschaut wird. Dabei erweitert sich die Perspektive auf Umwelt von der menschlichen um die tierliche. Zugespitzt formuliert bedeuten die Zimmerbilder auch, dass die Biologie nach Hause kommt und naturkundliches Wissen somit nicht mehr nur im musealen Raum verhandelt und vermittelt wird. Den Haus- und Heimtieren kommt dabei die besondere Bedeutung zu, die Forschung in die Wohn- und Studierzimmer zu tragen und so möglicherweise auch die Beziehungen zum *oikos* zu hinterfragen. Die Zimmerbilder entwerfen in diesem Sinn zwar keine neue Ökologie, können aber durchaus als eine Art Vorschau hierfür verstanden werden.

Literatur

Agamben 2003 – Giorgio Agamben, Das Offene. Der Mensch und das Tier, Frankfurt a.M. 2003.

Berz 2010 – Peter Berz, Die Lebewesen und ihre Medien, in: Thomas Brandstetter, Karin Harrasser u. Günther Friesinger (Hg.), Ambiente. Das Leben und seine Räume, Wien 2010, S. 23–49.

Bredekamp u.a. 2008 – Horst Bredekamp u.a. (Hg.), Das technische Bild. Kompendium zu einer Stilgeschichte wissenschaftlicher Bilder, Berlin 2008.

Bühler 2016 – Benjamin Bühler, Ecocriticism. Eine Einführung, Stuttgart 2016.

Bühler 2006a – Benjamin Bühler, Zecke, in: ders. u. Stefan Rieger, Vom Übertier. Ein Bestiarium des Wissens, Frankfurt a.M. 2006, S. 250–264.

Bühler 2006b – Benjamin Bühler, Hund, in: ders. u. Stefan Rieger, Vom Übertier. Ein Bestiarium des Wissens, Frankfurt a.M. 2006, S. 126–142.

Campe 1991 – Rüdiger Campe, Die Schreibszene. Schreiben, in: Hans Ulrich Gumbrecht u. K. Ludwig Pfeiffer (Hg.), Paradoxien, Dissonanzen, Zusammenbrüche. Situationen offener Epistemologie, Frankfurt a.M. 1991, S. 759–772.

Connor 2006 – Steven Connor, Fly, London 2006.

Deleuze/Guattari 1992 – Gilles Deleuze u. Félix Guattari, Tausend Plateaus, Berlin 1992.

Derrida 2010 – Jacques Derrida, Das Tier, das ich also bin, Wien 2010.

Donner/Kriszat 1950 – Kai Otto Donner u. Georg Kriszat, Die elektrophysiologisch bestimmte Sensitivitätsverteilung des Fliegenauges im sichtbaren Spektrum, in: Arkiv för zoologi, Bd. 42, Stockholm u.a. 1950, S. 1–7.

Dünkel 2008 – Vera Dünkel, Vergleich als Methode, in: Horst Bredekamp u.a. (Hg.), Das technische Bild. Kompendium zu einer Stilgeschichte wissenschaftlicher Bilder, Berlin 2008, S. 24–28.

Heidegger 1993 – Martin Heidegger, Sein und Zeit [1927], Tübingen 1993.

Heidegger 1983 – Martin Heidegger, Gesamtausgabe, II. Abt.: Vorlesungen 1925–1944, Bd. 29/30: Die Grundbegriffe der Metaphysik. Welt – Endlichkeit – Einsamkeit (Freiburger Vorlesung, Wintersemester 1929/30), hg. v. Friedrich-Wilhelm Herrmann, Frankfurt a.M. 1983.

Hevers 2003 – Jürgen Hevers, Braunschweiger Dioramen. Tiere in natürlicher Umgebung, Braunschweig 2003.

Ingold 2000 – Timothy Ingold, Building, Dwelling, Living. How Animals and People Make Themselves at Home in the World, in: ders., The Perception of the Environment. Essays on Livelihood, Dwelling and Skill, London/New York 2000, S. 172–188.

Kete 1994 – Kathleen Kete, The Beast in the Boudoir. Petkeeping in Nineteenth-Century Paris, Berkeley/Los Angeles 1994.

Kynast 2012 – Katja Kynast, Jakob von Uexküll's Umweltlehre between Cinematography, Perception and Philosophy, in: Philosophy of Photography 3, 2 (2012), S. 272–284.

McHugh 2004 – Susan McHugh, Dog, London 2004.

Mildenberger 2007 – Florian Mildenberger, Umwelt als Vision. Leben und Werk Jakob von Uexkülls (1864–1944), Stuttgart 2007.

Müller 2001 – Gerhard H. Müller, Umwelt, in: Joachim Ritter, Karlfried Gründer u. Gottfried Gabriel (Hg.), Historisches Wörterbuch der Philosophie, Bd. 11, Basel 2001, S. 99–105.

Nierhaus/Nierhaus 2014 – Irene Nierhaus u. Andreas Nierhaus (Hg.), Wohnen Zeigen. Modelle und Akteure des Wohnens in Architektur und visueller Kultur (= wohnen +/− ausstellen 1), Bielefeld 2014.

Portmann 1970 – Adolf Portmann, Ein Wegbereiter der neuen Biologie. Vorwort, in: Jakob von Uexküll u. Georg Kriszat, Streifzüge durch die Umwelten von Tieren und Menschen – Bedeutungslehre, Frankfurt a.M. 1970, S. IX–XXI.

Rossberg 1999 – Anne-Katrin Rossberg, Zur Kennzeichnung von Weiblichkeit und Männlichkeit im Interieur, in: Cordula Bischoff u. Christina Threuter (Hg.), Um-Ordnung. Angewandte Künste und

Geschlecht in der Moderne, Marburg 1999, S. 58–68.

Scheersoi 2014 – Annette Scheersoi, Warum Dioramen aus didaktischer Perspektive so wertvoll sind, in: Arne Schulze, Jörn Köhler u. Gabriele Gruber (Hg.), Naturkundliche Dioramen (= Darmstädter Beiträge zur Naturgeschichte 19), Darmstadt 2014, S. 121–126.

Sprenger 2014 – Florian Sprenger, Zwischen *Umwelt* und *milieu* – Zur Begriffsgeschichte von *environment* in der Evolutionstheorie, in: E-Journal. Forum Interdisziplinäre Begriffsgeschichte 3, 2 (2014), S. 7–18.

Stein 2006 – Laurie A. Stein, Zimmerbilder, in: Hans Ottomeyer, Klaus Albrecht Schröder u. Laurie Winters (Hg.), Biedermeier. Die Erfindung der Einfachheit, Berlin/Stuttgart 2006, S. 188–203.

Thomä 2003 – Dieter Thomä, Heidegger und der Nationalsozialismus. In der Dunkelkammer der Seinsgeschichte, in: ders. (Hg.), Heidegger-Handbuch. Leben – Werk – Wirkung, Stuttgart/Weimar 2003, S. 141–162.

Toepfer 2011a – Georg Toepfer, Ökologie, in: ders., Historisches Wörterbuch der Biologie, Bd. 2, Stuttgart 2011, S. 681–714.

Toepfer 2011b – Georg Toepfer, Umwelt, in: ders., Historisches Wörterbuch der Biologie, Bd. 3, Stuttgart 2011, S. 566–607.

Uexküll 1973 – Jakob von Uexküll, Theoretische Biologie [1928], Frankfurt a.M. 1973.

Uexküll 1940 – Jakob von Uexküll, Bedeutungslehre (= Bios, Abhandlungen zur theoretischen Biologie und ihrer Geschichte sowie zur Philosophie der organischen Naturwissenschaften 10), Leipzig 1940.

Uexküll 1932 – Jakob von Uexküll, Umwelt des Hundes, in: Zeitschrift für Hundeforschung 5/6 (1932), S. 157–170.

Uexküll 1921 – Jakob von Uexküll, Umwelt und Innenwelt der Tiere [1909], 2., vermehrte u. verbesserte Aufl., Berlin 1921.

Uexküll/Kriszat 1934 – Jakob von Uexküll u. Georg Kriszat, Streifzüge durch die Umwelten von Tieren und Menschen, Berlin 1934.

Uexküll/Sarris 1931– Jakob von Uexküll u. Emanuel Sarris, Das Duftfeld des Hundes, in: Zeitschrift für Hundeforschung 3/4 (1931), S. 55–68.

Uexküll, G. 1964 – Gudrun von Uexküll, Jakob von Uexküll, seine Welt und seine Umwelt, Hamburg 1964.

Vagt 2010 – Christina Vagt, „Umzu wohnen". Umwelt und Maschine bei Heidegger und Uexküll, in: Thomas Brandstetter, Karin Harrasser u. Günther Friesinger (Hg.), Ambiente. Das Leben und seine Räume, Wien 2010, S. 91–106.

Jessica Ullrich

Den Tieren Platz einräumen. Die Produktion und Repräsentation von urbaner Ko-Habitation mit Katzen in der Gegenwartskunst

„Houses are, in varying degrees, dialectic spaces, enshrining both confinement and freedom, self and other. They are places of assembly but above all, places of social, human-nonhuman assemblage."[1]

Behaustsein in der Welt

Die Sesshaftwerdung des Homo sapiens wird meist als großer zivilisatorischer Schritt verstanden.[2] So suchten Anthropologen im 19. Jahrhundert nach der ersten von Menschen gebauten Hütte, um den Punkt zu finden, wo Natur zu Kultur wurde. Durch das Errichten einer Wohnstatt nimmt man eine ursprünglich als bedrohlich erfahrene Welt in Besitz, ringt ihr eigene Räume ab und lässt sich in diesen nieder. Dabei kommt es nicht auf die Elaboriertheit der Behausung an. Der Architekt Averlino Filarete

---

1   Buller 2016, S. 209.
2   Vgl. Wilson 1988.

(1400–1469) schlug im 15. Jahrhundert gar vor, das schützende Dach, das sich Adam mit seinen eigenen Händen baute, als das erste Haus anzusehen.[3] Dabei ist das Beziehen von Behausungen kein Merkmal, das eine anthropologische Differenz konstituiert. Alle Tiere richten sich auf ihre je eigene Art in der Welt ein und sind in ihr zu Hause, egal ob sie nomadische oder sesshafte Lebensweisen pflegen. Dabei gehen die Fertigkeiten vieler Tierarten über Adams imaginierte Schutzgeste weit hinaus, wenn sie sich ihre jeweils arteigene Zuflucht vor den Widrigkeiten der Welt schaffen. Einige Vögel bauen bekanntlich beeindruckende Nester, manche Insekten ganze Städte, Biber oder Kaninchen verschaffen sich Schutz in angelegten Bauten, Bären beziehen Höhlen und die meisten Tierarten richten sich temporäre Schlafstätten oder Kinderstuben für Geburt und Aufzucht des Nachwuchses ein. Ähnlich wie Menschen organisieren viele Spezies ihr soziales Zusammenleben im gemeinsamen Wohnen.[4] Und manchmal treffen menschliche und tierliche Ansprüche an Wohnräume aufeinander, insbesondere dann, wenn es um das Zusammenleben mit sogenannten Heimtieren geht.

Dieser Beitrag beschäftigt sich mit zeitgenössischen Kunstwerken, die praktisch-ästhetische Lösungen für die Frage anbieten, wie Menschen mit Katzen zusammenwohnen können. An vier ausgewählten Beispielen wird die human-feline Ko-Habitation mit Wohnungskatzen sowie mit obdachlosen und freilebenden Katzen diskutiert. Dabei wird die Lebensgemeinschaft mit Katzen als soziale Plastik innerhalb einer relationalen Ästhetik[5] verstanden, und es wird gezeigt, welche Praktiken und Relationen durch gemeinsames Wohnen geformt werden und welche Rolle individuelle Heimtiere, in diesem Fall Katzen, hierbei spielen können. Etymologisch stammt das Verb ‚wohnen' von dem westnordischen

---

3 Vgl. Erne 2008, S. 55.
4 Michael Hansell und andere haben solche Tierarchitekturen in den Blick genommen und die konstruktiven Leistungen u.a. von Insekten, Vögeln und Bibern erforscht, vgl. Hansell 1984. Auf der anderen Seite wird Architektur oft als Merkmal anthropologischer Differenz gesehen, da sie auf einem Plan beruhe, der dem bloßen Bauen vorgängig sei. Für Eugène Viollet-le-Duc (1814–1879) etwa beginnt Architektur dann, wenn das existenzielle Bedürfnis nach Schutz, das allen Tieren gemein sein dürfte, auf rationales Planen trifft, vgl. Viollet-le-Duc 1875.
5 Für Nicholas Bourriaud, der den Begriff der „relationalen Ästhetik" geprägt hat, ist relationale Kunst in der Essenz intersubjektiv, ihr Hauptthema ist das ‚Zusammensein', vgl. Bourriaud 2002.

Wort ‚wunjan' für Behagen und Zufriedensein ab. Dabei enthält ein Wort wie ‚Behagen' oder ‚Behaglichkeit' bereits die Umzäunung (‚hag') in sich. Eine Wohnstatt zu beziehen ist damit eine Form des Territorialverhaltens. Das Innere einer Wohnung grenzt sich durch Mauern von der Außenwelt ab, definiert eine Kultursphäre innerhalb des Naturraums, eine Grenze zwischen Eigenem und Fremdem.[6] Dies geschieht auch in Multispezies-Gemeinschaften im Stadtraum, denn die Stadt wird meist fälschlicherweise als ausschließlich menschlicher Raum gesehen. Tiere waren aber schon immer Teil eines relational konstituierten urbanen Umfeldes. Jedes städtische Gebäude wird in der Regel von vielen Spezies bewohnt, vielleicht von mehr Arten, als die dort lebenden Menschen wahrhaben wollen. Thom van Dooren und Deborah Bird Rose bezeichnen Städte gar als „inescapably multispecies affairs".[7] Ob Tiere dabei als Invasoren gefürchtet und abgewehrt werden oder mit offenen Armen empfangen und als Heimtiere in den eigenen Hausstand inkludiert werden, hängt meist von der jeweiligen Spezies ab. Denn Menschen organisieren mithilfe ihrer Behausungen ihr gesamtes Sozialgefüge,[8] einschließlich der Tiere, zu denen sie Beziehungen unterhalten. Dies betrifft insbesondere auch die sogenannten Heimtiere.

Der Begriff des Heimtiers, das hat unter anderem Yi-Fu Tuan gezeigt, impliziert dabei bereits eine hierarchische Beziehung von Macht und Unterwerfung.[9] Das Heimtier als ‚pet' wird diskursiv und praxeologisch aus einer Mischung von Zuneigung und Dominanz hergestellt. Die Rede von Katzen-Besitzer*innen oder von ‚Herr und Hund' trägt geschlechtliche Konnotationen von Dominanz oder gar Sklavenhaltertum. Entsprechend ist die Beziehung zu Heimtieren von Gewalt, Paternalismus und emotionaler Ausbeutung gekennzeichnet. Dabei lässt sich die strukturelle und materielle Bevormundung und Begrenzung der Agency von Tieren leicht an den Hilfsmitteln, die für sie entwickelt wurden, ablesen: So markieren Käfige für Vögel oder Hamster, Aquarien für Fische oder Terrarien für

---

6   In Sprichworten wie „My home is my castle" wird auf eine Form des Hausrechts angespielt, die notfalls auch mit Gewalt durchgesetzt werden kann. Die Idee einer zu verteidigenden Privatsphäre korrespondiert mit einem Verständnis von Eigentum, das Menschen zumindest ansatzweise mit anderen Tieren teilen.

7   Van Dooren/Rose 2012, S. 16.

8   Vgl. Hübl 2006, S. 106.

9   Tuan 2009.

Amphibien diese zuallererst als Heimtiere. Katzen hingegen entgehen als Freigänger*innen einer solchen ‚Verheimtierung'. Dafür scheint ihre Bindung an Menschen weniger eng als z.b. die von Hunden. Katzen sind angeblich weniger auf ihre menschlichen Gefährt*innen fixiert als auf ihren Wohnort. Dennoch sind sie seit mindestens 10.000 Jahren Teil menschlicher Gesellschaften und haben sich offenbar selbst domestiziert.[10] In Ägypten tauchten Katzen spätestens seit 1.500 v. Chr. nicht nur vermehrt im häuslichen Kontext auf, sondern sie traten auch immer häufiger als Gefährt*innen von Menschen auf, mit denen sie gemeinsam auf Vogeljagd gingen oder unter deren Esstischen sie saßen. Neuere Studien gehen sogar davon aus, dass die Ägypter*innen bei der Katzenzucht gezielt auf Merkmale wie den Menschen zugewandtes soziales Verhalten und weniger ausgeprägte Territorialität selektierten.[11]

In aktuellen tierpolitischen Theorien wird die Rolle der domestizierten Tiere neu bewertet. Bekanntlich machen Will Kymlicka und Sue Donaldson in ihrem viel beachteten Buch *Zoopolis* (2011) eine kategoriale Unterscheidung zwischen Heimtieren, Wildtieren und sogenannten liminalen Tieren bzw. Grenzgängertieren. Aus deren unterschiedlichen Situiertheiten in Bezug auf den Menschen leiten sie unterschiedliche Wohn-, Bleibe- und Aufenthaltsrechte ab.[12] So plausibel die Argumentation ist, wird sie doch problematisch, wenn sich Tierindividuen oder ganze Spezies nicht eindeutig in eine der Kategorien einordnen lassen; man denke nur an verwilderte Haushunde oder zahme Krähen, die in Wohnungen gehalten werden. Auch wenn sich insbesondere im Stadtraum nicht immer eindeutig bestimmen lässt, was genau ein Heimtier ist, wird im Folgenden die Katze doch als Heimtier verstanden, um Fragen der Mensch-Tier-Ko-Habitation zu reflektieren.

Hierzu werden aktuelle künstlerische Projekte in den Blick genommen, die das Zusammenwohnen bzw. die *conviviality* mit Katzen, also den verbreitetsten Heimtieren in der westlichen Welt, in der Stadt zum Thema haben.[13] Als *conviviality* bezeichnen van Dooren und Rose

---

10 Siehe Grimm 2013.
11 Vgl. Driscoll 2009.
12 Vgl. Kymlicka/Donaldson 2011.
13 Hunde und Katzen sind in der Kunst spätestens seit den 1970er-Jahren in sehr persönlichen performativen Projekten Interaktionspartner*innen. Pionierarbeit haben hier sicherlich Carolee Schneemann (*1939) und William Wegman (*1943) geleistet, die für ihre Videos und Fotoserien

die ethische Praktik, Orte und Räume auf aufmerksame und bedeutungsvolle Weise miteinander zu teilen.[14] Manche Wohnorte können so zu Schauplätzen von Bedeutung werden, die sowohl für Menschen als auch für andere Tiere einen Wert haben. Auch Kunstwerke, die das urbane Miteinanderwohnen als ein geteiltes räumliches In-der-Welt-Sein denken, können auf diese Weise dazu anregen, Mensch-Tier-Relationen neu zu verhandeln.[15] Künstler*innen, die sich mit lebenden Tieren beschäftigen, suchen oft nach authentischen, d.h. nicht medialisierten Begegnungen mit anderen Spezies, oft mit den eigenen tierlichen Mitbewohner*innen. Vermutlich liegt eine Chance für eine solche Art der Begegnung vor allem in einem geteilten Alltag, in einem gemeinsamen Lebensraum.

Ein Ort für Katzen – *Towards a Feline Architecture*

Der geteilte Alltag ist der Ausgangspunkt für die Artistic-Research-Projekte der Performancekünstlerin Joanne Bristol (*1962), die in ihrer künstlerischen Tätigkeit die „spatial politics and aesthetics of interspecies relations" untersucht.[16] Sie betreibt im kanadischen Banff, einem Ort im gleichnamigen Nationalpark, das Institute for Feline + Human Collaboration. Dort untersucht sie, wie Tiere Kunst wahrnehmen; parallel erkundet sie mit ihrem Langzeitprojekt *Towards a Feline Architecture* seit 2004 neue Möglichkeiten der Ko-Habitation unterschiedlicher Spezies im Stadtraum.

Ganz allgemein beschäftigt sich Bristol mit den Netzwerken und Spuren nichtmenschlicher Stadtbewohner*innen und verfolgt im Speziellen diejenigen Wege, auf denen Katzen freiwillig die Orte von Menschen kreuzen. Sie interessiert sich insbesondere dafür, welche Tiere ausgeschlossen,

jeweils das Zusammenleben mit den eigenen Haustieren dokumentierten. Erstmals wurden dadurch Tiere mit ihren eigenen Namen in der Kunstwelt berühmt, etwa Schneemanns Katzen Kitch, Cluny und Vesper, mit denen sie in einem täglichen Ritual intime Zungenküsse austauschte, oder Wegmans Weimaraner Man Ray oder Fay, mit denen er auf humorvolle Weise alltägliche oder völlig absurde Fragen verhandelte.

14   Van Dooren/Rose 2012, S. 5f.
15   Vgl. Hahn 2010.
16   So der Titel eines Vortrags Bristols am 22.3.2017 bei La Cité, Universitaire Francophone, http://lacite.uregina.ca/en/research/new-page/events [13.09.2017].

welche zur Ko-Habitation eingeladen und wie gemeinsam städtische Räume gestaltet werden. In ihrem eigenen Haus, das ihr auch als Künstleratelier dient, erforscht Bristol die räumlichen Muster, mit denen sich ihre Wohnungskatze Sabre im geteilten Lebensraum bewegt, um dann ihre Erkenntnisse für ihre eigene künstlerische Praxis nutzbar zu machen. Soweit es ihrem reduzierten menschlichen Sensorium möglich ist, bezieht Bristol neben den visuellen auch materielle, akustische, haptische, olfaktorische und perkussorische Aspekte der Welterfahrung in ihre Untersuchungen und künstlerischen Transkriptionen mit ein.

Die Künstlerin ist sich bewusst, dass Menschen für Katzen oft ein anthropomorphisiertes Dasein imaginieren, das mit deren tatsächlichem Leben wenig gemein hat. Entsprechend möchte sie durch aufmerksame und höfliche Zuwendung eine katzengerechte Perspektive auf die Politik und Ökologie von Räumen finden. Für Bristol ist das Haustier das „Andere" im eigenen Heim, das man nur durch Beobachtung seiner Körperlichkeit und seines Handelns im Raum kennenlernen kann.[17] Deshalb fertigt sie seit geraumer Zeit mit Zeichnungen wie *daily habitus: choreographic trace (09/08/11)* eine genaue Karte der Navigation ihrer Katze in ihrer Wohnung an und hält akribisch fest, wo die Katze verweilt und in welche Richtungen ihre Bewegungsmuster verlaufen. (Abb. 1a) Das Ablaufen innerhalb bestimmter Grenzen der Wohnung, das sie so sichtbar macht, deutet Bristol beispielsweise als eine feline Reviersicherung, die die Katze im vollen Bewusstsein ihrer eigenen Örtlich- sowie Zeitlichkeiten unternimmt. Bestimmte Bewegungsrichtungen glaubt sie auf Reaktionen auf akustische Signale wie das Öffnen der Kühlschranktür zurückführen zu können; andere, rotierende Bewegungen auf das Herrichten eines Lagerplatzes. Ebenso wie die gemeinsamen Wohnpraktiken von Frau/Künstlerin und Katze durch die Dokumentation als performativ und installativ erlebbar werden,[18] erweisen sich die Handlungen der Katze damit als intentional, kreativ und widerständig. Bristol bezeichnet Sabre deshalb auch als Ko-Autorin der entstehenden Arbeiten.[19]

---

17 „The pet is the Other in this space", Hopkins 2014.
18 Deshalb bietet sie neben der eigenen Einfühlungsarbeit auch Schreibworkshops an, in denen Interessierte sich in die Perspektive von Katzen hineinversetzen sollen.
19 Vgl. Bristol 2012, S. 31.

Jessica Ullrich

Mit dem Ziel, ein bedeutungsvolleres gemeinsames Wohnen im geteilten Haushalt zu ermöglichen, bemüht sich Bristol auch um ein besseres Verständnis der Bedürfnisse ihrer Katze. Bereits Emmanuel Lévinas hat auf die Rolle des Wohnens zum Verständnis von Objekten hingewiesen: „Jede Betrachtung von Gegenständen [...] [ereignet] sich im Ausgang von einer Bleibe (demeur)."[20] Aufbauend auf ihren durch die gelebte künstlerische Forschung gewonnenen Erkenntnissen, konzipiert Bristol – in der festen Überzeugung, dass Menschen von Katzen viel über die Ästhetik des Wohnens lernen können – Räume, wie sie ihrer Ansicht nach ein*e feline*r Architekt*in konstruieren würde. Diese utopischen Grundrisse mit dem Titel „Proposed Floorplan" zeigen nicht nur die „Sabre Stations", also die Räume im Haus, die die Katze wiederholt aufsucht und an denen sie sich bevorzugt aufhält, sondern schlagen darüber hinaus auch eine Neugestaltung der Wohnung aus Katzenperspektive vor. Das Haus bekommt auf den Plänen z.B. innen und außen Erweiterungsbauten: einen Garten mit Brunnen, ein ausfahrbares Oberlicht oder einen Gemeinschaftsraum für Mensch-Katzen-Begegnungen. Ein tatsächlich verwirklichter Einbau in der geteilten Wohnung ist der *catwalk*, eine Art Katzenlaufsteg über Kopfhöhe, den Bristol mit dem Designer Graham Mockford in ihrer Wohnung installiert hat (Abb. 1b). Auf dem *catwalk* kann Sabre sogar durch ein Loch in der Wand von einem Raum zum anderen spazieren. Mit diesem architektonischen Eingriff berücksichtigt Bristol die Ansprüche, die ihre Katze an den Raum und ihre spezifischen Aufenthaltsorte stellt, und die Art und Weise, wie sie sich im Raum verhält und wie sie Räume mit Menschen teilt. Wenn die Katze so zur Auftraggeberin wird und die Künstlerin zur ausführenden Designerin, werden die gängigen Hierarchien zwischen Heimtier und Heimtierhalterin infrage gestellt.[21] Der *catwalk* erinnert dabei an Bruno Latours Ausführungen über die Katzenklappe, die ihm als Beispiel zur Erläuterung seiner Akteur-Netzwerk-Theorie dient.[22] Latour deutet eine Figur der Comic-Reihe *Gaston* als einen dienenden Roboter, der als fürsorgliches ‚Herrchen' seiner Katze immer wieder die Tür öffnen muss, um ihrem Freiheitsdrang Genüge zu tun. Der Katzenbesitzer hasst

20 Lévinas 1987, S. 218.
21 Außerdem entwickelt Bristol auch Katzenspielzeuge, die sie als Multiples herstellt, oder kreiert atmosphärische Surround-Audio-Installationen, die Klaviermusik mit Schnurren verbinden.
22 Vgl. Latour 1996, S. 17.

1 (a und b)   Joanne Bristol, *daily habitus:*
choreographic trace (09/08/11),
2011; Joanne Bristol, Graham
Mockford und Sabre, *catwalk,*
2009

Zugluft und kann daher die Tür nicht einfach offen stehen lassen, erträgt
aber auch die nach Ausgang schreiende Katze nicht. Die Binarität der
Tür, offen oder geschlossen, stört das Zusammenleben, bis der Katzen-
besitzer auf die Idee kommt, eine Katzenklappe einzubauen. Auf Kosten
der Integrität der Tür ist nun ein Wohnen möglich, das sowohl felinen
als auch humanen Interessen entgegenkommt. Dabei wird nach Latour
neben der Katze und dem Menschen die Tür ebenfalls zur Akteurin in
einem relationalen Gefüge.

Auch andere moderne Erfindungen fördern die Ko-Habitation von
Tieren und Menschen. So haben etwa die seit Mitte des 20. Jahrhunderts

existierenden Katzentoiletten maßgeblich dazu beigetragen, dass die Zahl der Katzenhalter*innen zunahm. Diese Entwicklung hat aber auch eine Kehrseite: Katzen, die sich nicht anpassen und die Verwendung von Katzenklos verweigern, werden als inkompatibel mit der Wohnungshaltung angesehen und wieder ,abgeschafft', was einem Todesurteil gleichkommen kann. Auch wenn bereits Martin Heidegger das Wohnen mit der Bewahrung des Menschen vor Schaden bzw. mit Schonung gleichgesetzt hat,[23] scheint für Haustiere offenbar nicht zuzutreffen, dass ihr Heim ein Ort maximaler Sicherheit ist. Sie sind durch ihre Ko-Habitation mit den Menschen geradezu in ihrer Existenz bedroht, wenn sie sich nicht an deren Bedingungen anpassen. Passenderweise betitelt Bristol eine andere ihrer katzenbezogenen Arbeiten *Comfy Hostage* (2002) und spielt damit auf die Ambivalenz der Haustierhaltung an: Einerseits lieben die Menschen ihre Gefährtentiere innigst, andererseits nehmen sie Letztere in der gemeinsamen Wohnung in Geiselhaft, indem sie sie zu einem Leben im goldenen Käfig zwingen, das vor allem menschlichen Vorstellungen entspricht.

Stadt der Katzen – Ko-Existenz im öffentlichen Raum

Doch nicht alle Katzen sind Wohnungskatzen und nicht alle Katzen haben menschliche Gefährt*innen. Dies lässt sich unter anderem anhand der dokumentarischen Installation *Homes for Neustadt-Neuschönefeld* der Berliner Künstler*innen Angela Köntje (*1973) und Peter Frey (*1975) erfahren.[24] Köntje und Frey katalogisieren seit 2004 in einer Fotoserie die aufwendig von Menschenhand gestalteten Futterstellen für streunende Katzen in einem Leipziger Stadtteil. Auf etwa 30 gerahmten Blättern halten sie neben fotografischen Aufnahmen der kleinen Architekturen akribisch die Maße, das verbaute Material, den Standort und die jeweilige

23 „Das altsächsische ,wuon', das gotische ,wunian' bedeuten ebenso wie das alte Wort bauen das Bleiben, das Sich-Aufhalten. Aber das gotische ,wunian' sagt deutlicher, wie dieses Bleiben erfahren wird. Wunian heißt: zufrieden sein, zum Frieden gebracht, in ihm bleiben. Das Wort Friede meint das Freie, das Frye, und fry bedeutet: bewahrt vor Schaden und Bedrohung, bewahrt vor ... d.h. geschont." Heidegger 2004, S. 141f.

24 Der Titel nimmt Bezug auf die bekannte Foto-Text-Arbeit *Homes for America* von Dan Graham (*1942), der in den 1960er-Jahren eine architektursoziologische Analyse zu den Fertighäusern amerikanischer Vororte erstellte.

2 Angela Köntje & Peter Frey,
M16/Cat.3: Camp, aus der Serie
Homes for Neustadt-Neuschönefeld,
2009

Typologie der Katzenhäuser fest (Abb. 2). Die Fotos zeigen die Aneignung urbanen Raums durch menschliche wie durch tierliche Bewohner*innen, ohne dass diese selbst zu sehen sind. Das Projekt kann daher einerseits als soziologische Studie über engagierte Menschen interpretiert werden, die sich um Katzen kümmern, die nicht einmal die eigenen sind. Andererseits könnte man es aber auch als Momentaufnahme der Auswüchse eines pathologischen Helfersyndroms oder als Psychogramm von übermotivierten Städter*innen lesen, die nicht wahrhaben wollen, dass Katzen für sich selber sorgen können. Auf jeden Fall haben hier menschliche Anwohner*innen Utopien im Kleinen geschaffen und ihre Vorstellungen von Gemütlichkeit und Geborgenheit auf die Katzen projiziert.

Wie eingangs dargelegt, gilt das Haus oft als allgemeine Metapher für das Dasein, für das Behaustsein des Menschen in der Welt. So wie das Interieur in der Malerei als ein Spiegelbild seelischer Zustände fungiert, wird auch das Haus zuweilen „als Verlängerung der Seele" verstanden.[25] Diese Beschreibung des Heims kann auch auf die (imaginierten) tierlichen Bewohner*innen übertragen werden, so wie dies schon Jean Cocteau (1889–1963) getan hat: „Ich liebe Katzen, weil ich mein Heim liebe. Und nach und nach

25 Jung 1933, S. 100.

werden sie dessen sichtbare Seele."[26] Selbst wenn auf Köntjes und Freys Fotografien aus dem Leipziger Stadtraum die Katzen nicht sichtbar sind, geben die Katzenhäuser doch Auskunft über den Hang der menschlichen Baumeister*innen, sie zu anthropomorphisieren und zu sentimentalisieren. Dennoch bleibt den Katzen bei aller paternalistischen Fürsorge durchaus Agency und Autonomie. Die Tiere können den ihnen zur Verfügung gestellten Wohnraum beziehen oder auch nicht. Die involvierten Menschen akzeptieren umgekehrt, dass Katzen Teil des urbanen Raums sind, und erkennen an, dass ihnen deshalb auch Raum und Obdach zusteht.

Dolly Jørgensen hat gezeigt, dass es für Tiere selten von Belang ist, ob sie ein Artefakt beziehen oder einen ‚natürlichen' Unterschlupf.[27] Es ist der Mensch, der beispielsweise einen Nistplatz an einer Hochhausfassade in der Metropole als ‚unnatürlich' empfindet, nicht der dort nistende Vogel. Diese Indifferenz gegenüber einer ohnehin obsoleten Natur-Kultur-Dichotomie ist mit ausschlaggebend für die große Resilienz von Tieren in urbanen Räumen. Das gilt in hohem Maße auch für freilebende Katzen. Diese behelfen sich in der Regel ebenfalls mit Nischen im öffentlichen Raum und entwickeln dabei zuweilen einiges Geschick, menschliche Unterstützer*innen zu mobilisieren. Genau dies thematisiert die Fotoserie von Köntje und Frey.

Darüber hinaus adressiert die Fotoarbeit aber auch die gegenwärtig in Stadtgebieten zu beobachtende Umnutzung des öffentlichen Raums für Notunterkünfte, die Nutzung brachliegender Gebiete durch menschliche Obdachlose und die Aneignung urbaner Plätze am Rande der Legalität. Bezeichnend ist, dass streunenden Katzen dabei ähnliche Ressentiments entgegenschlagen wie obdachlosen Menschen. Sie werden als Störung der öffentlichen Ordnung angesehen. Man gibt ihnen die Schuld für ihre Heimatlosigkeit und begegnet ihnen zuweilen mit offener Aggression. Teilweise wird der Zustand der Obdachlosigkeit sogar sanktioniert – im Fall von Katzen an manchen Orten gar mit dem Tod bestraft.

Die Vierkanalvideoarbeit *The Great Good Place* (2012) der schwedischen Künstlerin Annika Eriksson (*1956) ist auf ähnliche Weise dokumentarisch wie die Fotoserie von Köntje und Frey, zeigt aber zusätzlich zu den felinen Bewohner*innen die den Katzen zugedachten Räume eines

---

26 „J'aime les chats parce que j'aime ma maison. Et qu'ils en deviennent peu à peu l'âme visible." Zit.n. Laroche 2010, S. 113.

27 Siehe Jørgensen 2017.

3   Annika Eriksson,
    The Great Good Place, 2012,
    Videostill

möblierten Außenraums (Abb. 3). Man sieht einen Ort in Istanbul, den Menschen für streunende Katzen wohnlich hergerichtet haben. Offenbar wurden von Anwohner*innen Teppiche und Kissen auf einem städtischen Platz ausgelegt, auf denen es sich Dutzende Katzen bequem gemacht haben. Die Szene ist für das Video nicht gestellt oder arrangiert, sondern wurde von Eriksson so vorgefunden. Die porträtierten Katzen sind zwar frei und ungebunden, aber auch Outcasts der Gesellschaft. Dadurch, dass ihnen ein Raum zugewiesen wird, erhalten sie einen gewissen Status, der sie möglicherweise vor Angriffen von außen schützt, weil angenommen werden muss, dass sie menschliche Beschützer*innen haben. Gleichzeitig sind sie durch ihre Exponiertheit und leichte Auffindbarkeit besonders gefährdet, etwa Katzenfänger*innen in die Hände zu fallen.

Das Video selbst wird gewöhnlich in einem ebenfalls mit Teppichen ausgekleideten Raum ausgestellt, in dem die Zuschauer*innen auf dem weichen Boden lagernd wie in einem gemütlichen Wohnzimmer den Film betrachten können. Sie werden dadurch nicht nur Teil der Installation und Zeug*innen der Geschehnisse auf dem Bildschirm, sondern in gewisser Weise auch zu

Teilhaber*innen einer vergleichbaren heimeligen Situation. Einerseits sind sie als Menschen Kompliz*innen eines anthropozentrischen Systems, das bestimmte tierliche Mitbewohner*innen lieber aus den Städten verbannt sehen würde. Andererseits können sie sich in die Katzen, denen auf ähnliche Weise ein Lager bereitet wurde wie ihnen selbst, hineinfühlen. So lässt sich während der Rezeption der Arbeit über die grundsätzlich geteilte Körperlichkeit von Mensch und Tier und das gemeinsame existenzielle Bedürfnis nach Zufluchtsorten meditieren.

In Erikssons anderen Arbeiten geht es oft um Vertreibungen aufgrund von Gentrifizierung oder städtebaulichen Entwicklungen, weshalb auch hier die Katzen – wie in Köntjes und Freys Arbeit – vor allem auf menschliche Schicksale anspielen könnten. In letzter Konsequenz weisen aber beide Arbeiten auf Heimatlosigkeit, Emigration und Vertreibung als existenzielle Gefährdungen hin, die Menschen und andere Tiere gleichermaßen betreffen.

Kellerkatzen

Der niederländische Künstler Erik van Lieshout (*1968) beschäftigte sich in seiner Arbeit *The Basement* (2014) ebenfalls mit den prekären Lebensverhältnissen halbwilder Katzen, und zwar mit den felinen Bewoh-

4   Erik van Lieshout,
    The Basement, 2014, Videostill

ner*innen der Keller der Sankt Petersburger Eremitage. Gemeinsam mit seinen Assistenten baute van Lieshout im Rahmen eines mehrwöchigen performativen Kunstwerks den angestammten Lebensraum dieser Tiere katzenfreundlich um und schaffte ihnen so lebenswerten Wohnraum (Abb. 4). Die Initialzündung für das Projekt beschreibt van Lieshout folgendermaßen: „I was on a visit in St. Petersburg for five days, and Kasper Koenig (the curator of Manifesta10) took me to the cellars of the Hermitage, where the cats live. [...] I immediately felt good in that place." Und später ergänzt er im selben Interview: „The whole life is in the Hermitage, but it is downstairs, in the cellars, that the shit comes out."[28]

Hier sind Katzen also an einem Ort untergebracht bzw. haben ihn sich selbst als Unterschlupf gesucht, der gemeinhin mit dem Unbewussten bzw. mit dem Verdrängten gleichgesetzt wird.[29] Es handelt sich nicht um die ‚gute Stube', die Besucher*innen stolz vorgeführt bekommen, sondern um eine abjekte Behausung, in der sich die Ausgestoßenen der Gesellschaft versammeln. Tatsächlich wird in dem Video, das die Arbeit dokumentiert, zunächst der dreckige alte Keller gezeigt, der mit Gerümpel vollgestellt ist und offenbar aufgrund der vielen Katzenfäkalien bestialisch stinkt. Lediglich einige Frauen, die teilweise selbst zum Prekariat Russlands gehören, scheinen sich um die Katzen zu kümmern. Entsprechend provisorisch, heruntergekommen und armselig ist die Unterbringung der Katzen, bis van Lieshout mit den Umbauten beginnt. Mit seinem Team arbeitet er zwischen neun und siebzehn Stunden täglich, um die Lebensbedingungen der Katzen zu verbessern. Das dabei entstandene Dokument ist ein relativ kurzer Film, der mit vielen schnellen Schnitten und narrativen Sprüngen argumentiert und durch die Auslassungen einen Bezug zur Zensur im aktuellen Russland nahelegt. Ohnehin wird der Film meist als Parabel auf oder Metapher für gesellschaftspolitische Verhältnisse interpretiert.[30] Doch hat er durchaus eine Dimension, die sich mit konkreten Tier-Mensch-Verhältnissen auseinandersetzt. Im Video werden neben der linearen, oft sprunghaft komponierten Dokumentation der Renovierung des Kellers und der Konstruktion von Kat-

---

28 Ramos/Lieshout 2016.
29 Vgl. Menzel 2016, S. 14.
30 Vgl. u.a. Lieshout 2017. Im Film wird unterschwellig deutlich, dass die ganze Unternehmung nicht nur für die Katzen furchteinflößend ist, sondern auch für die Frauen, die sich um die Tiere kümmern.

Jessica Ullrich

zenhäusern und Kratzbäumen auch Zeichnungen und Fotos der Katzen und der mit ihnen assoziierten Menschen sowie Texttafeln, die teilweise erst im Verlauf des Filmens beschriftet werden, collagiert und montiert. Dabei wird wie nebenbei auf die Geschichte der Eremitage-Katzen Bezug genommen: Seit mehr als 200 Jahren leben Katzen im Kellergeschoss des Museums. Im Film werden sie daher verschiedentlich als Seele des Gebäudes bezeichnet, sowohl in Schrifttafeln – „They are the soul of the building" – als auch in aufgezeichneten Gesprächen mit dem Museumsdirektor Michail Borissowitsch Piotrowski. Zwar mystifiziert van Lieshout die Katzen damit tendenziell, erkennt aber auch ihre Unverfügbarkeit an: „The cats are very mystical. They are very much on their own." Van Lieshout gefällt die Vorstellung von Katzen als „faule[n] Anarchist*innen".[31]

Grundsätzlich werden Katzen im Film unterschiedlich repräsentiert: als Foto, Zeichnung, Comic, Text, Silhouette oder als bloßes Miauen – fast als wolle van Lieshout darauf hinweisen, dass er den Tieren nur in medialisierter Form begegnen kann. Aber die Katzen bleiben nicht Metaphern oder Symbole, sondern hinterlassen neben Unmengen von Urin und Kot auch Kratzer auf der Haut von unvorsichtigen Menschen. Einige drastische Szenen zeigen darüber hinaus die Gewalt, die Katzen angetan wird: Um weiterer feliner Überbevölkerung der Eremitage entgegenzuwirken, wurden alle Kellerbewohner*innen im Zuge des Umgestaltungsprojekts vor Ort in einem improvisierten Lazarett kastriert. An dieser Stelle wird die Machtbeziehung zwischen Heimtieren und ihren menschlichen Gefährt*innen sehr deutlich: Menschen halten es für selbstverständlich, dass sie die Sexualität derjenigen Tiere, mit denen sie wohnen wollen, kontrollieren. Ko-Habitation mit Katzen erscheint nur möglich, wenn diese nicht mehr ihren Trieben folgen. Der Film stellt die Katzen aber auch als Wesen aus Fleisch und Blut vor, die Nähe und Kontakt suchen, fauchen, sich prügeln und Junge gebären. Dabei sollte man sie und ihre Körperlichkeit nicht unterschätzen: „Don't underestimate cat shit", heißt es im Video. Der Einbau von Katzentoiletten in den Keller der Eremitage ist in diesem Zusammenhang als weitere Reaktion

31 „I think that one of the reasons why we love to be surrounded by animals like cats is that they show us how to be without neoliberal pressure, or at least we take their behaviour as something like that. Once, somebody told me that ‚cats are lazy anarchists'." Ramos/Lieshout 2016.

auf die Widerständigkeit und Agency der Katzen zu verstehen. Denn wie schon erwähnt sind Katzentoiletten eine Erfindung, die vor geraumer Zeit das Zusammenleben von Menschen und Katzen im urbanen Innenraum grundsätzlich erst ermöglicht hat.

Doch zuweilen werden Zweifel an der ganzen Unternehmung formuliert: Nachdem van Lieshout zunächst deutlich gefordert hatte: „We have to change the system", wird ein handgeschriebener Zettel ins Bild geschoben, der die Forderung zu einer Frage umformuliert: „Can art change the system?", und später konkreter: „How can art make life better?" In seiner starken medialen Selbstreflexivität scheint der Film das ganze Unternehmen als hintergründigen Scherz zu präsentieren. In der atmosphärischen Mischung von Bricolage und kindlicher Naivität weist van Lieshouts Ad-hoc-Werkstatt starke Bezüge zu Joseph Beuys' Konzept der sozialen Plastik als gesellschaftsverändernder Kraft auf – einmal deklariert der Künstler sogar frei nach Beuys: „Kunst en leven is een" („Kunst und Leben sind eins"). Tatsächlich haben die entstehenden Katzenkratzbäume skulpturalen wie funktionalen Charakter, sie sind Designobjekte, die auch für die menschlichen Betreuerinnen der Katzen den geteilten (Lebens- und Aufenthalts-)Raum wohnlicher machen. Die Katzen beäugen das Geschehen mal aufmerksam, mal misstrauisch, oft erscheinen sie völlig indifferent. Aber sie suchen auch die Nähe der Arbeiter aus dem Van-Lieshout-Team, nehmen bereits halbfertige Möblierungen in Besitz, an denen noch gewerkelt wird. Überhaupt scheinen sie mit ihrem neugestalteten Zuhause sehr zufrieden zu sein, denn man sieht sie immer wieder auf den frisch gezimmerten Objekten balancieren oder schlafen.

Sämtliche Einbauten wie etwa eine neue Küche für die Betreuerinnen der Katzen (die indes nicht selber im Keller übernachten, sondern sich dort nur stundenweise aufhalten) und die komplette katzengerechte Möblierung des Kellers sowie eine Galerie mit Fotos und Zeichnungen von Katzen bleiben nach der Renovierung erhalten. Somit verbessern sich durch das Projekt tatsächlich die Wohnbedingungen der Katzen und damit auch die Situation ihrer Betreuerinnen nicht nur temporär, sondern auf Dauer.[32] Mit *The Basement* führt van Lieshout eine Art partizipatorisches Bauen vor. Zum einen sind die Bedürfnisse der derzeitigen

---

32 Das zeigt sich u.a. daran, dass der Direktor der Eremitage im Anschluss an die Umbauarbeiten eine neue Waschmaschine für die Frauen, die sich um die Katzen kümmern, anschaffen ließ.

und zukünftigen Bewohner*innen das Maß der Dinge: Das Verhalten der Katzen gibt z.b. Aufschluss über bevorzugte Liegeplätze, die dann an Ort und Stelle ausgebaut werden. Auch diejenigen Menschen, die sich seit jeher für die Katzen zuständig fühlen, also die russischen Betreuerinnen, werden involviert und beteiligen sich handwerklich und konzeptuell an den Bauarbeiten. Zum anderen zeigt der Film Möglichkeiten der Kommunikation mit einem Gegenüber auf, das nicht dieselbe Sprache spricht (seien es die russischen Angestellten der Eremitage oder deren feline Bewohner*innen). Damit einher geht die Frage nach den Optionen einer ungewöhnlichen, aber dennoch erfolgreichen Ko-Habitation von Menschen, halbwilden Katzen und Kunstwerken.

Dabei erzählt der Film im Grunde eine gängige Theorie der Heimtierdomestikation unter veränderten Vorzeichen nach: Einst duldeten Menschen halbwilde Katzen in ihren Kornspeichern, um ihre Vorräte vor Mäusen schützen zu lassen. Heute halten die Katzen die Eremitage frei von Ratten und schützen damit die Kunstschätze Russlands. Sowohl die Frauen, die sich der Pflege der Katzen angenommen haben und sich mit ihnen im Keller aufhalten, als auch die Katzen, die ohne äußeren Zwang den Keller bewohnen, arbeiten – interessanterweise unterstützt von einem Künstlerteam – gemeinsam am Gelingen einer für beide Spezies (und für die Kunst) funktionalen Wohngemeinschaft. Wie sich das gemeinsame Wohnen im Untergeschoss der Kunst zukünftig gestalten wird, lässt der Film freilich offen.

Weder *beastly places* noch *animal spaces*. Ein Plädoyer für dritte Räume in der Ko-Habitation von Mensch und Tier

Die Geografen Chris Philo und Chris Wilbert typisieren zwei Orte der Tiere: erstens die *animal spaces*, d.h. eine Art Zwangsunterbringung, bei der die Welt, in der sie leben, nicht mehr ihre eigene ist, und zweitens die *beastly places*, also Lebensräume, die Tiere sich selber suchen und einrichten.[33] Kunst kann aber auch sogenannte dritte Räume realisieren, die in der gemeinsamen kreativen Gestaltung zu Orten echter *conviviality*

---

33   Philo/Wilbert 2000.

werden können, die allen Bewohner*innen eine Heimstatt bieten. Angesichts dessen wird Wohnen nicht nur als ein ontologisches Konzept, wie es etwa Heidegger diskutiert, verstanden, sondern es ist vor allem auch ein praxeologisches. Denn Wohnen bedeutet Alltags- und Lebenspraxis. Der Philosoph Harald Lemke hat Projekte des selbstbestimmten und gleichberechtigten Wohnens jenseits jeder bürgerlichen Eigenheimutopie oder Repräsentationsarchitektur als „Baustellen des utopischen Denkens" bezeichnet.[34] Er meint damit ko-konstitutive Wohnprojekte, bei denen es keinen Platz für Egoismen eines Bau- oder Hausherren gibt, sondern bei denen alle Bewohner*innen mit ihren spezifischen Interessen ernst genommen werden. Das kommt den im Rahmen dieses Aufsatzes vorgestellten Projekten recht nahe: Auch hier argumentiert das Design der Werke – sei es ein Katzenhaus, eine katzengerecht möblierte Wohnung oder ein umgebauter Keller – nie von der Architektur oder der Konstruktion, sondern immer vom Wohnen aus. Die künstlerischen Ko-Habitations-Projekte sind – um eine Formulierung von Lemke für utopische Wohnprojekte auszuleihen – „nicht abschließend fertig zu stellende Baustelle[n] des Lebens".[35]

So wie das Habitat etymologisch eine Tätigkeit ist, ist auch das Wohnen selbst performativ: Es bildet sich erst im Tun. Orte sind nur performativ und relational denkbar und konstituieren die Identitäten der sie bewohnenden Identitäten ständig neu. Sie werden somit erst dadurch bedeutungsvoll, dass man sie bewohnt.

Die Ko-Existenz von menschlichen und nichtmenschlichen Tieren im städtischen Umfeld ist eine Tatsache und wird von den vorgestellten Künstler*innen ernst genommen, indem sie Orte gestalten oder dokumentieren, an denen sich (auch) Tiere aufhalten (können). Es geht in den Arbeiten nicht nur um die Ko-Existenz von Katzen und Menschen im öffentlichen Raum, sondern auch um deren jeweilige Situiertheit und Zugehörigkeit in einer geteilten Umwelt. Die Künstler*innen haben es sich zur Aufgabe gemacht, die Wohnverhältnisse einzelner Katzen zu reflektieren, teilweise sogar gerechter und bedeutungsvoller zu gestalten. Dabei sind die Projekte experimentell angelegt und können im Sinne ihrer selbstgesetzten Aufgabe jederzeit scheitern. Auf die individuellen Wohnwünsche der beteiligten Tiere kann nur durch aufmerksame Beobachtung seitens

34 Lemke 2003, S. 12f.
35 Ebd., S. 14.

ihrer menschlichen Mitbewohner*innen geschlossen werden, ohne dass sich diese jemals sicher sein können, den tierlichen Präferenzen wirklich gerecht zu werden. Eventuell vermag aber Kunst mehr als jede andere Praktik zwischen verschiedenen Lebensformen zu vermitteln, indem sie zeigt, dass gerade das Ungewohnte oder Ungewöhnliche ebenfalls zu einem als Ko-Habitation verstandenen Wohnen gehören kann.

Es gelingt den vorgestellten Künstler*innen Räume zu schaffen, die sowohl für Menschen als auch für die Tiere, mit denen sie zusammenwohnen, interessant sein können. Dabei wird offensichtlich, dass Menschen nicht nur das Leben ihrer tierlichen Gefährt*innen verändern, sondern dass auch umgekehrt Katzen das Leben und die Kunst von Menschen verändern. Das Tier, für das ein Haus gebaut wird, wird es freilich ganz anders erleben, als der Mensch, der es für das Tier gebaut hat. Genauso wie ein Mensch einen Tierbau völlig anders erlebt als seine tierlichen Bewohner*innen. Auch Künstler*innen können sich die Welt der Tiere nur vorstellen, wie sie den Menschen erscheint, aber sie vermitteln durch ihre Projekte eine Ahnung davon, dass die menschliche Sichtweise nicht die einzige Art ist, Räume wahrzunehmen.

Den Tieren Platz einräumen

Literatur

Bourriaud 2002 – Nicolas Bourriaud, Relationnal Aesthetics, Dijon 2002.

Bristol 2012 – Joanne Bristol, New Art Examiner. Signs, Marks, Gestures, in: Antennae. The Journal for Nature in Visual Culture 21 (2012), S. 29–34.

Buller 2016 – Henry Buller, Closing the Barn Door, in: Kristian Bjørkdahl u. Tone Druglitrø (Hg.), Animal Housing and Human Animal Relations, London 2016, S. 199–210.

Driscoll u.a. 2009 – Carlos Driscoll u.a., The Taming of the Cat, in: Scientific American 300 (2009), S 68–75.

Erne 2008 – Thomas Erne, Neue Wahrnehmungen des Kirchenraums im Protestantismus, in: Manfred Keller (Hg.), Erweiterte Nutzung von Kirchen. Modell mit Zukunft, Münster 2008, S. 42–61.

Grimm 2013 – David Grimm, When Cats Became Comrads, in: Science, 16.12.2013, URL: http://www.sciencemag.org/news/2013/12/when-cats-became-comrades [13.09.2017].

Hahn 2010 – Achim Hahn, Übersicht über eine Philosophie des Wohnens, in: Wolkenkuckucksheim. Internationale Zeitschrift für Theorie und Wissenschaft der Architektur 15, 1 (2010): Zum Wohnen des 21. Jahrhunderts, S. 1–19.

Hansell 1984 – Michael Hansell, Animal Architecture and Building Behaviour, Oxford 1984.

Heidegger 2004 – Martin Heidegger, Bauen Wohnen Denken [1951], in: ders., Vorträge und Aufsätze, Stuttgart 2004, S. 139–156.

Hopkins 2014 – Candice Hopkins, Familiar: Towards a Feline Aesthetic, Galerie-Information Stride Gallery Calgary, 2014, URL: http://www.stride.ab.ca/arc/archive_2004/joanne_bristol_main/joanne_bristol.htm [13.09.2017].

Hübl 2006 – Michael Hübl, Es gibt keine Häuser, nur Passagen. Von den „Shelter Drawings" zu den „A–Z Cellular Compartment Units", in: Kunstforum International 182 (2006), S. 103–119.

Jørgensen 2017 – Dolly Jørgensen, Artifacts and Habitats, in: Ursula Heise, Jon Christensen u. Michelle Niemann (Hg.), The Routledge Companion to the Environmental Humanities, New York 2017, S. 138–143.

Jung 1933 – C.G. Jung, Die Beziehungen zwischen dem Ich und dem Unbewußten, Zürich 1933.

Kymlicka/Donaldson 2011 – Will Kymlicka u. Sue Donaldson, Zoopolis. A Political Theory of Animal Rights, Oxford 2011.

Laroche 2010 – Robert de Laroche, L'Enchatclopédie, Paris 2010.

Latour 1996 – Bruno Latour, Porträt von Gaston Lagaffe als Technikphilosoph. Der Berliner Schlüssel. Erkundungen eines Liebhabers der Wissenschaften, Berlin 1996, S. 17–27.

Lemke 2003 – Harald Lemke, Bauen Wohnen Überdenken. Ein Beitrag zum Selbst/Bilder Projekt Eigenheim von [AHA], Hamburg 2003.

Lévinas 1987 – Emmanuel Lévinas, Totalität und Unendlichkeit. Versuch über die Exteriorität, München 1987.

Lieshout 2017 – Erik van Lieshout, The Show Must Ego On, Ausst.-Faltblatt Wiels-Centrum voor Hedendaagse Kunst, Brüssel, 30.9.2016–8.1.2017, Brüssel 2017.

Menzel 2016 – Kerstin Menzel, Psychologie in 60 Sekunden erklärt, München 2016.

Philo/Wilbert 2000 – Chris Philo u. Chris Wilbert, Animal Spaces, Beastly Places, Boca Raton 2000.

Ramos/Lieshout 2016 – Filipa Ramos, Erik van Lieshout: „The Basement", Interview, auf: vdrome, 2016, URL: http://www.vdrome.org/working/2016/erik-van-lieshout-the-basement [13.09.2017].

Tuan 2009 – Yi-Fu Tuan, Dominance and Affection. The Making of Pets, New Haven/London 2009.

Van Dooren/Rose 2012 – Thom van Dooren u. Deborah Bird Rose, Storied-Places in a Multispecies City, in: Humanimalia. A Journal of Human/Animal Interface Studies 3, 2 (2012), S. 1–27.

Viollet-le-Duc 1875 – Eugène Viollet-le-Duc, Histoire de l'habitation humaine, Paris 1875.

Wilson 1988 – Peter Wilson, The Domestication of the Human Species, New Haven 1988.

Anne Hölck

Bauen für das Existenzminimum von Wildtieren. ‚Tierliches Wohnen' in Heini Hedigers Territorienkonzept für Zoogehege

Mit der Begründung der Tiergartenbiologie in den 1940er-Jahren durch den Zoologen Heini Hediger (1908–1992) setzte ein entscheidender Wandel zugunsten der Legitimation von Tierhaltung in Zoos ein, der sich auf die Entwicklung und Gestaltung von Zooarchitektur bis heute auswirkt.[1] Hediger kritisierte die Haltung von heimischen und exotischen Tieren zum alleinigen Zweck des (bildenden) Schauwertes in Zwingern oder Käfigen und hob die Schutz- und Forschungsaufgabe von Zoos hervor. Auf der Grundlage biologischer Verhaltensforschung

---

1 Als Tiergartenbiologie wird eine Fachrichtung bezeichnet, die alle wissenschaftlichen Disziplinen mit Bezug zur Tierhaltung im Zoo vereint. Dazu gehören z.b. Zoologie, Botanik, Tiermedizin, Ethologie, Genetik, Ernährungslehre, Ökologie, Zoogeografie und Humanpsychologie. Die Veröffentlichung des Buchs *Wildtiere in Gefangenschaft* von Hediger im Jahr 1942 wird gemeinhin als Ausgangspunkt der Tiergartenbiologie angenommen. So steht es z.B. im Lexikon der Fachbegriffe auf der Website des Verbandes der Zoologischen Gärten, http://www.zoodirektoren.de/index. php?option=com_k2&view=item&id=890:tiergartenbiologie [26.10.2017].

entwickelte er sein sogenanntes Territorienkonzept für Wildtiere in Gefangenschaft, das aus heutiger Sicht ambivalent erscheint: Zwar wurde Tieren das Anrecht auf eine gewisse subjektive ‚Aufenthaltsqualität' zugesprochen, andererseits wurde ihr stets dynamisches Territorialverhalten im Freileben schematisiert und in vereinheitlichende Bau- und Gestaltungsprinzipien für den Zoo übertragen. Hediger setzte dafür Tiere nicht nur aus tierpsychologischer Sicht mit Personen gleich, sondern rückte auch begrifflich ‚tierliches Wohnen' in den kulturellen Bereich: „Wir wissen jedoch heute noch mehr vom Territorium: Wir wissen, daß auch in Gefangenschaft das gut gepflegte Tier seinen Käfig oder sein Gehege als seinen Grundbesitz auffaßt und genauso behandelt, verteidigt und markiert, wie ein freilebendes Tier eben sein Territorium behandelt. [...] [D]ieses Tier fühlt sich keineswegs als Gefangener, sondern als Grundbesitzer", schrieb er 1948 in seiner Publikation *Der Zoologische Garten als Asyl und Forschungsstätte*.[2]

Insbesondere betonte Hediger die Bedeutung der Vernichtung natürlicher tierlicher Lebensräume seit der Industrialisierung, vor allem durch die zunehmende Verstädterung und die Landwirtschaft. Dieser Aspekt gelangte zu Hedigers Zeit verstärkt ins gesellschaftliche Bewusstsein und ist spätestens heute grundlegender Teil der Anthropozän-Debatte: Menschliche Handlungen beeinflussen die globale Umwelt nicht nur maßgeblich, sondern sie schreiben sich in alle Strukturen des Systems Erde ein – Atmosphäre, Land, Meer und Küstenzonen.[3] Ein neues gesellschaftliches Bewusstsein über die untrennbare Verkettung von industriellem Stoffwechsel, Klimawandel, Verstädterung, Bodenerosion und Artensterben stellt konventionelle Methoden der Erkenntnisgewinnung der Natur- und Geisteswissenschaften in Frage und erfordert neue Maßstäbe für die Beurteilung eines menschlichen Handelns, das alle Akteure der anthropozänen Welt einbezieht.[4] Hediger setzte vor diesem Hintergrund zu seiner Zeit neue Maßstäbe für die Interaktion mit Tieren, indem er Techniken und Praktiken für den Umgang mit Zootieren prägte, die diese als aktive Gestalter von Lebensraum integrierten.[5] Im vorliegenden Artikel soll der Einfluss von Hedigers Territorienkonzept auf

---

2   Hediger 1948, S. 6.
3   Vgl. Bennett 2011, S. 20.
4   Vgl. HKW 2014, S. 4f. und Latour 2014, S. 31–61.
5   Vgl. Chrulew 2017.

die Entwicklung von Zooarchitektur bis heute erfasst und sollen seine Begrifflichkeiten zum ‚tierlichen Wohnen‘ reflektiert werden. Wie aktuell sind Hedigers Maßstäbe für das Bauen von Zoogehegen heute und inwiefern wird dabei dem Ansatz, Tiere aktiv an der Gestaltung einer sich stetig verändernden Umwelt zu beteiligen, noch Rechnung getragen? In einem *close reading* von Textpassagen des Kapitels „Wie Tiere wohnen" aus der Publikation *Tierpsychologie im Zoo und im Zirkus* (1961)[6] stelle ich zunächst die relevanten Aspekte für die Umsetzung von Hedigers Territorienkonzept in der Zooarchitektur vor. Exemplarisch für eine abstrakte Übertragung des Territorienkonzepts in Anlehnung an die Gestaltung menschlicher Wohnräume steht das Afrika-Haus im Züricher Zoo, den Hediger von 1954 bis 1973 leitete. Gerade in jüngerer Vergangenheit haben Hedigers Überlegungen und die Auseinandersetzung mit diesen maßgeblich zu einer Entwicklung von Zoogehegen beigetragen, die Tieren heute ein größeres Territorium zugestehen. Dabei verschwand der Fokus auf architektonische Raumentwürfe zugunsten weitläufiger Immersionsgehege, deren Grenzen zur Wegführung für Zoobesucher*innen beinahe unmerklich in die gestaltete Landschaft integriert sind. Tiere werden, so die These, zunehmend in einem illusionistischen Naturraum mitten in der Stadt verortet, wie z.B. in der ZOOM Erlebniswelt Gelsenkirchen. Parallel zu dieser Entwicklung in der Zooarchitektur richtet sich spätestens seit den 1990er-Jahren in den Human-Animal Studies der Blick auf Praktiken des Zusammenlebens von Menschen und Tieren.[7] Im gemeinsam geteilten und belebten Raum, z.B. einer Stadt, wird Tieren eine subjektive Handlungsmacht, *agency*, zugeschrieben und dazu angeregt, herkömmliche Dualismen wie Kultur/Natur, Objekt/Subjekt und Mensch/Tier aufzubrechen.

Auch wenn Hedigers Auffassung von ‚tierlichem Wohnen‘ solche Erkenntnisse über die subjektiv und aktiv gestaltete Umwelt von Tieren in freier Wildbahn miteinbezog, führte sie in ihrer theoretischen Reduktion letztlich zu Parametern für das Bauen von Zoogehegen, die den Aktionsradius der Tiere auf ein Existenzminimum begrenzen. Mehr noch: In der Umsetzung von Zooarchitektur herrscht bis heute eine starre Trennung von menschlichem und tierlichem ‚Wohnraum‘ vor. In den abschließenden Reflexionen über ein neues Verständnis von ‚Woh-

---

6   Hediger 1961, S. 38–61.
7   Z.B. Emel/Wolch 1998, Philo/Wilbert 2000, Hauck u.a. 2017.

nen' als einer dynamischen, gemeinsamen Praxis von Menschen und Tieren wird der Zoo als institutionelle Einrichtung für die Umsetzung oder Anwendung von Hedigers Territorienkonzept daher auch als unzeitgemäß eingestuft.

Wo und wie Tiere wohnen: Heini Hedigers Territorienkonzept

„Wo wohnt das Tier eigentlich?", war für Hediger die entscheidende Frage, die er sich als Tiergartenbiologe stellen musste.[8] Die ökologische Ausgangslage seiner Zeit schilderte er folgendermaßen: „Was für Mitteleuropa typisch ist, gilt leider auch schon für Java und Brasilien, für Indien und Zentralafrika: die Großtierwelt schmilzt überall mehr und mehr zusammen, sie wird zurückgedrängt durch die vordringende Technisierung der Landschaft und lebt heute vielfach nur noch in Rückzugsgebieten oder in den von Menschen großzügig überlassenen Reservaten. Der ursprüngliche Lebensraum weicht der Kulturlandschaft." Als Folge der Verstädterung seit der Industrialisierung sei das tierliche Verhalten von Grund auf verändert und dem menschlichen untergeordnet: „[E]s gibt fast nur noch sekundäres, das heißt menschenbedingtes Verhalten."[9] Hediger unterschied zwei psychische Dispositionen bei Tieren, die er entsprechend ihrer Beziehung zum menschlichen Lebensraum einteilte. Während sich die Gruppe der „Kulturflüchter" oder „technophoben Tiere" durch eine negative Einstellung gegenüber den technischen Einrichtungen des Menschen auszeichnete, ließ der genaue Blick in die Stadt eine zweite Tiergruppe, die der „Kulturfolger" erkennen, die sich als „technophile Tiere" dieselbe zunutze machte, wie z.B. Wanderratten und Rauchschwalben mitten in der Stadt oder Hausmarder und Füchse an ihrer Peripherie. Die geografische Verdrängung tierlichen Lebensraums stellte folglich eine Bedrohung dar, wobei den technophilen Tieren „begreiflicherweise eine günstigere Prognose zu stellen ist; sie sind die anpassungsfähigen, die allerlei Kunstbauten, Häuser, Dämme, Kanäle, Hochspannungsmasten, Stacheldraht, Gräben, Kulturland usw. geschickt zu benützen wissen". Hingegen blieben den technophoben Tieren, den

---

8   Hediger 1961, S. 40.
9   Ebd.

Anne Hölck

freilebenden Wildtieren, nur zwei Möglichkeiten: Die eine Möglichkeit sei, „sich den Störungen durch den Menschen zu entziehen, nämlich durch räumliche und zeitliche Umstellung. In Gegenden, wo sie starker Verfolgung ausgesetzt sind, werden viele Tagtiere zu Nachttieren; sie ändern ihre Aktivitätszeiten. Die andere Möglichkeit ist die Preisgabe des vertrauten Raumes; das ist zweifellos die einschneidendere Form des Ausweichens mit den ungünstigeren Prognosen."[10]

Als Reaktion auf die Verstädterung begründete Hediger die Tiergartenbiologie, deren Hauptaufgabe es war, Wildtiere und ihr Verhalten in möglichst „naturreiner Form zu erhalten". Zoos bildeten entsprechend „unerlässliche Elemente des Großstadtbiotops, d.h. des Lebensraums des modernen Menschen. [...] Es sind Notausgänge zur Natur, genauer gesagt: sekundäre Naturstätten, wo der Stadtmensch seinen tiefsitzenden, nicht von einer Generation zur andern abstreifbaren Naturhunger zu befriedigen vermag, befriedigen muss."[11]

Zoos betrieben zu Lebzeiten Hedigers noch Wildfang und die wissenschaftliche Herausforderung bestand darin, ein künstliches „Wohnmilieu" zu schaffen, in dem sich Wildtiere individuell zurechtfinden konnten. Zur Schaffung solcher ‚Umwelten' übertrug Hediger im Rahmen seines Territorienkonzepts Beobachtungen territorialen Verhaltens von Tieren in freier Wildbahn bildsprachlich in den Kontext menschlicher Wohnraumgestaltung: „Das Baumaterial besteht aus der Gesamtheit der Dinge, die für das Tier von vitaler Bedeutung bzw. von biologischem Interesse sind. Durch den Fang, der das Tier in eine völlig andere Umgebung bringt, wird auch seine bisherige Umwelt vollkommen zerstört. Das Wildtier muß im Gefangenenleben eine ganz neue Umwelt aufbauen. Dieser Neubau bedeutet für das Tier eine ungeheure Aufgabe, und es ist begreiflich, daß sie nicht von jedem Individuum bewältigt werden kann."[12] Als Grundlage dienten ihm die Ergebnisse zahlreicher wissenschaftlicher Feldforschungen auf dem Gebiet des Wildwechsels sowie des tierlichen Verhaltens

---

10 Ebd., S. 42.
11 Hediger 1965, S. 80f.
12 Hediger 1942, S. 33. Hediger bezieht sich hier in seiner Publikation *Wildtiere in Gefangenschaft. Ein Grundriss der Tiergartenbiologie* auf den Uexküll'schen Umweltbegriff, nach dem jedes Subjekt in seiner eigenen spezifischen Umgebung (Milieu) lebt, aus deren Reizreservoir es seine Umwelt konstituiert. Siehe dazu auch den Artikel von Katja Kynast in diesem Band.

entlang dieser Wanderrouten, die das jeweilige arteigene ‚Wohngebiet' absteckten.[13] Maßgeblich für die räumliche Dimension eines Tier-Territoriums sind demnach der Aufwand der Nahrungssuche und – in seiner jeweiligen Beschaffenheit – der Boden, der Futterpflanzen hervorbringt bzw. Beutetieren als Territorium dient. Tierwechsel wiederum definieren die Verbindungslinien zwischen den einzelnen Fixpunkten, ‚Wohnungen und Siedlungen' der Tiere, deren Lage sich je nach dem Ort der Nahrungssuche und anderen Aktivitäten flexibel gestalten kann.

Die ‚tierliche Wohnung' stimmte für Hediger in ihren Grundzügen mit der menschlichen überein. Aus seiner kolonialrassistisch geprägten Sichtweise markierte nur die Feuerstelle einen wesentlichen Unterschied zwischen Menschen und Tieren: „Sicher liegt in dieser Ähnlichkeit der subjektiven Raumgestaltung und -einteilung eine der urtümlichsten Gemeinsamkeiten zwischen Tier und Mensch. In der tierlichen Wohnung gibt es bisweilen besondere Eß- und Trinkstellen, Bade- und Schlafstellen, Vorratsstellen und Klosette, Sonnenterrassen und Kinderstuben usw. Nur eine Örtlichkeit, die selbst keiner noch so primitiven Negerhütte fehlt, finden wir bei keinem einzigen Tier, nämlich die Feuerstelle."[14]

Hedigers Untersuchungen führten ihn zu einer schematischen Darstellung von sich überschneidenden Territorien verschiedener Tierarten in einer Grafik (Abb. 1). Die Verbindungslinien der einzelnen Fixpunkte eines Territoriums ergaben polygonale Mosaiksteinchen und in ihrer Überlagerung ein Netzwerk aus Tier-Territorien auf der Erdoberfläche.[15] Angeregt zu der Grafik hatten Hediger die kartografischen Darstellungen des Ornithologen Elliot Howard (1873–1940), dessen Visualisierungen von Vogelterritorien ihn an von Menschen kultivierte Landschaften aus der Vogelperspektive erinnerten: „Mir ist die tiefe Übereinstimmung in der Art der Aufteilung der Erdoberfläche in tierliche und menschliche Territorien nie eindrücklicher zum Bewußtsein gekommen als bei einem Flug über das dichtbesiedelte Mitteleuropa. Die scharfe schachbrettähnliche Abgrenzung der Äcker und Felder hatte eine verblüffende Ähnlichkeit etwa mit den Vogelterritorien [...]. Und wenn das Flugzeug in Zentralafrika hoch über die isolierten Negerdörfer dahinflog, nahmen

---

13 Die Forschungsergebnisse zu Wildwechseln veröffentlichte Hediger 1967
    in dem Sammelband *Die Straßen der Tiere*.
14 Hediger 1961, S. 44.
15 Vgl. ebd., S. 47.

Anne Hölck

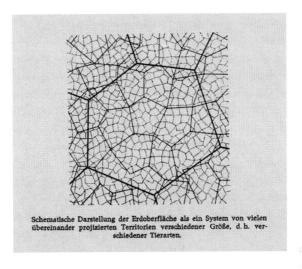

Schematische Darstellung der Erdoberfläche als ein System von vielen
übereinander projizierten Territorien verschiedener Größe, d. h. verschiedener Tierarten.

1 Heini Hediger, „Schematische
   Darstellung der Erdoberfläche", 1961

sich die schmalen Pfade nach dem Wasserloch oder die Verbindungswege
zwischen den einzelnen Gruppen eingefriedeter Hütten wirklich nicht
anders aus als wie die Wildwechsel über der menschenleeren Steppe."[16]
    Diese Ineinssetzung menschlichen und tierlichen Territorialverhal-
tens übertrug Hediger auf den Zoo, allerdings mit dem Unterschied, dass
hier der Wegfall der Notwendigkeit zur Nahrungssuche für Zootiere mit
der Möglichkeit einer Verkleinerung ihres ‚natürlichen' Territoriums um
ein Vielfaches einherging. Entscheidender als die Raum*quantität* war für
Hediger nämlich die Raum*qualität*, die er in einer engen Verknüpfung
mit zeitlichen Abläufen von tierlichen Tätigkeiten sah: „Heute gehört es
zum gesicherten Bestand unseres Wissens über das Wohnen der Tiere,
daß die meisten von ihnen förmlich in einem Netzwerk von Örtlichkei-
ten leben, wo seit Generationen gesuhlt oder gebadet, gekämpft, geäst,
gebalzt, geschlafen wird usw. Das Tier lebt in einem straffen Raum-Zeit-
System, das heißt in einem Maschenwerk von Punkten, an denen es zu

16   Ebd., S. 53f.

89

bestimmten Zeiten bestimmte Tätigkeiten ausübt."[17] In diesem Zusammenhang führte Hediger auch den Begriff der „Inneneinrichtung" eines Geheges ein, die je nach Tierart variieren konnte. Als „Mobiliar" für die „Haarpflege" von Zebras ließ Hediger z.b. Termitenhügel nachbilden, an denen sie nach seinen Beobachtungen in der afrikanischen Steppe ihr Fell reiben konnten, um Parasiten loszuwerden (Abb. 2).[18] Andere Tätigkeiten, für die ‚Tier-Mobiliar' in Zoogehegen zur Verfügung gestellt werden sollte, waren z.b. das Suhlen von Hirschen oder Ratten, das Baden von Panzernashörnern oder das Anlegen von Vorräten und Kotstellen durch Eichhörnchen oder Biber. Um geeignete Orte oder Objekte für diese essentiellen Aktivitäten zu schaffen, wies Hediger in seinen Schriften vielfach auf die Notwendigkeit der intensiven Zusammenarbeit von Architekt*innen und Tiergartenbiolog*innen bei der Planung und Ausführung von Inneneinrichtungen hin: „Die Frage, ob ein bestimmtes Gehege ein Bad enthalten soll, kann und darf nicht vom Architekten [...] beantwortet werden, sondern nur vom Biologen. Wenn Schuhschnäbel (*Balaeniceps rex*), Kapybaras (*Hydrochoerus capybara*) oder Flußpferde (*Hippopotamus amphibius*) ohne Wasserbecken gehalten werden, wie ich das selber noch nach 1950 beobachten mußte, so ist das nicht nur falsch, sondern unverantwortlich, weil ein Bad zu den obligatorischen Fixpunkten im Territorium dieser Tiere gehört. Für Biber (*Castor*) bedeutet der Entzug einer Bademöglichkeit unter Umständen den sicheren Tod, weil diese Tiere ihren Kot nur im Wasser abzugeben vermögen."[19]

Von besonderer Bedeutung für die Dimension eines Territoriums in freier Wildbahn sind auch das akustische (Nachtigallen, Brüllaffen), das optische (Balzflüge von Vögeln) und das geruchliche (Bären, Okapis) Markierungsverhalten von Tieren, mit denen das gesamte ‚Wohngebiet' individuell eingegrenzt und geschützt wird. Auch im Zoo, so Hediger, müsse dieses Verhalten zugelassen werden, in die Aktivitätsrhythmen könnte aber „durch künstlichen Lichtwechsel, periodische Trennung und Vereinigung der Geschlechter, Futterzusammensetzung usw. korrigierend, verschiebend, reduzierend oder stimulierend" eingegriffen werden. Lediglich vom Zwang zur dauernden, instinktiv begründeten Fluchtbereit-

---

17   Ebd., S. 51.
18   Ebd., S. 49f.
19   Hediger 1965, S. 215.

Anne Hölck

2 Körperpflege im Zebragehege, Zoo
Zürich, um 1960, Fotografie

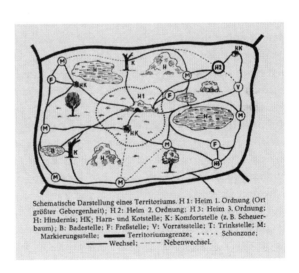

Schematische Darstellung eines Territoriums. H 1: Heim 1. Ordnung (Ort
größter Geborgenheit); H 2: Heim 2. Ordnung; H 3: Heim 3. Ordnung;
H: Hindernis; HK: Harn- und Kotstelle; K: Komfortstelle (z. B. Scheuer-
baum); B: Badestelle; F: Freßstelle; V: Vorratsstelle; T: Trinkstelle; M:
Markierungsstelle; ▬▬▬ Territoriumsgrenze; · · · · · Schonzone;
——— Wechsel; – – – – Nebenwechsel.

3 Heini Hediger, „Schematische
Darstellung eines Territoriums", 1961,
Zeichnung

schaft vor artfremden Feinden könnten Wildtiere nicht befreit werden.[20] In Experimenten mit Wildtieren in Gefangenschaft entwickelte Hediger daher Schemata für ein aus tierphysiologischer Sicht notwendiges Mindestmaß von Gehegen, das die doppelte Fluchtdistanz einer jeden Art nicht unterschreiten durfte. Flächenmäßig war die Umsetzung seiner Forderung in vielen Zoos allerdings kaum möglich, sodass z.B. die Aktivitäten von Raubtieren durch Zähmung an einen wesentlich kleineren Raum angepasst werden mussten, um sie vor Stressanfällen, verursacht durch die Nähe von Besucher*innen, zu schützen. Solche Maßnahmen wirkten sich offenbar auch vorteilhaft auf das „allgemeine Wohlbefinden" der Tiere aus, was am Zuchterfolg gemessen wurde.[21]

Schlaf- oder Geburtsstätten von Tieren bezeichnete Hediger in seinem wohntopografischen Schema als „Heim", als den Ort größter Geborgenheit (Abb. 3), dessen Bedeutung als Rückzugsort bei der Positionierung in einem Zoogehege berücksichtigt werden sollte. Die klassische menschliche Vorstellung der Heimatbindung an einen bestimmten Ort, an das ‚Haus der Familie', diente ihm dabei als Referenzmodell, das im tiergartenbiologischen Kontext allerdings vor allem der Ausbruchssicherung galt. Bezugnehmend unter anderem auf die Untersuchungen der Psychoanalytikerin Maria Pfister-Ammende zur psychischen Auswirkung der Gestaltung von Flüchtlingslagern und -heimen nach dem Zweiten Weltkrieg[22] fand Hediger in der Situation von Wildtieren in Gefangenschaft eine Entsprechung zu der von Heimkindern: „Von außerordentlicher Bedeutung ist die sekundäre Schaffung eines Heimes für solche Menschen, namentlich Kinder, die – wie das durch den Zweiten Weltkrieg in so erschreckendem Ausmaß geschah – ihr natürliches Heim verloren haben und daher der Entwurzelung mit ihren üblen Folgen anheimfielen." In den „großzügigen Hilfswerken, welche sich solcher Kinder annahmen", konnte beobachtet werden, dass sich bestimmte „psychische Ausfallserscheinungen" erst legten, als die großen Gemeinschaftsräume in einzelne Rückzugsorte für die Kinder aufgeteilt wurden. Hediger erachtete die Raumbeschaffenheit oder -qualität also als besonders wichtig für das seelische Gleichgewicht von Tieren und Menschen gleichermaßen, weshalb er sein Territorienkonzept auch auf den menschlichen Kontext anwand-

20 Ebd., S. 212.
21 Hediger 1942, S. 36–42.
22 Pfister-Ammende 1950.

te: „Grob gesagt, handelt es sich dabei um die Unterteilung der weiten Tagesräume in einzelne Territorien und ganz besonders um die Schaffung von Heimen innerhalb dieser Abteilungen, so daß sich die Kinder darin im eigentlichen biologischen Sinne zu Hause [...] fühlen konnten."[23] Hediger betonte damit die Parallelen in der psychischen Verfasstheit von menschlichen Kindern und Zootieren und unterstrich die Bedeutung von ,Wohnräumen' für deren psychisches Wohlbefinden.

In Hedigers Territorienkonzept wird die Gesamtsituation der Welt als eine Art großes Laboratorium aufgefasst, in der die Achtsamkeit für jedes Individuum – in Abhängigkeit von seiner (selbst gestalteten) Umwelt – geschärft werden muss.[24] Einerseits werden dabei Tiere als Subjekte angesehen und ein empathischer Zugang zu ihrem ,Wohnen' eröffnet. Sie werden integriert in Überlegungen zum Anspruch *auf* und die Verteilung *von* geografischen Gebieten. Ihre soziale Praxis produziert zwar andere ,Wohnräume' als die von Menschen, und ihre Territoriengrenzen sind weitestgehend immateriell und dynamisch gestaltet, insofern sie erst durch Aktivitäten räumlich markiert werden. Aber wie Menschen richten sich auch Tiere ihre ,Wohnräume' selbst ein, sie bauen Nester und suchen Badestellen auf.

Andererseits liefern Hedigers Vergleiche die moralische, anthropozentrische Legitimation für sein Territorienschema. Die gewaltsame Entfernung von Tieren aus ihrer Umwelt ist Voraussetzung für die Laborsituation Zoo, in der das tierliche ,soziale System' nach menschlichen Kriterien geordnet und bewahrt werden soll. Die Abstraktion tierlicher Raumproduktion im Territorienkonzept schafft eine theoretische Grundlage für Baustandards in zoologischen Gärten, die die Parameter für das Existenzminimum von Wildtieren in Gefangenschaft um eine gewisse Wohnqualität nach menschlichen Maßstäben erweitern. Die Tiergartenbiologie in der Nachfolge Hedigers ermöglicht Tieren dadurch unter Umständen ein längeres Leben in dieser Anstalt und setzt zugleich die Bewertungsmaßstäbe für ,tierliches Wohnen' fest, die bis dato in der Zooarchitektur auf unterschiedliche Weise interpretiert wurden.

23　Hediger 1961, S. 57f.
24　Vgl. auch Chrulew 2017.

Territorien bauen – für Tiere?

Hedigers Konzept der Territorien bietet vielseitige Möglichkeiten von Übertragungen in den gebauten Raum. In den 50er- und 60er-Jahren des vergangenen Jahrhunderts entstanden im Stil zeitgenössischer Wohnungsarchitektur und unter Einfluss neuer Hygienestandards unzählige Tierhäuser mit kleinen gekachelten Käfigboxen, die sich über Hedigers Ausführungen zur Fluchtdistanz legitimierten. Diese Missinterpretation kritisierte Hediger selbst: „Obwohl der nackte Kubus oft durch allerlei Inneneinrichtungen wie Streu, Sitzbretter, Kletteräste usw. gemildert wird, ist doch nicht zu leugnen, daß er die Grundform des Käfigs für Zoo- und Labortiere darstellt und sehr oft in ziemlich reiner Form in Erscheinung tritt. [...] Selbst der Mensch fühlt sich in kahlen kubischen Räumen nicht wohl [...]. Dabei handelt es sich keineswegs um neuerworbene Eigenarten, sondern um urtümliche Gesetzmäßigkeiten, welche durch die Allmacht der Technik zeitweilig verdrängt und verschüttet worden sind. [...] Es ist höchste Zeit, daß das Bauen für Tiere sich von veralteten anthropomorphistischen Richtlinien löst und sich an tiergartenbiologische hält, unter Ausschaltung des Kubusdenkens."[25]

In Hedigers Zeit als Direktor des Züricher Zoos (1953–1973) entstanden Tierhäuser, die im Verzicht auf rechte Winkel eine abstrakte Entsprechung für ‚tierlichen Wohnraum' außerhalb der Zoos suchten. Ziel war nicht, die Wildnis visuell zu imitieren, sondern die Prinzipien der Raumqualität für Tiere geschickt mit den Anforderungen der Zurschaustellung zu kombinieren. „[T]he buildings, especially the Africa House, were designed as a cultural stage for the animals and a sculptural manifesto of Hediger's thoughts on topological, animal-related forms. As a consequence of the zoo's scientific programs, aesthetic considerations were adjusted accordingly."[26] Das erwähnte, 1965 fertiggestellte Afrika-Haus im Zoo Zürich, das noch bis 2016 in seiner ursprünglichen Form als Zoogehege für Nashörner und Flusspferde diente, war für Hediger ein Beispiel dafür, „dass man Tierhäuser ohne die Anwendung der kubischen Form bauen kann [...]. [Denn] man sollte etwas von der

---

25 Hediger 1965, S. 213f.
26 May 2016, S. 147. Für den folgenden Absatz zum Afrika-Haus vgl. auch ebd., S. 139–143.

Anne Hölck

4 Nashorngehege, Afrika-Haus Zoo
Zürich, 2008, Fotografie

‚Wildheit' natürlicher Landschaften – sinngemäß transponiert – auch in die für Wildtiere bestimmten Wohnräume hineintragen."[27] Abstrakte Kreissegmente bildeten entsprechend die formgebende Übertragung des Naturraums für die Grund- und Aufrisse der U-förmigen Tierboxen des Afrika-Hauses. Im Innenraum entstanden auf diese Weise zwei kleine Präsentationsbühnen für Nashörner, deren terrakottafarbener Boden mit rissartigem Muster leicht nach hinten anstieg (Abb. 4). Jeweils eine geschwungene Betonmauer mit ein paar senkrecht angebrachten Holzstämmen und Topfpflanzen auf dem Grat schloss das Gehege nach hinten ab. Die schlichte Dekoration und Gestaltung richtete sich nach den als notwendig erachteten Elementen einer ‚Inneneinrichtung' aus der vermeintlichen Perspektive der Nashörner: Die Stämme waren ein Angebot zum Reiben der Haut, der Boden war für den Sinneseindruck der Tiere uneben modelliert. Ein schmaler Wassergraben zum Zuschauer*innenraum hin übernahm die Funktion einer symbolischen Grenze für die Nashörner, die sie nicht überschreiten konnten. Im benachbarten

27 Hediger 1965, S. 28.

Innengehege für Flusspferde stand ein Pool als Badestelle zur Verfügung, dessen Größe exakt an den Körpermaßen von zwei erwachsenen Flusspferden bemessen wurde.[28]

Aus heutiger Sicht unterscheidet sich das Afrika-Haus nur formal von den gekachelten Kubusgehegen der Nachkriegszeit. ‚Tierlicher Wohnraum' wird nach wie vor an den Ausmaßen der Körper und nicht am tatsächlichen Aktionsradius tierlichen Territorialverhaltens bemessen. Im vermeintlichen Kontext menschlichen Wohnens erscheint er vielmehr als ein Experimentierfeld für Mindestanforderungen an die Gestaltung einer Zelle, die für das individuelle tierliche Überleben notwendig ist.

Nach Hedigers Amtszeit als Zoodirektor erfuhr seine eingangs erwähnte Gleichsetzung von Zootieren mit ‚Grundbesitzern' eine veränderte Aussagekraft in Bezug auf die Zooarchitektur. Die Rückbesinnung auf die Landschaft als Darstellung von Tier-Territorien bestimmte nun die Entwürfe. Die Auswirkung der Umweltbewegung und des dadurch veränderten ökologischen Bewusstseins der Gesellschaft der 1970er-Jahre, die eine Haltung von Tieren in zu kleinen Gehegen missbilligte, führte in einigen Zoos je nach finanziellen Möglichkeiten zu Umbaumaßnahmen in großzügigere Gehege-Anlagen.

Im Zuge der Wiederentdeckung der Landschaft als vermeintlich ursprünglichem Territorium der Zootiere entstanden Immersionsgehege, die vollständig in eine Parklandschaft integriert wurden. Ähnlich im Wald versteckten Tierbauten wurden existierende Gebäude in den landschaftlichen Kontext eingebunden und bepflanzt, wobei zunehmend auch der Begriff ‚Tarnung' ins Spiel kam. „Die [Zoo-]Architektur wurde zur Camouflage. Genau wie im Militärbereich errichtete man getarnte, teilweise unterirdische Bauten oder landschaftlich modellierte Strukturen [...]."[29] Das Versprechen eines Naturerlebnisses gehört seit den 2000er-Jahren zur Programmatik der modernsten Zoos Europas. Die ZOOM Erlebniswelt Gelsenkirchen, die im Folgenden als Beispiel dient, wurde seit 2004 nicht nur in Teilen, sondern als gesamte Zooanlage

28 Vgl. May 2016, S. 141. Da das Afrika-Haus unter Denkmalschutz steht, wurden die Tiere erst nach langen Debatten um Umbaumaßnahmen 2015 in andere Zoos ausquartiert, die Anlage entsprach nicht mehr den aktuellen Haltungsstandards in der Schweiz. Weitere Informationen hierzu auf der Website des Züricher Zoos, URL: https://www.zoo.ch/de/der-zoo-zürich/aktuelle-projekte/australien [26.10.2017].
29 Meuser 2017, S. 91.

5 Luchsgehege und Trapperhütte in
   „Alaska", ZOOM Erlebniswelt Gelsenkirchen, 2017, Fotografie

aus Immersionsgehegen konzipiert. Die Suggestion eines Reiseerleb-
nisses ist wesentlicher Bestandteil des Konzepts, entsprechend wird der
Zoobesuch im Pressetext auch als „Weltreise an einem Tag' – im Herzen Nordrhein-Westfalens" beworben. Weitläufige Feucht- und Gras-
savannen, Dschungelareale und Felsmassive ohne sichtbare Grenzen
und Stallungen sollen in den drei Themenwelten für „ein Gefühl wie
in Alaska, Afrika und Asien" sorgen und mitten in die Lebenswelt der
Tiere hineinversetzen.[30] Der Weg jeder Anlage führt durch eine üppig
inszenierte Pflanzenwelt, die sparsam eingesetzte Architektur mit nur
wenigen begehbaren Tierhäusern verweist auf die Wohnkultur indigener
Völker oder lehnt sich an Siedlungen in der Zeit des europäischen Kolonialismus bzw. der beginnenden Industrialisierung im frühen 19. Jahrhundert an. Als Eingang zur Expeditionstour durch „Alaska" z.B. ist das
Portal eines *community house* des nordamerikanischen Stammes der Tlin-

30 Wie auf der Website zu lesen, URL: https://www.zoom-erlebniswelt.de/
    Saison2017/text-1.html [26.10.2017].

git nachgebildet. Der Pfad führt zu einer Trapperhütte mit Schlaf- und Kochstelle, aus deren Fenster man auf die direkt angrenzende Wasserstelle des wild bewachsenen Geheges eines Eurasischen Luchses blickt (Abb. 5). Im Thementeil „Alaska" soll also die Tierwelt der Pionierzeit dargestellt werden, was durch die kolonialzeitlichen Nachbildungen einer Goldwäscherstation namens „Sam's Goldmine" und des „Walfriedhofs" mit künstlich nachgeformten Knochen noch zusätzlich unterstrichen wird. Die Tiere der Gehege in diesem Bereich sind assoziativ ausgewählt; nicht alle Arten, wie z.B. der Eurasische Luchs, sind in der Region Alaska endemisch. Sie dienen vielmehr wie die Pflanzen als „Look-Alikes"[31], die das illusionistische Landschaftsbild perfekt ergänzen. Kennzeichen der Immersionsgehege ist die Tarnung von Gehege-Grenzen: Tiere tauchen in unmittelbarer Nähe zu uns plötzlich hinter bewachsenen Gräben oder Mauern knapp unter dem Wasserspiegel künstlicher Seen auf. Die von Hediger eingeführten ‚Inneneinrichtungen' der Gehege sind gestalterisch in die Parklandschaft integriert – der See als Badestelle für Nilpferde oder Kletterbäume für Affen. Auch die Rückzugsorte für Tiere sind unter bewachsenen Hügeln oder mit Baumgruppen getarnt, sodass ein Zoobesuch auch über weite Strecken zu einem Parkspaziergang ohne eine einzige Tiersichtung werden kann. Die wenigen architektonischen Eingriffe wie Fenstereinschnitte in kaschierten Felswänden oder Brettterstege, die zu den schlichten Verschlägen der Beobachtungsstationen führen, bedienen hingegen die anhaltende Erwartung der Besucher*innen, auf Tiere zu treffen.

Zwar wird in diesem Zoo der konkrete architektonische Vergleich mit menschlichem Wohnraum innerhalb der Gehege weitestgehend vermieden. Indirekt täuscht aber der ständige Wechsel von Nähe und Distanz zu den Tieren über die Tatsache hinweg, dass dem Konzept letztlich doch eine klare, in der Moderne als gegeben imaginierte Trennung menschlicher und tierlicher Lebensräume zugrunde liegt. Wir sollen annehmen, dass wir uns mitten im wilden, chaotischen Lebensraum von Tieren befinden, tatsächlich wird unser Blick durch einen einzigen vorgegebenen Pfad gelenkt, der gleich mehrere Beobachtungsperspektiven auf ein Gehege zulässt. Nur in den dargestellten Gebieten Afrikas, Asiens und Alaskas, räumlich und zeitlich weit entfernt, scheint ein gemeinsamer Lebensraum noch zu existieren.

31 May 2014, S. 169.

In beiden betrachteten Zoos manifestiert sich durch die Zooarchitektur die Auffassung einer Trennung von tierlichen und menschlichen Lebensräumen. Während Zooarchitekturen wie das Afrika-Haus im Züricher Zoo eine abstrakte Entsprechung tierlicher Territorien in den Dimensionen menschlichen Wohnraumdenkens suchten, orientieren sich zeitgenössische immersive Zooanlagen eindeutiger am ‚ursprünglichen' Umfeld von Tier-Territorien, wie sie Hediger in seiner ethologischen Forschung beschrieb. Sie verorten Tiere in den zumeist im städtischen Raum gelegenen Zoos inmitten eines illusionistischen Naturraums. Die Wahrnehmung der aktiven Teilhabe von Tieren an der Gestaltung einer von ihnen zusammen mit Menschen belebten Umwelt wird hingegen systematisch ausgeklammert.

Wohnen mit Tieren! Neue Perspektiven auf Mensch-Tier-Territorien

Während im Zoo die Rückbesinnung auf romantisierende Vorstellungen von natürlichen, tierlichen Lebensräumen vorherrscht, entwerfen Denkansätze aus den Human-Animal Studies ein verändertes Verständnis von Mensch-Tier-Beziehungen und richten den Blick auf Urbanisierungsprozesse, an denen Tiere maßgeblich beteiligt sind. Die Geografen Chris Philo und Chris Wilbert schlagen z.B. eine neue Unterscheidung von Tier-Orten vor: *animal spaces* – Orte, die Tieren von Menschen zugeordnet werden (wie Zoos oder landwirtschaftliche Betriebe) – und *beastly places* – Orte, die von Tieren selbst bestimmt werden oder beim Überschreiten von bzw. im Widerstand zu menschlichen Regeln von ihnen geschaffen werden.[32] Spezifisch untersucht und beobachtet aus kulturgeografischer Sicht werden heute dynamische, räumliche Bewegungen, die der Verdrängung von Tieren aus urbanen Räumen zuwiderlaufen und deren Impulse von Wildtieren im Schwellenbereich zwischen Stadt und Land selbst ausgehen.[33] Gerade Städte werden mehr und mehr als ein gemeinsam geteilter ‚Wohnraum' aufgefasst und erforscht, in dem Tiere nicht die Kultur fliehen, sondern „aktiv nach Orten suchen, die ihnen ein Überleben ermöglichen".[34]

---

32 Vgl. Philo & Wilbert 2000, S. 23.
33 Vgl. Hauck u.a. 2017.
34 Kegel 2014, S. 113.

Im April 2017 stellte das Berliner Stadtmagazin *Zitty* 20 Tierarten vor, die mitten in der Stadt ihren ‚Wohnraum‘ gefunden haben – unter ihnen Waschbären, Eichhörnchen, Nachtigallen, Gottesanbeterinnen, Wildschweine, Ringelnattern, Biber, Habichte, Waldkäuze sowie Dachse und Füchse. Letztere hatten sich zu Hedigers Zeiten noch an der Peripherie einer Stadt angesiedelt.[35] Füchse, die heute tagsüber durch die Stadt Berlin schlendern und als sonderbare Einzelgänger von der Stadtbevölkerung akzeptiert werden, ziehen sich nachts in Schlafhöhlen auf Spielplätzen wie dem Teutoburger Platz in Berlin-Mitte zurück. Für Feldlerchen wurde kürzlich auf dem Tempelhofer Feld ein Schutzraum mit Bauzäunen markiert, durch die die Vögel zu ihren Nistplätzen gelangen und mittels derer gleichzeitig verhindert wird, dass Menschen diese zerstören. Wildschweine sind mittlerweile rechtlich in die soziale Praxis der Stadt integriert. Wenn ihre Aktivitäten in menschlichen Vorgärten auffällig werden, ist das Amt für Umwelt, Verkehr und Klimaschutz zuständig und informiert über Handlungsmöglichkeiten auf der Website der Berliner Senatsverwaltung sowie über ein „Wildtiertelefon"; bei einer akuten „Gefahrenlage" ist die Polizei zu kontaktieren.[36] Die Liminalität von Tieren, d.h. die Ko-Habitation von Menschen und Tieren in der Stadt wird also zunehmend auch von den menschlichen Stadtbewohner*innen als Tatsache akzeptiert.[37]

Für die Akzeptanz von Tieren als ‚Wohnende‘ mit einem Anrecht auf Mitgestaltung des gemeinsamen Lebensraums haben Will Kymlicka und Sue Donaldson mit *Zoopolis. Eine politische Theorie der Tierrechte* (2013) bereits ein gesellschaftspolitisches Konzept vorgelegt, in dem unter Ausschluss von *animal spaces* nur *beastly spaces* anerkannt werden. Das Konzept proklamiert für Tiere ein Mindestmaß an Rechten in einem Sozialstaat, wonach domestizierten Tieren ein Einwohnerrecht, Schwellentieren ein Aufenthaltsrecht und Wildtieren ein Souveränitätsrecht auf eigene Territorien zustehen soll.[38]

Sowohl Hedigers Territorienkonzept als auch sein Wohnbegriff haben ohne Zweifel dazu beigetragen, dass zunehmend ein Fokus auf die

---

35 Vgl. Zitty Berlin 2017, S. 16–21 und Hediger 1961, S. 42.

36 Website der Senatsverwaltung für Umwelt, Verkehr und Klimaschutz zum Thema „Wildtiere im Stadtgebiet. Rechtslage", URL: http://www.stadtent wicklung.berlin.de/forsten/wildtiere/de/rechtslage.shtml [12.06.2017].

37 Zur Geschichte der Akzeptanz von liminalen Tieren in der Stadt siehe u.a. Wischermann 2017.

38 Kymlicka/Donaldson 2013.

Anne Hölck

aktive Teilhabe von Tieren als Subjekten an der Gestaltung von Lebensraum gerichtet wird – allerdings nur innerhalb tiergartenbiologischer
Zusammenhänge. Hinsichtlich einer neuen Perspektive auf veränderte Mensch-Tier-Beziehungen in einer anthropozänen Gesellschaft, die
menschlichen und tierlichen Bedürfnissen in einer gemeinsamen Umwelt gleichermaßen gerecht werden soll, erscheint die Institution Zoo
heute als unzeitgemäß. Die ethologischen Forschungsergebnisse Hedigers zu Tier-Territorien könnten vielmehr als Grundlage für ein Mitbe-
stimmungsmodell gelesen werden, das Wohnen als gemeinsame Praxis
versteht. Die Beurteilung der individuellen Wohnqualität misst sich an
Interaktionen von menschlicher *und* tierlicher Wohnraumgestaltung und
erfordert ein besonderes Augenmerk auf die allen Spezies immanente
Bewegungsfreiheit.

Bauen für das Existenzminimum von Wildtieren

Literatur

Bennett 2011 – Jill Bennett, Living in the Anthropocene/Leben im Anthropozän (= dOCUMENTA (13): 100 Notes – 100 Thoughts/100 Notizen – 100 Gedanken, Bd. 53), Ostfildern 2011.

Chrulew 2017 – Matthew Chrulew, Heini Hediger and the Significance of Zoo Biology in the Anthropocene, Vortrag im Centre for Culture & Technology (CCAT), Curtin University, Benteley (AUS), 25.05.2017, URL: https://www.youtube.com/watch?v=UMbUS9A_q4A [26.10.2017].

Emel/Wolch 1998 – Jody Emel u. Jennifer Wolch, Animal Geographies. Place, Politics, and Identity in the Nature-Culture Borderlands, London/New York 1998.

HKW 2014 – Haus der Kulturen der Welt (HKW) (Hg.), Das Anthropozän-Projekt. Ein Bericht, 16.10.–8.12.2014, Booklet zum Programm, Berlin 2014.

Hauck u.a. 2017 – Thomas E. Hauck, Stefanie Hennecke, André Krebber, Wiebke Reinert u. Mieke Roscher (Hg.), Urbane Tier-Räume (= Schriften des Fachbereichs Architektur Stadtplanung Landschaftsplanung der Universität Kassel 4), Kassel 2017.

Hediger 1942 – Heini Hediger, Wildtiere in Gefangenschaft, Basel 1942.

Hediger 1948 – Heini Hediger, Der Zoologische Garten als Asyl und Forschungsstätte, Basel 1948.

Hediger 1961 – Heini Hediger, Tierpsychologie im Zoo und im Zirkus, Basel 1961.

Hediger 1965 – Heini Hediger, Mensch und Tier im Zoo: Tiergarten-Biologie, Zürich u.a. 1965.

Hediger 1967 – Heini Hediger (Hg.), Die Straßen der Tiere (= Die Wissenschaft, Sammlung von Einzeldarstellungen aus allen Gebieten der Naturwissenschaft 125), Wiesbaden 1967.

Kymlicka/Donaldson 2013 – Wim Kymlicka u. Sue Donaldson, Zoopolis. Eine politische Theorie der Tierrechte, Berlin 2013.

Latour 2014 – Bruno Latour, Existenzweisen. Eine Anthropologie der Modernen, Berlin 2014.

May 2016 – Christina Katharina May, Concrete Kingdoms. Heini Hediger's Territories at the Zurich Zoo, in: Kristian Bjørkdall u. Tone Druglitrø (Hg.), Animal Housing and Human-Animal Relations. Practices, Politics and Infrastructures, London 2016, S. 132–150.

May 2014 – Christina Katharina May, Vom Ruhr-Zoo zur Erlebniswelt oder wie das Ruhrgebiet aus der Landschaft verschwand, in: Daria Dittmeyer-Hössl, Jeannet Hommers u. Sonja Windmüller (Hg.), Verrückt, verrutscht, versetzt. Zur Verschiebung von Gegenständen, Körpern und Orten (= Schriftenreihe der Isa Lohmann-Siems Stiftung 8), Berlin 2014, S. 148–167.

Meuser 2017 – Natascha Meuser, Architektur im Zoo. Theorie und Geschichte einer Bautypologie, Berlin 2017.

Pfister-Ammende 1950 – Maria Pfister-Ammende, Das Problem der Entwurzelung, in: Schweizerische medizinische Wochenschrift 80, 6 (1950), S. 1–22.

Philo/Wilbert 2000 – Chris Philo u. Chris Wilbert (Hg.), Animal Spaces, Beastly Places. New Geographies of Human-Animal Relations, London/New York 2000.

Wischermann 2017 – Clemens Wischermann, Liminale Leben(s)räume. Grenzverlegungen zwischen urbanen menschlichen Gesellschaften und anderen Tieren im 19. und 20. Jahrhundert, in: Hauck u.a. 2017, S. 15–31.

Zitty Berlin 2017 – Zitty, Das wilde Berlin. Alte Hasen, neue Tiere: die besten Entdeckungen im Großstadtdschungel, in: Zitty. Wochenmagazin Berlin 15, 40 (2017), S. 16–21.

Zoo Zürich 2017 – Der Zoo Zürich, Bauprojekte, Australien, Website 2017, URL: https://www.zoo.ch/de/der-zoo-zürich/aktuelle-projekte/australien [26.10.2017].

UND DES MENSCHEN

PLATZIERUNGEN.
VON DER ÄSTHETISCHEN
ERZIEHUNG DES TIERES
UND DES MENSCHEN

PLATZIERUNGEN.
VON DER ÄSTHETISCHEN
ERZIEHUNG DES TIERES
UND DES MENSCHEN

PLATZIERUNGEN.
VON DER ÄSTHETISCHEN
ERZIEHUNG DES TIERES
UND DES MENSCHEN

PLATZIERUNGEN.
VON DER ÄSTHETISCHEN
ERZIEHUNG DES TIERES
UND DES MENSCHEN

PLATZIERUNGEN.

Mareike Vennen

„den Kindern der salzigen Flut bei uns Wohnung zu bereiten". Heimaquarienpraxis im 19. Jahrhundert zwischen Gleichgewicht und Exzess

Schauplatz ist ein gutbürgerliches Interieur. Mrs Twaddle, eine ältere Dame, mit zwei Fräulein in weit gepufften Kleidern und einem Jungen inmitten von Accessoires, gemusterten Stühlen und geblümten Tapeten. Dazwischen glitschiges, zuckendes Meeresgetier auf dem triefend nassen Boden. Die jungen Damen haben sich aufs Sofa gerettet, während Mrs Twaddle mit der Kaminzange einen sich windenden Aal zu fassen sucht und der Knabe ausrutscht und schreckerfüllt bis angewidert einem zappelnden Fisch in die Augen starrt. Während sich die bürgerliche Praxis privater Aquarienhaltung Mitte der 1850er-Jahre gerade zu etablieren begann und sich von Großbritannien aus in ganz Europa und darüber hinaus verbreitete, veröffentlichte das britische Satiremagazin *Punch* im Dezember 1857 die Karikatur „Terrific Accident", die ein zerbrochenes Salonaquarium in jenem Augenblick zeigt, in dem sich das marine Gewimmel über den Salonboden ergießt (Abb. 1).[1]

1   Die Bildunterschrift lautet: „Bursting of old Mrs Twaddle's aqua-vivarium. The old lady may be observed endeavouring to pick up her favourite eel with the tongs, a work requiring some address." Anonym 1857, S. 250. Die folgenden Argumentationen finden sich ausführlicher in Vennen 2018.

1 „Terrific Accident", Karikatur im
Satiremagazin *Punch*, 1857

Dabei bedeutete das Zerbersten des gläsernen Kastens mehr als den Zu-
sammenbruch einer ästhetischen Anordnung und die Überschwemmung
der „fashionable carpets"[2]. Was sich angesichts von Wasser, Schlamm
und dem wimmelnden Getier im Interieur aufzulösen drohte, war eine
symbolische Ordnung. Gerade in der Anfangszeit wurde die miniatur-
hafte Überschaubarkeit des Aquariums gern in eine Geste symbolischer
Aneignung übersetzt: „Der tyrannische, allgewaltige, unbändige Ocean
fluthet nun auf unserem Tische und wir können nun das Leben aus der
Tiefe auf dem Tische studiren, im Schlafrock und Pantoffeln",[3] hieß es
etwa in einem der ersten deutschsprachigen Artikel über Aquarien, der
1854 im weitverbreiteten Familienblatt *Die Gartenlaube* erschien. Ein solches Blickverhältnis, das eine visuelle Aneignung vollzieht, hat John Berger in Bezug auf tierliche Schauanordnungen wie den Zoo beschrieben,

2   Ebd.
3   Anonym 1854, S. 392.

deren zentrales Merkmal es sei, „[that] animals are always the observed".[4] In diesem Blickregime zwischen Schauendem und Angeschautem drückt sich für Berger ein Machtverhältnis aus: „They [the animals] are the objects of our ever-extending knowledge. What we know about them is an index of our power, and thus an index of what separates us from them. The more we know, the further away they are."[5] Das materielle Substrat dieser Bemächtigung bildete das Aquarium, indem es durch räumliche Grenzziehungen zwischen dem Aquarieninnern und seinem Außen den Unterwasserraum handhabbar machte und so eine hierarchisch organisierte Schau- und Wissens(an)ordnung ins Werk setzte. Durch das Bersten des Aquariums gerät diese ‚Interieurisierung' des Meeres, verstanden als materielle und symbolische Praxis der Einhegung, jedoch außer Kontrolle und mit ihr die Vorstellung einer abgeschlossenen Miniaturumwelt und einer vermeintlich sauberen Trennung zwischen ‚Natur' und ‚Kultur'. Das im überschaubaren Kasten wohlgeordnete Ensemble verkehrt sich in ein wirres Durcheinander und hebt die Grenzen zwischen menschlichen und tierlichen Räumen aus den Angeln.

In der bildlichen Darstellung vom berstenden Aquarium kristallisiert sich somit zweierlei heraus. Zum einen lässt sich an ihr ablesen, was mit der Erfindung des Heimaquariums auf dem Spiel stand: die Sichtbarmachung und Einhegung einer vormals weitestgehend opaken Unterwasserwelt. Zum anderen wird offensichtlich, dass diese neuen Einsichten, diese Aneignungen eines tierlichen Lebensraumes nicht ohne Widerstände und Störfälle zu haben waren. Um eben diese Spannung geht es im Folgenden. Der Beitrag untersucht die Bedeutung des Heimaquariums für die Wohnpraxis in der zweiten Hälfte des 19. Jahrhunderts, ausgehend von den materiellen Verbindungen, die Aquarium und Interieur eingingen.[6] Hierfür wird zunächst danach gefragt, mittels welcher Praktiken und nach welchen Prinzipien die ersten Heimaquarien um 1850 im Kontext der praktischen Naturkunde eingerichtet wurden und wie sich in der Folge ein neuer Schauplatz der Wissensproduktion über das Leben unter Wasser ausbildete. Das

---

4   Berger 2009, S. 27.
5   Ebd.
6   Für eine Übersicht zu aktuellen Ansätzen der Wohnraum-Forschung vgl.
     Nierhaus u.a. 2013.

auf diese Weise generierte „Umgebungswissen"[7] beschränkte sich indes nicht auf die Bedingungen des Lebens im Wasser. Es bezog sich ebenso auf den Raum und den Umraum des Aquariums. Deshalb genügt es nicht, die Untersuchung auf das „innere Milieu"[8], sprich die Einrichtung und Ausstattung des Aquariums zu beschränken. Danach zu fragen, wie die frühen Aquarianer darangingen, „den Kindern der salzigen Flut auch in kleinerem Maßstabe bei uns Wohnung zu bereiten",[9] bedeutet ebenso zu beleuchten, wie Aquarien in Wohnräume integriert wurden, wie sie Wohnpraktiken veränderten und indirekt ihre Besitzer disziplinierten. Kurz gesagt, es geht um die Abgrenzungen, Verbindungen und gegenseitige Beeinflussung der jeweiligen Räume (Aquarium und Wohnraum), der Praktiken (aquaristische und Wohnpraktiken) und der Akteure (Aquarientiere und -besitzer[10]). Als besonders interessant erweist sich hierfür der Zeitrahmen des Übergangs von einzelnen Aquarienexperimenten hin zur weiteren Verbreitung von Salonaquarien als bürgerliche Mode vor allem in Großbritannien und Deutschland in der zweiten Hälfte des 19. Jahrhunderts.

Gleichgewicht einrichten und einüben

Mit dem Aufkommen des Aquariums um 1850 hielten Wassertiere erstmals systematisch als Wissens- und Schauobjekte Einzug ins bürgerliche Heim. Die Anfänge heimischer Aquarienpraxis sind vor allem an den Küsten Großbritanniens im Kontext praktischer Naturkunde zu finden. Die Ersten, die etwa ab der Mitte des Jahrhunderts mit Aquarien

---

7   Wessely 2013, S. 138.
8   Im Folgenden werden die Begriffe des ‚inneren' und des ‚äußeren' Milieus verwendet und an ihnen die Prozesse räumlicher und epistemischer Grenzziehungen, Übertragungen und Vermittlungen analysiert.
9   Schubert 1880, S. 99.
10 Wenn im Folgenden in Bezug auf den Aquarianer als Typus die männliche Form verwendet wird, so korrespondiert dies damit, dass männliche Aquarianer als Autoren sichtbarer in Erscheinung traten. Die ungleiche Verteilung in der Sichtbarkeit der Geschlechter durchzieht die gesamte Aquarienliteratur des 19. Jahrhunderts und prägt damit gleichfalls die Quellenlage. Eine der bisher wenigen Untersuchungen über die Forschungen einer Aquarianerin, Marie von Chauvin, hat der Wissenschaftshistoriker Christian Reiß vorgelegt, vgl. Reiß 2004, insb. Kapitel 4.2. Zur Genderthematik in den Wissenschaften vgl. Oertzen u.a. 2013.

zu experimentieren begannen, waren vornehmlich Amateurforscher, die lebende Wassertiere vom Strand mit ins eigene Heim brachten, um sie dort weiter zu beobachten.[11] Die Besonderheit der Aquarienpraxis als Form der Heimtierhaltung lag in der praktischen Notwendigkeit, für die Tiere zumindest eine Minimalumwelt herzustellen. Die Einrichtung und Stabilisierung einer solchen eigenen Lebenswelt im Aquarium setzte wiederum eine möglichst umfassende Kenntnis der Lebensbedingungen unter Wasser voraus. Die ersten Heimaquarien rückten damit die *Beziehungen* zwischen den Lebewesen in den Blick. Von Anfang an ging es bei Aquarientieren weniger um Einzelwesen, um individuelle Heimtiere, als um ein Ensemble aus Tierzusammenstellungen und Umwelt, deren Wechselbeziehungen entscheidend waren.

Zwar war es Mitte des 19. Jahrhunderts keineswegs neu, lebende Wassertiere im eigenen Heim zu halten. Bis zu dieser Zeit war es jedoch – wie noch heute beim Goldfischglas – gängige Praxis, einzelne Tiere *isoliert* in wassergefüllten Behältern unterzubringen. Aufgrund des Sauerstoffverbrauches musste dabei das Wasser regelmäßig gewechselt werden. Eben dies unterschied in der Sicht der Zeitgenossen sämtliche bisherigen Versuche qualitativ von dem, was fortan mit dem neuen Begriff ‚Aquarium' belegt wurde. Denn das Ziel der naturkundlichen Amateurforscher war es, mit Tieren und Pflanzen gemeinsam einen geschlossenen Stoffkreislauf und dadurch ein selbsterhaltendes Gleichgewicht im Aquarium herzustellen – eine Idee, die im Begriff des *balanced aquarium* zum Ausdruck kam.[12] Statt des ständigen Wasserwechsels sollte das Aquarium möglichst unabhängig von Interventionen von außen sein. In den Augen ihrer Besitzer verdienten Aquarien diesen Namen überhaupt erst, wenn es gelang, durch die ‚richtige' Einrichtung im Innern einen Stoffausgleich zwischen Pflanzen und Tieren zu schaffen.

Dabei war die Praxis der Aquarienhaltung von Anfang an untrennbar mit dem privaten Heim verbunden. Nicht nur griffen die zunächst improvisierenden Amateure auf häusliche Utensilien und Praktiken zurück.[13]

---

11 Vgl. zur frühen privaten Aquariengeschichte und ihren Verbindungen zur Naturkunde u.a. Reiß 2014, Barber 1980. Zum Begriff des „practical naturalist" vgl. Nyhart 2009, S. 5 sowie Allen 1994.

12 Vgl. hierzu Vennen 2016.

13 So wurden anfangs häufig Einmachgläser als Aquarien verwendet oder etwa Seeanemonen mit Nadel und Faden auf Schwämmen festgenäht. Vgl. exemplarisch Bade 1899, S. 148.

Der private Haushalt erwies sich auch deshalb als geeigneter Ort, weil die Einheit von Wohn- und Experimentierstätte den Aquarianern eine kontinuierliche Beobachtung zu jeder Tages- und Nachtzeit ermöglichte. Mit dieser bequemen Zugänglichkeit zum Unterwasserraum versprachen die Heimaquarien eine neue Form der Naturbeherrschung.

Doch meist erwies sich das *balanced aquarium* weniger als ausgeglichenes und vorhersagbares System denn als ein widerständiges Ensemble lebendiger und nichtlebendiger Elemente. Was durch das Aquarium sichtbar, handhabbar, kontrollier- und regulierbar werden sollte, drohte sich immer wieder dem Zugriff zu entziehen. Die Störfälle waren vielfältig und reichten von wuchernden Algen und sich gegenseitig verschlingenden Tieren bis zu erstickenden Fischen. Eine ständige Kontrolle des Aquariums war daher gerade in dieser Frühphase nicht nur erwünscht, sondern angesichts des stets labilen Systems geradezu (lebens-)notwendig für Pflanzen und Tiere. Hierdurch griff das Aquarium teils stark in die Wohnpraxis, genauer in die Strukturierung des Alltagslebens seiner Besitzer ein: „Eine genaue, von Kennern besorgte, tägliche Beaufsichtigung der Behältnisse", vermerkte C. Mettenheimer 1860 in der Zeitschrift *Der Zoologische Garten*, „ist das wichtigste Erforderniß zur Erhaltung [eines Aquariums]."[14] Mehr noch: Mehrmals täglich musste gefüttert, geputzt, das Wasser ‚durchlüftet' und mussten organische Überreste entsorgt werden. Im gleichen Maße, wie also die Forscher das zu erforschende Leben „in ihrer nächsten Nähe, an ihren Arbeitstisch [...] [zu] fesseln"[15] suchten, fesselte das Aquarium sie umgekehrt an den Arbeitstisch.[16]

In diesem Sinne wendeten sich die praktisch am Aquarium erprobten Kontrolltechniken gegen dessen Besitzer. Sämtliche „Uebelstände" und Störungen fielen zudem auch in moralischer Hinsicht unumwunden auf ihn zurück und wurden als sein persönliches Versagen gewertet.[17] „Let us remember", mahnte entsprechend Arthur M. Edwards in seiner Schrift *Life Beneath the Water*, „that every slight mishap is to be ascribed to a fault of our own, to some point, however seemingly insignificant, yet essential, which we have failed to take into consideration."[18] Erfolg und

---

14 Mettenheimer 1860, S. 63f.
15 Roßmäßler 1857, S. 2.
16 Häufig wurden hierfür freilich auch zahlreiche unsichtbare Akteure wie Familienmitglieder und – falls vorhanden – die Dienerschaft eingespannt.
17 Vgl. hierzu Vennen 2014.
18 Edwards 1858, S. 15.

Misserfolg erschienen praktisch messbar an der Halbwertzeit des eigenen Aquariums. Aufmerksamkeit und Selbstbeherrschung zählten daher zu den zentralen epistemischen Tugenden des Aquarianers: „[B]e moderate in your desire of dominion. Do not overcrowd your Tank [...] and mourn over a host of corpses",[19] mahnte etwa Philip Henry Gosse hinsichtlich der Besetzung des Heimaquariums und machte damit die Herstellung eines Gleichgewichts im Aquarium von einer Regulierung des eigenen Verhaltens abhängig. Innerhalb des Fischbehälters ausgewogene Verhältnisse zu schaffen, setzte – so der Konsens – maßvolles Verhalten voraus. Kontrolle über die eingeschlossene ‚Natur' im Glas auszuüben, bedeutete stets auch, sich selbst zu kontrollieren. Was dezidiert als Freizeitbeschäftigung etikettiert war, stellte somit zugleich eine ständige Arbeit an sich selbst dar. Die Demokratisierung des Zugangs zum Unterwasserraum durch das Aquarium ging so mit einer (Selbst-)Disziplinierung der menschlichen Akteure einher. Hiermit reihen sich die private Aquarienpraxis und ihr in Ratgebern und Anleitungen vermitteltes Wissen ein in das, was Irene und Andreas Nierhaus als latentes oder manifestes „Wohnwissen" bezeichnet haben.[20] Das Interieur als scheinbar privater Raum wird zu einem Ort gesellschaftlicher und medial vermittelter Normen, die auch vor der Heimaquarienpraxis nicht Halt machten. Auf diese Weise verbanden sich im Wissensdiskurs des 19. Jahrhunderts das Konzept des Domizils mit dem der Domestikation von Mensch und ‚Natur' bzw. Tier.

Einübung in den ‚guten Geschmack'

Ausgehend von den verstreuten Experimenten einzelner Amateurwissenschaftler erweiterte und verfestigte sich diese aquaristische Konfiguration zur verbreiteten bürgerlichen Mode. Die Etablierung heimischer Aquarienhaltung auf breiter Front lässt sich unter anderem daran ablesen, dass dem Aquarium ab Mitte der 1850er-Jahre zunehmend ein bestimmter Platz im Heim zugewiesen wurde: Waren Aquarienbehälter vormals in Studier- und Arbeitszimmern, aber auch in der Küche oder auf verfügbaren Fenstersimsen zu finden, wurden sie nun vornehmlich ein Objekt des *parlour*, des

19 Gosse 1854, S. 276. Zum Begriff der epistemischen Tugenden („epistemic virtues") vgl. Daston/Galison 2007, S. 41–45.
20 Nierhaus/Nierhaus 2014, S. 13.

Grottenstein-Aquarien-
und Terrarien-Einsätze
à St. 10 Pfg. bis 50 Mk.
Die größte und billigste
Fabrik dieser Branche.
Prachtvolle Thüringer Grotten-
steine billigst. — Nistkästen,
Futterhäuschen aus Naturholz.
— Preisliste frei. —
C. A. Dietrich,
Hoflieferant, [855]
Clingen-Greußen.

2 Kaufanzeige für einen Grottenstein
als Ziereinsatz für Heimaquarien- und
Terrarien in den *Blättern für Aquarien-
und Terrarienkunde,* 1906

salon oder des Wohnzimmers.[21] Sie wurden damit von einem vornehmlich
männlich in einen stärker familiär konnotierten Raum, mithin dem weiblichen Geschlecht zugeschriebenen Bereich versetzt.[22] Darin deutet sich eine
langsame Verlagerung oder zumindest Erweiterung der Funktion vom Wis-
sens- zum Zierobjekt an, die sich auch in den zunehmend dekorativen und
ausladenden Formen der Aquarienbehälter niederschlägt. Im Salon reihte
sich das Aquarium, das in bürgerlichen Kreisen vermehrt als Statussymbol
ausgestellt wurde, in eine ganze Palette lebendiger Raumdekorationen ein,
zu denen Blumentische, Farnkästen und teilweise andere Heimtiere gehörten. Einen weiteren Hinweis liefert die fortschreitende Kommerzialisierung
der Aquaristik, die sich an dem rasch wachsenden Angebot industrieller
Produkte, der Professionalisierung der beteiligten Akteure – von Händlern

21 Zum Verhältnis von Heimaquarium und bürgerlichem Interieur vgl. u.a.
    Kranz 2010.
22 Zu den prototypischen Orten der Wissensproduktion und ihrem Gen-
    dering vgl. Friese/Wagner 1993.

114

Mareike Vennen

über Importeure bis zu Züchtern – und an der zunehmenden Globalisierung des Aquarienhandels ablesen lässt.[23]

Die Einrichtung des Aquarieninnern orientierte sich bei diesen vorwiegend industriell hergestellten Salonaquarien nicht mehr unbedingt an biologisch-ökologischen, sondern an ästhetischen Kriterien. Um eine Miniaturlandschaft zu schaffen, wurde das Aquarium fortan gern mit allerlei Zierrat angefüllt. So konnte man „mit wirklichen kleinen Felsenstückchen, Korallen u.s.w. aus dem Meere componieren".[24] Häufig diente bei der Komposition die Ästhetik zeitgenössischer Landschaftsgärten als Vorbild. Beliebt waren Mitte des 19. Jahrhunderts vor allem architektonische Anspielungen auf die Romantik. Bald schon hatte sich auch hierfür ein regelrechter Markt für Aquarienzubehör herausgebildet, der dazu anregte, die kuratierte Unterwasserlandschaft im Heimaquarium mit charakteristischen Elementen pittoresker Landschaftsästhetik – etwa Miniaturen gotischer Kathedralen, Springbrunnen, Grotten und Ruinen, ja sogar mit Schlössern – zu bestücken, die in den 1860er-Jahren bereits als Stückware in Aquariengeschäften oder per Katalog bezogen werden konnten (Abb. 2).[25]

Doch auch hier wurde das Aquarium zum Streitfall, da sich gegen eine allzu überladene Ausstattung heftige Kritik bei jenen Puristen unter den Aquarianern regte, die ebenso auf das demokratisierende Moment des *self-made* setzten wie auf Ausgewogenheit und ‚Natürlichkeit' bei der Einrichtung. „[C]are should be taken", mahnte der Naturforscher Edwin Lankester, „not to overload the bottom of the tank or jar: large masses of such objects are unnatural and inelegant at the best".[26] Accessoires und Ornamente wurden so zu Objekten des Wissens über ‚guten Geschmack', der zugleich praktisch eingeübt werden sollte. Das Aquarium und seine Einrichtung fungierten also auch als Instrumente, um (Stil-)Sicherheit in Geschmacksfragen auszustellen, die wiederum eng mit Vorstellungen der Maßhaltung verknüpft waren. Eine angemessene Verzierung konnte als Beleg eines solchen ästhetischen Einrichtungswissens, als *lecture of taste* herhalten. Zu viele Ornamente, zu viel Kitsch, zu viele künstliche Miniaturelemente entfernten dagegen das Aquarium in den Augen vieler von

23 Bereits 1858 eröffnete in London das erste Aquarienfachgeschäft.
24 Anonym 1855, S. 503–506, hier S. 503.
25 Zur Accessoire-Industrie für Heimaquarien vgl. Kranz 2007 sowie Harter 2014.
26 Lankester 1856, S. 19.

3   Aquariensammlung im Wohnzimmerfenster, Fotografie in den *Blättern
für Aquarien- und Terrarienkunde*, 1907

jenem ‚Naturraum‘, den ins Heim zu holen es angetreten war: „Sometimes [the rockwork] will be found made in the shape of ruins, which is, of course, altogether out of place in a well arranged tank, for no one with any taste at all would care to see a fish, for instance, swimming through the window of a house".[27] Die Gefahr des *overstocking* bezog sich folglich nicht mehr nur auf die tierliche Besetzung des Aquariums, also ein Übermaß eingesetzter ‚Naturobjekte‘ (Tiere und Pflanzen), sondern auch auf die Ausstattung mit Accessoires. Mit der überbordenden Fülle ornamentaler Elemente wurde somit im Aquariendiskurs der 1860er-Jahre eine weitere Form des Exzesses verhandelt.

Dem Ideal des *balanced aquarium* galt jede Form des Exzesses als Anomalie, denn die wiederholt vorgetragene Forderung nach Gleichgewicht diente auch in ästhetischen Fragen als Richtschnur und wurde mit ‚Natürlichkeit‘ kurzgeschlossen. Dem zugrunde lag ein bürgerlicher Begriff des „gesunden Mittelmaßes", der Philipp Sarasin zufolge eminent politisch besetzt war: „[D]ieser von politischen und sozialen Konnotationen aufgeladene Zustand [des Gleichgewichts] wäre zugleich der Ort der Norm, deren Überschreitung im Exzess oder im Mangel ein Maß für das Pathologische abgibt".[28] Die epistemischen Tugenden der Maßhaltung korrelierten also unmittelbar mit bürgerlich-moralischen Tugenden einer ‚sauberen‘ und besonnenen Haushaltsführung im Zeichen eines *juste milieu*, was sich gleichermaßen auf die Reinhaltung des Raumes wie auf die Körperpraktiken bezog. Indem für Misserfolge vor allem ein Mangel an Sauberkeitssinn, Achtsamkeit oder aber ein Hang zur Maßlosigkeit verantwortlich gemacht wurde,[29] bedeutete Aquarienpflege wiederum, Ordnung, Sauberkeit, Geduld und Sparsamkeit einzuüben. In diesem Sinne fungierte Aquarienhaltung als spielerisches (Erziehungs-)Instrument seiner Besitzer und als Festschreibung sozialer Ordnungen im häuslichen Bereich. Das Wissen über die ‚richtige‘ Einrichtung von Aquarien wurde so Teil und Vermittlungsinstanz eines umfassenden Wohnwissens, das mit moralisch aufgeladenen Bewertungen besetzt war und zum ‚richtigen‘ Wohnen anleitete. Was für die Einrichtung des Aquarieninnern diskutiert wurde, galt ebenso für das Aquarium als Einrichtungsgegenstand des Wohnraums.

---

27 Bateman 1890, S. 43.
28 Sarasin 2001, S. 238.
29 Vgl. Edwards 1858, S. 18f. Siehe auch Hibberd 1870, S. 47 sowie Hamlin 1986, S. 131–153, insb. S. 133.

Mehr und mehr wurden Salonaquarien ästhetisch oder räumlich an die Funktionen des Interieurs angepasst. Auch hier lauerte jedoch die Gefahr, dass Ausgewogenheit in Exzess umkippte, weshalb diese Thematik ab den 1870er-Jahren zunehmend nicht nur als ästhetisches, sondern auch als hygienisches Problem diskutiert wurde. So kommentierte etwa der Hobby-aquarianer Wilhelm Roth in der Fachzeitschrift *Blätter für Aquarien- und Terrarienkunde* in durchaus selbstkritischem Tonfall die weitverbreitete Tendenz, heimische Wohnzimmer „unaufhaltsam, wenn auch etappenweise, an den Seitenwänden der Fensterfüllung"[30] mit immer mehr Aquarien voll-zustellen, bis unversehens, wie in seinem Fall, 13 Aquarien den gesamten Fensterrahmen ausfüllten (Abb. 3).

Solche Auswüchse der aquaristischen Leidenschaft, bei denen die gläsernen Behälter ganze Zimmer einnahmen, widersprachen dem Prin-zip der Temperierung. Wenn daher der Heimaquarianer Roth bezüglich der unglaublichen Zahl seiner 13 aufgestellten Aquarien sich selbst er-mahnte, es gelte stets „die hygienischen Verhältnisse" des Wohnraumes zu berücksichtigen und darauf zu achten, „daß die Helligkeit des Zimmers nicht durch Verbarrikadierung des in Anspruch genommenen Fensters in schädlichem Maße beeinträchtigt wird",[31] macht dies deutlich, dass in die ornamentale Gestaltung dieser miniaturisierten Lebensräume mithin normative Vorstellungen der Maßhaltung eingelassen waren, die zwar über ein ästhetisches Einrichtungswissen vermittelt wurden, aber zunehmend auch auf gesundheitliche Fragen zielten.[32]

Ausgeglichenes Klima

Hygienische Fragen um ein ‚gesundes Klima', wie sie in Roths Bericht anklingen, wurden in den folgenden Jahren zu einem immer wichtige-ren Thema sowohl im Wohn- als auch im Aquariendiskurs. Mehr noch:

---

30 Roth 1907, S. 469.
31 Ebd., S. 468.
32 Viele praktische Leitfäden wie Shirley Hibberds *Rustic Adornments for Homes of Taste* stellten Konglomerate aus Wohn- und Aquarienratgebern dar, die das Aquarium als „appropriate item in a ‚home of taste'" vorstellten. Sie sind in ihrer Rhetorik den zeitgenössischen Geschmackserziehungsschriften verwandt, vgl. Hibberd 1870, S. 47f. Für eine Analyse der Rhetorik in Wohn-ratgebern um 1900 siehe Rohde 2015, insb. S. 65–93.

Beide wurden unter dem Stichwort des „gesunden Wohnens" dezidiert zusammengedacht, indem Wohn- und Aquarienraum zunehmend als eigene und zugleich wechselseitig sich beeinflussende klimatische Milieus gefasst wurden.[33] Die Ratgeber erörterten etwa die Frage, ob das bürgerliche Interieur mit seinen Raumbedingungen den Aquarientieren überhaupt zuträglich sei oder schädliche Effekte für deren Wohlbefinden habe. Vor Staub und Ruß aus geöffneten Fenstern wurde ebenso gewarnt wie vor Gasleuchten im Zimmer, fetthaltigen Dämpfen aus der Küche oder Tabakrauch.[34] Umgekehrt wurden die möglichen Auswirkungen des Zimmeraquariums auf das Raumklima des Salons und damit auf das Wohlergehen der Hausbewohner diskutiert. Ob das Aquarienklima auf deren Gesundheitszustand allerdings förderlich oder vielmehr schädlich wirkte, darüber herrschte in der Fachliteratur in den 1870er- und 80er-Jahren keineswegs Konsens. In einem Artikel über „Aquarium und Zimmerluft" von 1876 heißt es hierzu in der Zeitschrift *Isis*: „Wir möchten nicht rathen, ein größres Aquarium [...] in's Schlafzimmer zu stellen; die Ausdünstungen haben dort nur zu leicht nachtheilige Folgen, und namentlich schreiben die Aerzte ihnen die Erzeugung des Wechselfiebers zu".[35] Knapp 20 Jahre später hatte sich diese Ansicht über den schädlichen Einfluss des Aquarienklimas weitgehend in ihr Gegenteil verkehrt: „Die Ansicht Ihrer Frau Gemahlin", schreibt die *Isis*-Redaktion, „daß das aus Ihren drei Aquarien verdunstende Wasser das Zimmer ungesund macht, ist durchaus irrig. Trockene Luft macht den Aufenthalt in dem dann staubigen Zimmer ungesund und ungemüthlich. Da kann ein Aquarium Abhilfe schaffen, es wirkt erfrischend und luftreinigend".[36]

Hier zeigt sich, inwiefern das Aquarium als klimatisches Milieu für die Frage nach ‚gesundem Wohnen' relevant wurde. Ihm wurde die Funktion einer Regulierung nicht (mehr) nur des Raumklimas für sein eigenes ‚inneres Milieu', sondern auch für dessen Umraum übertragen, indem ihm eine aktive Rolle als Ko-Produzent des häuslichen Mikroklimas zugesprochen wurde. Wo sich das Bewusstsein für die klimatische Bedeutung des Aquariums vor dem Hintergrund der architektonischen und techni-

---

33 Vgl. zu dieser Thematik auch Vennen 2013.
34 Vgl. Anonym 1881, S. 290.
35 Anonym 1876, S. 133. Zu den zugrunde liegenden miasmischen Theorien siehe Corbin 1988 sowie Gleich 2015, S. 19–32, insb. S. 24.
36 Luks 1893, S. 36.

schen Debatten um Durchlüftungs- und Heiztechniken schärfte, wurde das Aquarium zugleich zum Testfall eines gesunden Wohnraumklimas. Es galt als Gradmesser, an dem die jeweilige Qualität des Wohnraumklimas unmittelbar anschaulich wurde.

Was sich in diesem Kontext formierte, war ein Umgebungswissen, das sich nicht nur auf das ‚innere' Aquarienmilieu und seinen Referenzraum, den Unterwasserraum, bezog, sondern ebenso auf den konkreten Umraum des Aquariums, das bürgerliche Interieur. Tierliche und menschliche Lebewesen und ihr Milieu wurden auf neue Weise in Abhängigkeit voneinander gedacht. Aquarium und Wohnraum rückten als Experimental- und Lebensräume in ihrer Funktion als eigene klimatische Milieus vor allem in ihren Wechselwirkungen in den Blick. Auf diese Weise wurde das Aquarium selbst Teil der klimatischen Bedingungen des Wohnhauses und des zeitgenössischen städtischen Hygiene-Diskurses.

Angeschlossene Aquarien

Als Ende der 1850er-Jahre erste eigene Durchlüftungsapparate speziell für Heimaquarien auf den Markt kamen, versprachen diese eine noch weitaus effizientere Durchlüftung und Schmutzentfernung für ein ausgeglichenes, ‚gesundes' Aquarienklima als das *balanced aquarium*, das lediglich auf biologisch-chemische Stoffkreisläufe setzte. Die Neuerungen in der Aquarientechnik korrelierten dabei mit kurz zuvor entwickelten Verfahren zur Erneuerung und Verbesserung von Klimatechniken, insbesondere der Belüftungstechniken im Wohnhaus.[37] Aquarium und Wohnhaus zielten als Umgebungen darauf ab, durch die Zirkulation von Luft- und Wasserströmen ein gesundes klimatisches Milieu herzustellen. Während die ersten Durchlüftungsapparate mit Wasserreservoirs arbeiteten,[38] gingen die immer raumgreifenderen Apparaturen ab den 1880er-Jahren insbesondere in Städ-

---

37 Zur Entwicklung der Belüftungstechniken in städtischen Wohnhäusern im 18. und 19. Jahrhundert vgl. Gleich 2015, S. 19–32 sowie ders. 2012, S. 333–345.

38 Zunächst arbeiteten die Durchlüftungsapparate meist mithilfe von zwei Wasserreservoirs, die durch Injektions- und Pressluftdurchlüftung das Wasser bewegten und zugleich Luft hineinpumpten. Für eine ausführliche Beschreibung eines Durchlüftungsapparates vgl. etwa Sasse 1878, insb. S. 142.

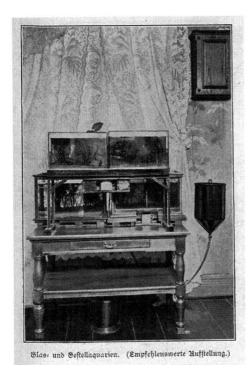

Glas- und Gestellaquarien. (Empfehlenswerte Aufstellung.)

4 Heimische Aquarienanlage mit
Gardine und Attrappen-Wand-
schrank, Fotografie in Johannes
Peters *Das Aquarium*, 1906

ten noch weitere Verbindungen mit den Infrastrukturen der Versorgung ein,
indem sie durch eine Schlauch- oder Bleirohrleitung direkt an die sukzes-
sive installierten Wasserleitungssysteme der Wohnhäuser angeschlossen
wurden. Die mechanisch mit Wasser- und Luftdruck operierenden Appa-
rate sicherten nun eine kontinuierliche und gleichmäßige Bewegung und
Belüftung des Wassers, wodurch die Aquarien buchstäblich am ‚Tropf‘ der
Stadt hingen. Die neuen Technologien und Infrastrukturen machten das
Aquarium zum Teil eines urbanen Kreislaufs. Sie veränderten auch die tägliche Aquarienpraxis, da immer weniger Wasserwechsel nötig waren und die
Heimaquarien durch neue Durchlüftungstechniken zunehmend unabhängig
von ihren Besitzern wurden. Auf der anderen Seite griff die Aquarientechnologie selbst grundlegend in die materielle Anordnung des Hauses, seine
Struktur und Funktionen ein. Aquarium und Wohnhaus waren damit auf
neue Weise miteinander verschränkt und aufeinander angewiesen.

So sehr jedoch die Technik gefeiert wurde, so sehr störte sie zugleich das ästhetische Arrangement im bürgerlichen Salon. Es wurden daher verschiedene Kniffe erdacht, um die Aquarientechnik bestmöglich zu verbergen. Die Ratgeber empfahlen etwa den Zinkkasten des Aquarien-Springbrunnens „von der Gardine verdeckt" anzubringen[39] oder eigens einen kleinen Wandschrank zu bauen, der „eine Schrankimitation ist, ein Kasten in Schrankform, der lediglich den Zweck hat, den darunter hängenden Wasserbehälter zur Speisung eines Springbrunnens zu verdecken [...], so daß das Ganze nun einen sehr gefälligen Anblick gewährt".[40] (Abb. 4)

Die Aquarientechnologie sollte also möglichst an die Saloneinrichtung assimiliert und als Möbelstück ‚getarnt' werden. Sie erfüllte damit ähnliche Funktionen wie das, was später im Kontext des modernen Wohnungsbaus der 1930er-Jahre als „Wohnlichkeitsattrappen" – wie dekorativ platzierte, jedoch unbenutzte Vasen oder Buchattrappen – bezeichnet werden sollte.[41] Während somit die Aquarientechnik in ästhetischer Hinsicht als (scheinbares) Möbelstück selbst zu einer Funktion des Interieurs avancierte, wurde wiederum das Wohnhaus aus technischer Sicht zur „medialen Architektur"[42] des Aquariums. Denn Letzteres griff tief in die Gebäudestruktur der Wohnhäuser ein – von großen Wasserreservoirs im Keller bis zu den Leitungen, die in den Wänden, Decken und Böden teils durch mehrere Zimmer oder bis in den Hof verliefen,[43] um die Verteilung von Luft- und Wasserströmen zu regulieren und im Innern des Aquariums ein ausgeglichenes Klima zu schaffen. Wassertiere im privaten Heim zu halten, bedeutete folglich, die Tiere praktisch und ästhetisch an die Logik von Salonaquarium und Salon anzupassen. In gleichem Maße mussten aber auch das Wohnhaus, seine architektonische Struktur und seine technischen Funktionen auf die jeweiligen Bedürfnisse der Tiere eingestellt werden. Im Behälter einen eingefassten, umgrenzten und klimatisch ausgeglichenen Innenraum herzustellen, setzte nämlich gerade die materielle Unabschließbarkeit des Aquariums voraus.

39 Hess 1886, S. 20.
40 Peter 1906, S. 16.
41 Vgl. Rohde 2015, S. 76–79.
42 Vgl. Schäffner 2010, S. 137–149, hier S. 138. Siehe auch Vogl 2001, S. 115–124.
43 Vgl. Wiesenthal 1879, S. 159–162, insb. S. 161f.

Mareike Vennen

Resümee

In den frühen Aquarien des 19. Jahrhunderts wurden, so ließe sich resümieren, beständig die Grenzen menschlicher und tierlicher Räume im privaten Heim neu verhandelt. Dabei ging es beim Aquarium um Gemeinschaften statt um Individuen. Eben daher bot sich das Aquarium von Anfang an für soziale Übertragungen an, die mit der Frage der Einrichtung auf (Vor-)Bilder von Familie und ‚richtigem‘ Wohnen zielten. Mehr und mehr wurden die aquatischen Lebewesen ins bürgerliche Heim integriert, das Innere des Behälters bürgerlichen Wohnvorstellungen gemäß eingerichtet und das Aquarium selbst als Gegenstand ins Interieur eingepasst. Gleichzeitig mussten Wohnpraxis und Wohnraum an die Bedürfnisse der Wasserwesen angepasst und auf diese eingestellt werden. In dieser Frühphase griff die Aquarienhaltung auf vielfältige Weise in die Alltagspraktiken, die zeitlichen Abläufe des Haushalts und in den Wohnraum selbst ein. Die Diskussionen um ‚geschmackvolle Einrichtung‘ und ‚gesundes Klima‘ im Aquarium wurden Teil des Aquariendiskurses, der wiederum im Austausch mit den damaligen Wohndiskursen stand. Gemeinsam war ihnen der durchaus normativ geprägte Gleichgewichtsgedanke, der auf Ordnung, Maßhaltung und (Selbst-)Disziplinierung als Formen der bürgerlichen Subjektbildung zielte.

So sehr jedoch das Aquarium verbunden war mit der Idee eines selbstregulierten Gleichgewichts, so häufig verkehrte es sich in einen exzessiven Raum. Gleiches galt für die Vorstellung einer klaren hierarchischen Trennung von Innen- und Außenraum, von ‚Natur‘ und Technik, von Tieren und Menschen. Erwies sich doch das, was auf den ersten Blick als handliches, überschaubares Objekt erscheinen mochte, keineswegs als eindeutig eingrenzbar und verortbar: Das Innen war nicht ohne das Außen zu denken – ja die Frage, wo das Innen anfing und das Außen aufhörte, definierte sich beim Aquarium stets aufs Neue. Vom *balanced aquarium* in der Mitte des 19. Jahrhunderts bis zu den technisch angeschlossenen und durchlüfteten Aquarien am Ende des Jahrhunderts bewegten sich Heimaquarien, wenn auch auf je unterschiedliche Weise, zwischen Gleichgewicht und Exzess, zwischen Einhegung und Grenzüberschreitung.

„den Kindern der salzigen Flut bei uns Wohnung zu bereiten"

Literatur

Allen 1994 – David Elliston Allen, The Naturalist in Britain. A Social History, Princeton 1994.

Anonym 1881 – Anonym, Zur Pflege der Goldfische, in: Isis. Zeitschrift für alle naturwissenschaftlichen Liebhabereien 6, 37 (1881), S. 289–290.

Anonym 1876 – Anonym, Aquarium und Zimmerluft, in: Isis. Zeitschrift für alle naturwissenschaftlichen Liebhabereien 1 (1876), S. 133.

Anonym 1857 – Anonym, Terrific Accident, in: Punch 33 (1857), S. 250.

Anonym 1855 – Anonym, Wie er- und behält man den Ocean auf dem Tische, oder das Marine-Aquarium, in: Die Gartenlaube 38 (1855), S. 503–506.

Anonym 1854 – Anonym, Der Ocean auf dem Tische, in: Die Gartenlaube 33 (1854), S. 392.

Bade 1899 – Ernst Bade, Praxis der Aquarienkunde. Süßwasser-Aquarium, Seewasser-Aquarium, Aqua-Terrarium, Magdeburg 1899.

Barber 1980 – Lynn Barber, The Heyday of Natural History (1820–1870), London 1980.

Bateman 1890 – Gregory C. Bateman, Fresh-Water Aquaria. Their Construction, Arrangement, and Management, London 1890.

Berger 2009 – John Berger, Why Look at Animals? [1977], in: ders., Why Look at Animals?, London 2009, S. 12–37.

Bergeret 1884 – Albert Bergeret, Récréations scientifiques. Les Cadres-Aquarium, in: La Nature 583 (1884), S. 144.

Brink 1880 – F. ten Brink, Ueber Herstellung und Pflege von Aquarien, in: Isis 48, 5 (1880), S. 381–383.

Busam 1892 – A. Busam, Gesprungene Aquariumscheiben, in: Blätter für Aquarien- und Terrarien-Freunde 3, 13 (1892), S. 124–125.

Corbin 1988 – Alain Corbin, Pesthauch und Blütenduft. Eine Geschichte des Geruchs, Frankfurt a.M. 1988.

Daston/Galison 2007 – Lorraine Daston u. Peter Galison, Objektivität, Frankfurt a.M. 2007.

Edwards 1858 – Arthur M. Edwards, Life beneath the Waters; or, The Aquarium in America, New York/London 1858.

Friese/Wagner 1993 – Heidrun Friese u. Peter Wagner, Der Raum des Gelehrten. Eine Topographie akademischer Praxis, Berlin 1993.

Gleich 2015 – Moritz Gleich, Vom Speichern zum Übertragen. Architektur und die Kommunikation der Wärme, in: Zeitschrift für Medienwissenschaft 1 (2015), S. 19–32.

Gleich 2012 – Moritz Gleich, Architect and Service Architect. The Quarrel between Charles Barry and David Boswell Reid, in: Interdisciplinary Science Reviews 37, 4 (2012), S. 333–345.

Gosse 1854 – Philip Henry Gosse, The Aquarium. An Unveiling of the Wonders of the Deep Sea, London 1854.

Hamlin 1986 – Christopher Hamlin, Robert Warington and the Moral Economy of the Aquarium, in: Journal of the History of Biology 19, 1 (1986), S. 131–153.

Harter 2014 – Ursula Harter, Aquaria in Kunst, Literatur und Wissenschaft, Heidelberg 2014.

Harter 2002 – Ursula Harter, Le Paradis artificiel. Aquarien, Leuchtkästen und andere Welten aus Glas, in: Wolfgang Kemp, Gert Mattenklott, Monika Wagner u. Martin Warnke (Hg.), Vorträge aus dem Warburg-Haus, Bd. 6, Berlin 2002, S. 77–124.

Hess 1886 – Wilhelm Hess, Das Süßwasseraquarium und seine Bewohner, Stuttgart 1886.

Hibberd 1870 – Shirley Hibberd, Rustic Adornments for Homes of Taste [1856], 3. Aufl., London 1870.

Klingel 1892 – Klingel [Vorname unbekannt], Vorsicht beim Gebrauch von Durchlüftern, in: Blätter für Aquarien- und Terrarien-Freunde 3, 12 (1892), S. 115.

Kranz 2007 – Isabel Kranz, Zur Felsengrotte im Heimaquarium, in: Butis Butis (Hg.), Stehende Gewässer. Medien der Stagnation, Zürich 2007, S. 249–260.

Kranz 2010 – Isabel Kranz, „Parlor oceans", „crystal prisons". Das Aquarium als bürgerlicher Innenraum, in: Thomas Brandstetter, Karin Harrasser u. Günther Friesinger (Hg.), Ambiente. Das Leben und seine Räume, Wien 2010, S. 155–175.

Lachmann 1891 – Hermann Lachmann, Süßwasser-Zimmer-Aquarien, ihre Herstellung und Einrichtung, in: Blätter für Aquarien- und Terrarien-Freunde 2, 3 (1891), S. 24–29.

Lankester 1856 – Edwin Lankester, The Aquavivarium, Fresh and Marine; Being An Account of the Principles and Objects Involved in the Domestic Culture of Water Plants and Animals, London 1856.

Luks 1893 – Luks [Vorname unbekannt], Zimmerluft und Aquarien, in: Natur und Haus 2 (1893), S. 36.

Lutz 1886 – Karl Gottlob Lutz, Das Süßwasseraquarium und Das Leben im Süßwasser, Stuttgart 1886.

Mettenheimer 1860 – C. Mettenheimer, Ueber Seewasseraquarien, in: Der Zoologische Garten 1, 4 (1860), S. 62–66.

Nierhaus u.a. 2013 – Irene Nierhaus, Kathrin Heinz u. Christiane Keim, Verräumlichung von Kultur. wohnen+/–ausstellen. Kontinuitäten und Transformationen eines kulturellen Beziehungsgefüges, in: Andreas Hepp u. Andreas Lehmann-Wermser (Hg.), Transformationen des Kulturellen. Prozesse des gegenwärtigen Kulturwandels, Wiesbaden 2013, S. 117–130.

Nierhaus/Nierhaus 2014 – Irene Nierhaus u. Andreas Nierhaus: Wohnen Zeigen. Schau_Plätze des Wohnwissens, in: dies. (Hg.), Wohnen Zeigen. Modelle und Akteure des Wohnens in Architektur und visueller Kultur (= wohnen+/–ausstellen 1), Bielefeld 2014, S. 9–35.

Nyhart 2009 – Lynn K. Nyhart, Modern Nature. The Rise of the Biological Perspective in Germany, Chicago 2009.

Oertzen u.a. 2013 – Christine von Oertzen, Maria Rentetzi u. Elisabeth S. Watkins, Finding Science in Surprising Places. Gender and the Geography of Scientific Knowledge, in: Centaurus 55, 2 (2013), S. 73–80.

Peter 1906 – Johannes Peter, Das Aquarium. Ein Leitfaden bei der Einrichtung und Instandhaltung des Süßwasser-Aqua-

riums und der Pflege seiner Bewohner, Leipzig 1906.

Reiß 2014 – Christian Reiß, Die Geschichte des mexikanischen Axolotls als Labortier, 1864–1914. Verbreitungswege, Infrastrukturen, Forschungsschwerpunkte, Universität Jena, Diss., 2014 [unveröffentlicht].

Rohde 2015 – Theres Rohde, Die Bau-Ausstellung zu Beginn des 20. Jahrhunderts oder „Die Schwierigkeit zu wohnen", Bauhaus-Universität Weimar, Diss., 2015, PDF-Download unter URL: https://d-nb. info/1117091163/34 [8.12.2017].

Roßmäßler 1857 – Emil Adolf Roßmäßler, Das Süßwasser-Aquarium. Eine Anleitung zur Herstellung und Pflege desselben, Leipzig 1857.

Roth 1907 – Wilhelm Roth, Über eine Aquarieneinrichtung am Wohnzimmerfenster, in: Blätter für Aquarien- und Terrarienkunde 18, 47 (1907), S. 457–470.

Sarasin 2001 – Philipp Sarasin, Reizbare Maschinen. Eine Geschichte des Körpers 1765–1914, Frankfurt a.M. 2001.

Sasse 1878 – Adolf Sasse, Mein Seewasser-Zimmeraquarium, in: Der Zoologische Garten. Zeitschrift für die gesamte Tiergärtnerei 19 (1878), S. 141–148.

Schäffner 2010 – Wolfgang Schäffner, Elemente architektonischer Medien, in: Zeitschrift für Medien- und Kulturforschung 1 (2010), S. 137–149.

Schubert 1880 – Gustav Schubert, Aus dem Aquarium, in: Die Gartenlaube 6 (1880) S. 99–102.

Vennen 2018 – Mareike Vennen, Das Aquarium. Praktiken, Techniken und Medien der Wissensproduktion (1840–1910), Göttingen 2018.

Vennen 2016 – „In a small tank in the heart of London". Mediale Praktiken der Formierung und Formatierung experimentellen Wissens im Heimaquarium (1850–1880), in: Justyna Aniceta Turkowska u.a. (Hg.), Wissen transnational. Funktionen – Praktiken – Repräsentationen, Marburg 2016, S. 99–116.

Vennen 2015 – Mareike Vennen, „Bis es kippt. Versuchsanordnungen im Aquarium zwischen Ästhetik und Ökologie", in: Erika Fischer-Lichte u. Daniela Hahn (Hg.), Ökologie und die Künste, Paderborn 2015, S. 181–197.

Vennen 2014 – Mareike Vennen, „Echte Forscher" und „wahre Liebhaber". Der Blick ins Meer durch das Aquarium im 19. Jahrhundert, in: Alexander Kraus u. Martina Winkler (Hg.), Weltmeere. Wissen und Wahrnehmung im langen 19. Jahrhundert (= Umwelt und Gesellschaft 10), Göttingen 2014, S. 84–102.

Vennen 2013 – Mareike Vennen, Die Hygiene der Stadtfische und das wilde Leben in der Wasserleitung. Zum Verhältnis von Aquarium und Stadt im 19. Jahrhundert, in: Berichte zur Wissenschaftsgeschichte 36, 2 (2013), S. 148–171.

Vogl 2001 – Joseph Vogl, Medien-Werden. Galileis Fernrohr, in: Lorenz Engell u. Joseph Vogl (Hg.), Mediale Historiographien, Weimar 2001, S. 115–124.

Warington 1853 – Robert Warington, On Preserving the Balance between Animal and Vegetable Organisms in Sea Water, in: Annals and Magazine of Natural History 12, 71 (1853), S. 319–324.

Warington 1851 – Robert Warington, Notice of Observations on the Adjustment of Relations between the Animal and Vegetable Kingdoms, by which the Vital Functions of Both are Permanently Maintained, in: Quarterly Journal of the Chemical Society 3 (1851), S. 52–54.

Wessely 2013 – Christina Wessely, Wässrige Milieus. Ökologische Perspektiven in Meeresbiologie und Aquarienkunde um 1900, in: Berichte zur Wissenschaftsgeschichte 36, 2 (2013), S. 128–147.

Wiesenthal 1879 – Paul Wiesenthal, Ein neuer Durchlüftungsapparat für Zimmeraquarien, in: Isis. Zeitschrift für alle naturwissenschaftliche Liebhabereien 4, 20 (1879), S. 159–162.

Ellen Spickernagel
Tastaturen.
Tierplastik für die
Wohnung der Moderne

Zu den Bereichen der Modernisierung um 1900 zählt nicht nur die Ausstattung der Wohnung, sondern auch die Gestaltung der kleinformatigen Tierplastik, die unser besonderes Interesse weckt, weil sie das Mensch-Tier-Verhältnis anders als gewohnt figurierte. Diese Artefakte grenzten sich entschieden gegen die herkömmlichen kunsthandwerklichen Tierfiguren ab, die weiterhin konventionell eingerichtete Wohnräume dekorierten.[1]

Die Bronzeskulpturen sind zwischen 10 und 45 cm klein, mehrere Abgüsse, oft in unterschiedlichen Größen oder etwas abweichender Form, wurden durchweg in der Berliner Gießerei Noack hergestellt. Diese Tierplastik entstand zunächst vor allem im Kreis der Berliner Sezessionist*innen, forciert wurde das Kunst- und Marktsegment von führenden Galeristen wie Paul Cassirer (1871–1926) und Alfred Flechtheim (1878–1937), die die Verbreitung der modernen Kunst, vor allem der französischen, vorantrieben.[2] Innerhalb kurzer Zeit positionierten sich August Gaul, Renée Sintenis, Philipp Harth, Gerhard Marcks, Ewald Mataré u.a. als Spezialisten des plastischen Tierstücks. Das Spektrum der Arten war dabei umfassend: Pferd, Ente, Esel, Schwein, Kuh, Schaf, Huhn, ebenso Tiere kolonialer Herkunft: die in Zoos gehaltenen Giraffen, Strauße, Elefanten, Panther, Tiger (Abb. 1). Als Aufstellungsort

---

1   Die größte Geltung hatte die hier diskutierte Kleinplastik bis zur nationalsozialistischen Kunstdiktatur in den 1930er-Jahren.

2   Ausst.-Kat. Berlin 2009 bietet mit Aufsätzen zu Künstler*innen sowie zahlreichen Abbildungen einen guten Überblick über das Thema.

1 Katalogumschlag zur Ausstellung
„Bestiarium", Georg-Kolbe-Museum
Berlin, 2009

waren Wohnräume zwingend vorgegeben, für das mittlere Format auch
Gärten, und als Brunnenfiguren trugen sie hier und da das moderne
Tierbild in den Stadtraum.

Das Genre wurde 1902 auf der „Ersten Internationalen Ausstellung
für moderne dekorative Kunst" in Turin durch die *Löwin* August Gauls
(1869–1921) in Verbindung mit grundlegend reformierten Raumausstattungen spektakulär in Szene gesetzt (Abb. 2).[3] Erstmalig wurden hier
neben den üblichen Materialgruppen vollständig in einem einheitlichen
Stil gestaltete Interieurs ausgestellt. Den Bruch mit den Interieurs des
Historismus hatten bereits einige Jahre zuvor die in den 1890er-Jah-
ren gegründeten Münchner und Dresdner Werkstätten vollzogen, die
statt der Einzelmöbel geschlossene Raumensembles herstellten. Die
Verbindung von Kunst, Handwerk und Industrie kennzeichnet auch den
1907 gegründeten Deutschen Werkbund, der die Moderne im Bereich
des Wohnens für breitere Schichten durchsetzen wollte.[4] Bruno Paul,
Architekt und Mitbegründer der Münchner Vereinigten Werkstätten
für Kunst im Handwerk, stellte ein Speisezimmer aus, das von Alfred
Flechtheim, der auch die aktuelle Kleinplastik vertrat, für seine Berliner
Wohnung erworben wurde.[5] Die zukunftsweisenden Interieurs, die nach
Parametern wie Sachlichkeit, Einfachheit der Form und Konstruktion,

3 Zur „Ersten Internationalen Ausstellung für moderne dekorative Kunst" in
   Turin siehe Gmelin 1901/02, Fuchs 1902, Arnold 1993, S. 47–54.
4 Vgl. Wichmann 1978 und Nerdinger 2007.
5 Ausst.-Kat. Düsseldorf 1987, Abb. S. 188.

Ellen Spickernagel

2 August Gaul, *Große stehende Löwin,*
   1899–1901, Bronze, 113,5 × 195 cm,
   Museen der Stadt Hanau

Funktionalität und Materialgerechtigkeit gestaltet waren, zielten mit
den verbesserten Wohnverhältnissen auf neue Lebensformen und Men-
talitäten der Bewohner*innen. Die umfassende Modernitätsbewegung
äußerte sich auch in der Beziehung zu Tieren. Im Folgenden wird davon
ausgegangen, dass nicht nur das lebende, sondern auch das medial
vermittelte Tier eine tierethische Haltung bewirken kann. Daher ist zu
fragen, inwiefern Gauls *Löwin,* wie die in Turin präsentierten Interieurs,
modern ist und ob sie, wie auch die nachfolgenden Tierskulpturen anderer Künstler*innen, einen Wandel in der Mensch-Tier-Beziehung der
industriell-urbanen Gesellschaft zum Ausdruck bringt.
  Zunächst ist zu bedenken, dass sich Gaul von zwei gewichtigen ge-
gensätzlichen Richtungen in der Tierplastik zu lösen hatte. Zum einen
stand um 1900 noch immer die Kleinplastik der französischen Animaliers
des 19. Jahrhunderts hoch im Kurs, besonders Antoine-Louis Baryes
(1795–1875) Tierkämpfe von unerhörter Grausamkeit, z.B. zwischen

Löwe und Schlange (22 × 32 cm), die als Allegorien männlicher Macht und Aggressivität gelesen wurden.[6] Zum anderen waren in den mit dekorativen Gegenständen überladenen Interieurs des Historismus kunsthandwerkliche, teils industriell produzierte Tierfiguren verstreut.[7] An die genrehafte Auffassung und den naturalistischen Stil solcher Objekte ließ sich keinesfalls anknüpfen.

Gaul präsentierte 1902 die monumentale Fassung der *Löwin* (113 × 195 cm), die ein Jahr vorher in der Ausstellung der Berliner Sezession Aufsehen erregt hatte. Zuvor und danach schuf er mehrere Versionen in kleinerem Maßstab.[8] In Turin stand die *Löwin* auf einem Sockel im Zentrum eines nobel ausgestatteten Raumes, der nach ihr benannten Sala della Lionessa.[9] Warum wurde das Werk derartig in einer Ausstellung hervorgehoben, die den allseitigen Fortschritt, so auch in den Sektionen für Fotografie und für Autodesign, verkündete? Es gibt zwei Gründe: Der erste betrifft das Geschlecht, der zweite die plastische Form. Unerhört war das Auswechseln des Löwen gegen die Löwin. Jahrhundertelang hatte er in der Bildwelt geherrscht, war mit allegorischen und literarischen Zuschreibungen befrachtet worden, hatte männliche Macht und Herrschaft repräsentiert. Mit gewaltiger Mähne, muskelbewehrt und exzessiv bewegt, traten die zeitgenössischen neobarocken Löwen in Denkmälern und Brunnenanlagen auf. Einige Jahre zuvor hatte auch Gaul für das Berliner Kaiser-Wilhelm-Nationaldenkmal zwei solcher Exemplare geschaffen. Nun war hier mit der Machtstellung auch der höchste Rang in der Geschlechterhierarchie eliminiert. Die Löwin hatte niemals mit solcher Herrlichkeit konkurriert, qua Geschlecht war sie nicht bedeutend und eignete sich nicht als Projektionsfeld von Größenfantasien. Die Dominanz des Männlichen schwand, ohne dass weibliche Stereotypen, etwa Mütterlichkeit, an seine Stelle traten. Auch Renée Sintenis (1888–1965) schuf keinen Rehbock, sondern Ricken, lieber Fohlen als Pferde, das Ross hatte das Nachsehen. So also behauptete sich in Turin erstmalig das weibliche Geschlecht in einer bedeutenden tierlichen Skulptur. Eine in Bremen aufbewahrte kleinere Fassung der Löwin (37 × 53 cm) von 1911 stimmt mit der Turiner weitgehend überein.[10] Die

---

6 Vgl. Sonnabend 1988, Kat.-Nr. 23 mit Abbildung.
7 Koch 1926, Einführung, o.S., empfiehlt „sprechende Raumsituationen", in denen „das Genrehafte, das Anekdotische" betont wird.
8 Vgl. Gabler 2007, Kat.-Nr. 50–52.
9 Vgl. Ausst.-Kat. Berlin 1999, S. 62.
10 Abgebildet in Gerkens 1981, Kat.-Nr. 57. Im Hinblick auf Form und

Löwin steht ruhig da. Säulenhaft fest sind die vorderen Beine aufgestellt, die hinteren in einer Stellung, von der ein Impuls zum gestreckten Hals und vorgereckten Kopf ausgeht, sodass der Eindruck potenzieller Bewegung entsteht. Das Volumen des tektonisch geprägten Körpers ist reduziert, die Kontur vereinfacht, die Binnenmodellierung ist subtil. Diese Formensprache, die den rhetorischen Naturalismus des Neobarock endgültig überwand, wurde für die modernen Tierbildhauer*innen wegweisend.

Gerhard Marcks (1889–1981) schuf 1907 einen Falken von 29,4 cm Größe.[11] Er ist aus wenigen gewölbten Partien aufgebaut, die durch tiefe oder zarte Kerben voneinander getrennt sind. Aus dem Felsen in der Natur ist ein kantiger Sockel geworden, in den sich die Krallen des Tieres einschlagen. Der gewölbte Körper und die Flügel mit ihrer fein strukturierten, gleichsam gefiederten Oberfläche weisen einen hohen Grad der Stilisierung auf. Die abstrahierende Umformung der Naturvorbilder, die eine primär tastbare Form generiert, egalisiert die unvergleichlichen Arten, und so machen die kubische Geschlossenheit und das kleine Format Richard Scheibes *Hasen* (1910) und Philipp Harths *Jaguar* (1932) zu Verwandten.[12] Das Format der Tierstücke ist unserer Hand angepasst, die vereinfachte, vollplastische Form und die meist glatte, polierte Bronze laden umso mehr dazu ein, die Statuetten zu ergreifen und abzutasten, als sie ohne Sockel entworfen sind und daher beweglich wirken. Die Hand umschließt bauchige Formen, gleitet über Wölbungen, fährt entlang von Kanten, die Fingerspitzen spüren unterschiedlich strukturierte Oberflächen. So bieten uns diese ‚Tastaturen‘ einen abwechslungsreichen sinnlichen Kontakt. Das ästhetische Vergnügen besteht weniger in der visuellen Wahrnehmung eines naturähnlichen Artefakts als vielmehr in seiner Belebung durch Haut und Hand. Dabei ist das Sehen nicht ausgeschlossen, denn die primär okulozentrische Kunstwahrnehmung ist zugleich taktil. Es kommt auf den haptischen Blick an, der die Tierstücke abtastet.[13]

Die erstrebten taktilen Empfindungen weisen über die Sphäre der Kunst hinaus auf die in der zeitgenössischen Gesellschaft forcierte Nähe

---

Funktion der Kleinplastiken sind die Einführung von Gerkens und die Erläuterungen zu den ausgewählten Tierplastiken aufschlussreich, vgl. ebd., S. 1–5.

11 Vgl. Hartog 2009, S. 77–85.
12 Vgl. Eckstein 2009, Ausst.-Kat. Mainz 1985, Kat.-Nr. 13.
13 Museum Tinguely 2016. Auch aus technischen, das Material Bronze betreffenden Gründen sind Berührungen zu vermeiden.

zu Tieren sowohl im privaten Bereich als auch in öffentlichen Institutionen wie dem Zoo. Bekanntlich stieg in den Städten seit der Industrialisierung im 19. Jahrhundert die Zahl von Heimtieren, besonders Hund und Katze, signifikant, sodass von einem Massenphänomen gesprochen werden kann. Pascal Eitler erhellt die breitenwirksame Emotionalisierung von Mensch-Tier-Beziehungen in dieser Epoche.[14] Die Tierliebe, die Vertrautheit und Kontrolle umfasste, schloss Gewalt keineswegs aus, aber der körperliche Kontakt beim Füttern, Pflegen, Streicheln, Ausführen festigte affektive Bindungen und wechselseitige Wertschätzung. Die Kinder wuchsen, nicht zuletzt durch pädagogische Anreize, in diese Beziehung hinein. Sie begehrten kein Spielzeug so sehr wie die weichgestopften Spieltiere, die in dieser Zeit auf den Markt kamen.[15] Um 1900 nahm der Teddybär seinen beispiellosen Aufstieg, er förderte den frühkindlichen Tastsinn und mit ihm die affektive Zuwendung zu Heimtieren. Indem Kinder, sei es zärtlich oder gewaltsam, das flauschige Wesen ergriffen, betasteten und bewegten, wurde es lebendig. Im späteren Leben konnte der Tastsinn, der erste und älteste Sinn, die Interaktion zwischen Kunstwerk und Rezipient*innen evozieren.

Was die öffentlichen Kontakte mit Tieren betrifft, so war in den Zoos Gewalt erlaubt, nicht zuletzt, um die wichtigste Aufgabe, die Massenunterhaltung, zu erfüllen.[16] Den Besucher*innen wurde ein geradezu epidemischer Zugriff auf die Tiere verschafft. Das Füttern durch Gitter hindurch verschaffte die begehrte Berührung von Fellen, Zungen, Rüsseln, Händen. Zu den Hauptattraktionen für Erwachsene und Kinder zählten die körperlichen Quälereien der „durch ständige Rohheiten und Neckereien des Publikums nervös überreizten und bös gemachten Tiere".[17] Wie aber legten Bildhauer*innen das vielfach angemaßte Verfügungsrecht über Tiere aus? Welche Beziehungen gingen sie zu ihren Modellen ein? Bezeugt sind Nähe und Empathie zu eigenen oder zu Zootieren; Fotografien mit Hund, Löwenkind, Esel etc. zeigen eine Tierfreundlichkeit, welche die enge private Bindung nicht von der professionellen trennt. Über das persönliche Leben hinaus aber ging es darum, ein spezielles Berufsbild zu generieren. Dieser Absicht dient

---

14 Eitler 2013, S. 40–43.
15 Vgl. Pfeiffer 2005.
16 Siehe Baratay/Hardouin-Fugier 2000, S. 145.
17 Knottnerus-Meyer 1901, S. 371.

eine Erzählung des Bildhauers Philipp Harth (1885–1968), die in der kunstgeschichtlichen Literatur stets zur Anekdote abgehobelt wird, die jedoch – als Künstlerlegende gelesen – das Konzept der Tierbildhauer darlegt.[18] Auf einer Wanderung in der römischen Campagna im Jahr 1925 gelangte Harth durch Zufall zu einem Gehege mit Kamelen. Die Tiere fesselten ihn derartig, dass er Rom und seine Sehenswürdigkeiten vergaß und „nur noch die Kamele im Sinn hatte". Seine Erzählung kulminiert in dem Wunsch: „Ein Kamel möchte ich schon sein".[19] Es ist offensichtlich, dass Harth dem sanktionierten Muster religiöser Konversionen folgt: Eine höhere Macht schenkte Augustinus, Paulus, Hubertus unerwartet eine Erleuchtung, die sie in andere Menschen, in Heilige, verwandelte. Harth, der zuvor zwischen verschiedenen Themen und Stilen gewechselt hatte, bescheinigt sich eine vergleichbar radikale Abwendung von seiner Vergangenheit und die vollständige ‚Bekehrung' zum Tierbildner. Für die deutschen Künstler*innen war die Campagna jahrhundertelang das Land der Sehnsucht und der Reisen und bevorzugtes Sujet der idealen Landschaftsmalerei. Nun aber vertreiben die ihren Herkunftsländern entrissenen Kamele die Hirten, Kühe, Schafe, Ziegen Arkadiens, und es entsteht ein Raum, in dem die etablierten Grenzen aufgehoben und Künstler und Tier durchlässig füreinander sind.

Dies galt auch für Renée Sintenis, wie ein Zeitgenosse erkannte: „In einer vernünftigeren besseren Welt [...] würde sie selbst ein Fohlen sein".[20] Auf einer Weide stand sie still vor einer Gruppe junger Pferde, die dicht an sie herankamen. „Eins fasste nach einem Knopf am Mantel, eines schnupperte an der Tasche [...,] viele standen und sahen nur her."[21] Die Tiere kommunizieren mit allen Sinnen: Sie sehen, riechen, tasten die Künstlerin gleichsam ab. So kehren sie die normative Konstellation um: Nun ist die Künstlerin passiv, die Modelle sind aktiv. Der Ort der Begegnung ist der menschliche und der nichtmenschliche Körper. Was bedeutete es für die künstlerische Arbeit, die Grenze zwischen menschlichen und nichtmenschlichen Wesen zu öffnen? Grundlegend blieb die einfühlsame und ausdauernde

---

18 Pavel 2009 wiederholt die Erzählung, ohne sie als Legende zu kennzeichnen.
19 Zit.n. ebd., S. 95.
20 Zit.n. Berger 2009, S. 71.
21 Zit.n. ebd., S. 67. Zu Sintenis vgl. Buhlmann 1987.

3 Renée Sintenis, *Bellender Hund*
(*Höllenhund*), 1928/29, Bronze,
8,5×16×6 cm, Georg-Kolbe-Museum
Berlin (links); Käthe Augenstein,
Renée Sintenis, 1932 (rechts)

Betrachtung individueller Gestalten, der Bewegungen, des Verhaltens, das
Studium des Körperbaus. Weiterhin waren die Skizzen und Studien ‚nach
der Natur' unverzichtbar. Aber die Künstler*innen spielten deren Funktion
herunter, indem sie betonten, dass sie im Atelier aus der Erinnerung gestalten würden – so Sintenis: „Ich kann die Natur bei meiner Arbeit nicht brau-
chen".[22] Auf einer Fotografie sehen wir die Herstellung des in der Länge nur
8,5 cm messenden *Bellenden Hundes* (*Höllenhund*) von 1928/29 (Abb. 3). Das
Wachsmodell liegt passgenau in ihrer Hand. Das erhobene Hinterteil und
die rasante Absenkung des Rückens vermitteln uns den spontanen Druck
des modellierenden Daumens, die gebuckelte Oberfläche vergegenwärtigt
das rasche Auftragen des Werkstoffs. So bewahrt die Oberfläche Spuren
des Arbeitsprozesses. Jenseits von Anschauung und Reflexion geht aus der
Hand das Hündchen hervor, wird der Graben zwischen Produzentin und
Produkt hinfällig.

22   Zit.n. Berger 2009, S. 67.

Auch Harth bestand auf der Distanz zum leibhaftigen Tier. Seine intensiven Naturbeobachtungen hielt er nicht in Skizzen fest, sondern prägte sich deutliche Erinnerungsbilder ein, die er in Zeichnungen formal
analysierte.[23] Die Zeichnung zum *Kamel* (1925) zeigt die Durchdringung
der Gestalt mit stereometrischen Körpern, wie Kegel, Kugel, Zylinder,
sodass ein festes Gerüst für die 40 cm hohe Plastik gewonnen ist und die
zwischen Stehen und Schreiten schwankende Gestalt auf hohen Beinen
ohne Plinthe stehen kann (Abb. 4).

Der *Jaguar* (1932, 20 × 10 cm) mit seiner einladend kompakten Form
und geglätteten Oberfläche ist in ruhiger Sitzhaltung wiedergegeben.
Die säulenhaft gerade aufgestellten Vorderbeine sind eng an den Körper
gezogen und fügen sich der statisch anmutenden, einfach umrissenen
Gesamtform ein. Aber in dem vorgereckten Kopf ist die Anspannung
spürbar, die zum Sprung führen wird. So begegnen sich die artspezifische
Form und Bewegung der Raubkatze und das konstruktive Gestaltungs-
prinzip des Künstlers, zu dem seine Ausbildung bei den Architekten Peter
Behrens (1868–1940) und Hermann Muthesius (1861–1927) ihn befähigte.

Nicht nur für Bildhauer*innen, auch für Maler*innen war die
Mensch-Tier-Dichotomie obsolet geworden. Franz Marc (1880–1916)
formulierte die für alle entscheidende Frage und Kritik: „Wie sieht ein
Pferd die Welt oder ein Adler, ein Reh oder ein Hund? Wie armselig, seelenlos ist unsere Konvention, Tiere in eine Landschaft zu setzen, die unseren Augen zugehört, statt uns in die Seele des Tieres zu versenken, um
dessen Bilderkreis zu erraten?"[24] Der die Epoche prägende Einfluss von
Friedrich Nietzsche (1844–1900) und Charles Darwin (1809–1882), nach
dem die Welt der Menschen, der Tiere und der Pflanzen nicht für sich
allein stehen, sondern füreinander offen sind, war auch für Marcs Kunst
ausschlaggebend.[25] In einem systematisch reflektierten Arbeitsprozess
setzte er sich mit der körperlich-sinnlichen Dimension auseinander, für
die das Thema des weiblichen Aktes zentral war. Man hat zwar registriert,
dass weibliche Akte in seinen Skizzenbüchern und Gemälden bis 1910
eine ähnlich große Rolle spielen wie Tiermotive, aber nicht versucht, den

---

23 Vgl. Heist 1974, S. 13. Zu Harth siehe auch Ausst.-Kat. Bremen 1977
    und Ausst.-Kat. Mainz 1985.
24 Zit.n. Hoberg 2004, S. 42.
25 Siehe Lemm 2012.

4 Philipp Harth, *Kamel*, 1925, Bronze,
37,5 × 49 cm, Mittelrheinisches Landes-
museum Mainz (links); Philipp
Harth, *Kamel*, Bleistiftzeichnung,
Mittelrheinisches Landesmuseum
Mainz (rechts)

Zusammenhang zu erhellen.[26] Es ist offensichtlich, dass Marc die tradierte Ikonografie der *Drei Grazien* sowohl auf die *Badenden Frauen* als auch
auf die *Drei Rehe* übertrug, mithin den erotischen Appell der Akte in der
Gestalt der Rehe refigurierte. Der *Akt mit Katze* – ein schwerer Körper
in embryonaler Haltung – spiegelt sich im kompakten Leib des *Weißen
Stiers*.[27] Häufig löste Marc die weiblich markierten Rundformen vom Vorbild und verschränkte ihre Haptik mit animalischen Formen. Doch er

26 Vgl. Hoberg 2004, S. 29.
27 Ebd., Abb. S. 29, 31, 126, 135.

blieb nicht bei diesem Konzept, um 1910 gab er das Sujet des weiblichen Körpers auf mit dem Ziel, ein Tierbild jenseits der Vermenschlichung zu entwickeln.

Was die plastischen Figuren betrifft, so ist nach ihrer Beziehung zur Wohnung und zu den Bewohner*innen zu fragen. Es zeigt sich, dass im zeitgenössischen Diskurs die Autonomie der Skulptur, unabhängig vom Maßstab, eine große Rolle spielte. Architekt*innen und Bildhauer*innen der Avantgarde gaben die tradierte Unterordnung der Skulptur auf zugunsten einer spannungsvollen Beziehung zwischen funktional gebundener Architektur und autonomem Bildwerk. Sie bezogen Großskulpturen in repräsentative Bauten ein. Mies van der Rohes Barcelona-Pavillon (1929) bot einer Großplastik Georg Kolbes Raum, ein Torso von Wilhelm Lehmbruck stand vor der Onyxwand der Villa Tugendhat in Brünn und Richard Scheibes weiblicher Akt (1932) im Schwimmbad von Martin Elsässers Landhaus Reemtsma in Hamburg.[28] Ebenso sollten die innovativen Statuetten in Wohnräumen einen hohen Rang erhalten. Kritisiert wurde die Fülle gefälliger, rein dekorativer Artefakte, an ihre Stelle sollten einige wenige Kunstwerke treten, oft nur ein Einzelstück. Aber dieses sollte bedeutsam sein und in der effektvollen Kargheit des Innenraums seine Wirkung entfalten.[29] Eine Berliner Wohnung von 1930 mit einer auf dem Schreibtisch platzierten Bronzeplastik entspricht diesen Empfehlungen (Abb. 5). Mies van der Rohe entwarf sämtliche Möbel und das subtile Farb- und Materialkonzept, gab Leere und Licht und eine Raumordnung vor, welche die Forderung eines „befreiten Wohnens" einlösten.[30] Es wäre allzu kurz gegriffen, dieses avantgardistische Konzept allein auf den Menschen zu beziehen und sein Verhältnis zum Tier, das sich in dieser Epoche zu größerer Nähe und Empathie entwickelte, auszublenden.

Die kleinen Kunstwerke wirkten befreiend, denn sie überwanden das starre, das anthropomorphe Tierbild und setzten die eingefleischten bipolaren Muster weiblich – männlich, wild – domestiziert, heimisch – kolonial außer Kraft. Die zahlreichen Tierarten ähneln sich, da sie ihr jeweiliges tradiertes Image zugunsten einer moderaten Anmutung auf

28 Zu Kolbes Statue *Morgen* im Garten des Barcelona-Pavillons siehe ausführlich Beckmann 2006.

29 Siehe Müller-Wulckow 1930, S. 12.

30 Vgl. Köhler/Maruhn 1996, Giedion 1985.

5　Marta Huth, Wohnung Stefanie Hess
(1930 von Mies van der Rohe eingerichtet)

der Skala des Friedfertigen, des Freundlichen, manchmal des Heiteren unterlaufen. Es entsteht eine von Zuschreibungen und Vorurteilen freie Tierheit, deren körperlich-sinnliche Qualität eine Wechselbeziehung zwischen Kunstwerken und Rezipient*innen initiiert. Ein Schriftsteller notierte: „Man kann diese Figuren [von Sintenis, E.S.] vor sich auf den Tisch stellen, man kann sie in die Hand nehmen, man kann sich daran freuen, sie haben einen Zweck."[31] Der Kunsthistoriker Wilhelm Reinhold Valentiner schrieb über einen Esel von Sintenis: „Die Kinder streicheln ihn, Kinderhände tragen zu einer schönen Patina bei, reizvoll wie Gold."[32] Sie partizipieren am Kunstwerk, so wie Bewohner*innen Berlins an Gauls berühmtem Entenbrunnen von 1911, der die Bezeichnung „Streichelbrunnen" erhielt.[33] In seiner Grabrede auf August Gaul im Jahr 1921 sagte Max Liebermann über dessen „vollendete Kunstwerke": „Jede seiner kleinen

31　Bushart 1992, S. 146, Anm. 64.
32　Zit. n. Buhlmann 1987, S. 55.
33　Ausst.-Kat. Berlin 1999, Abb. S. 41.

Tierplastiken möchten wir mit zärtlicher Hand liebkosen: Sie gehen uns zu Herzen, weil der Meister ihnen seine Liebe eingeflößt hat."[34] Ähnlich wie der Maler sieht Maurice Merleau-Ponty (1908–1961) die Bedeutung des Tastens: Es ist nicht vom eigenen Leib ablösbar, aber es ermöglicht die Erfahrung von Zwischenleiblichkeit und ist mit Intimität und Emotionalität verbunden.[35] Es kommt bei der Kleinplastik nicht in erster Linie auf Betrachtung, Sprache, Vernunft an, entscheidend ist vielmehr der den Tierfiguren implizite Anteil der Rezipient*innen, denn er kann im Alltag zu einer tierethischen Haltung werden. Von heute aus zeigt sich die Bedeutung der modernen Wohnung und der Kleinplastik nicht zuletzt darin, dass ihr Zusammenspiel auf die Möglichkeit einer besseren Beziehung zwischen menschlichen und tierlichen Wesen verweist.

34   Zit. n. Ausst.-Kat. Berlin/München 1979, S. 436.
35   Vgl. Museum Tinguely 2016.

Literatur

Arnold 1993 – Klaus-Peter Arnold, Die Erste Internationale Ausstellung für moderne dekorative Kunst in Turin 1902, in: ders., Vom Sofakissen zum Städtebau. Die Geschichte der deutschen Werkstätten und der Gartenstadt Hellerau, Dresden/Basel 1993, S. 47–54.

Ausst.-Kat. Berlin 2009 – Ursel Berger u. Günter Ludwig (Hg.), Bestiarium. Tierplastik deutscher Bildhauer des 20. Jahrhunderts, Sammlung Karl H. Knauf, Ausst.-Kat. Georg-Kolbe-Museum Berlin, 26.4.–21.6.2009, Berlin 2009.

Ausst-Kat. Berlin 1999 – Ursel Berger (Hg.), Der Tierbildhauer August Gaul, Ausst.-Kat. Georg-Kolbe-Museum Berlin, 27.06.–19.09.1999, Berlin 1999.

Ausst.-Kat. Berlin/München 1979 – Sigrid Achenbach u. Matthias Eberle (Hg.), Max Liebermann in seiner Zeit, Ausst.-Kat. Nationalgalerie Berlin, Staatliche Museen – Preußischer Kulturbesitz, 6.9.–4.11.1979, Haus der Kunst München, 14.12.1979–17.2.1980, München 1979.

Ausst.-Kat. Bremen 1977 – Martina Rudloff u. Gerhard Gerkens (Hg.), Tiere. Philipp Harth, Gerhard Marcks und die deutsche Tierplastik, Ausst.-Kat. Gerhard-Marcks-Stiftung Bremen, 21.8.–1.11.1977, Bremen 1977.

Ausst.-Kat. Düsseldorf 1987 – Kunstmuseum Düsseldorf (Hg.), Alfred Flechtheim. Sammler, Kunsthändler, Verleger, Ausst.-Kat. Kunstmuseum Düsseldorf, 20.9.–1.11.1987, Düsseldorf 1987.

Ausst.-Kat. Mainz 1985 – Berthold Roland (Hg.), Philipp Harth zum 100. Geburtstag. Tiere in der deutschen Plastik des 20. Jahrhunderts, Ausst.-Kat. Mittelrheinisches Landesmuseum Mainz, 28.4.–9.6.1985, Mainz 1985.

Baratay/Hardouin-Fugier 2000 – Eric Baratay u. Elisabeth Hardouin-Fugier, Zoo. Von der Menagerie zum Tierpark, Berlin 2000.

Beckmann 2006 – Claudia Beckmann, Die Statue Morgen im Barcelona-Pavillon, in: Ursel Berger u. Thomas Pavel (Hg.),

Barcelona-Pavillon. Mies van der Rohe und Kolbe, Architektur und Plastik, Berlin 2006, S. 34–92.

Berger 2009 – Ursel Berger, „Selbst ein Fohlen sein". Die Tierbildhauerin Renée Sintenis, in: Ausst.-Kat. Berlin 2009, S. 65–75.

Buhlmann 1987 – Britta E. Buhlmann, Renée Sintenis. Werkmonografie der Skulpturen, Darmstadt 1987.

Bushart 1992 – Magdalena Bushart, Der Formsinn des Weibes. Bildhauerinnen in den zwanziger und dreißiger Jahren, in: Berlinische Galerie (Hg.), Profession ohne Tradition. 125 Jahre Verein der Berliner Künstlerinnen, Berlin 1992, S. 135–150.

Eckstein 2009 – Beate Eckstein, Tierplastik im Werk Richard Scheibes, in: Ausst.-Kat. Berlin 2009, S. 53–63.

Eitler 2013 – Pascal Eitler, Tierliebe und Menschenführung. Eine genealogische Perspektive auf das 19. und 20 Jahrhundert, in: Tierstudien 3 (2013), S. 40–48.

Fuchs 1902 – Anonym [Georg Fuchs], Die Wohnräume der deutschen Abteilung, in: Alexander Koch (Hg.), Erste Internationale Ausstellung für moderne dekorative Kunst in Turin 1902, Darmstadt/Leipzig 1902, S. 149–156.

Gabler 2007 – Josephine Gabler, August Gaul. Das Werkverzeichnis der Skulpturen, Berlin 2007.

Gerkens 1981 – Gerhard Gerkens (Hg.), Was ist Kleinplastik? Das kleine Format in der Bildhauerkunst, Bremen 1981.

Giedion 1985 – Siegfried Giedion, Befreites Wohnen, hg.v. Dorothee Huber, Frankfurt a.M. 1985.

Gmelin 1901/02 – Gmelin, T., Die 1. Internationale Ausstellung für moderne dekorative Kunst in Turin 1902, in: Kunst und Handwerk 52 (1901/02), S. 293–316, 325–342.

Hartog 2009 – Arie Hartog, „Nicht abstrakt, sondern Extrakt". Zu den Tierplastiken von Gerhard Marcks, in: Ausst.-Kat. Berlin 2009, S. 77–85.

Heist 1974 – Walter Heist, Der Bildhauer Philipp Harth, Mainz 1974.

Hoberg 2004 – Annegret Hoberg, Franz Marc – Aspekte zu seinem Werk, in: Annegret Hoberg u. Helmut Friedel (Hg.), Franz

Ellen Spickernagel

Marc. Die Retrospektive, Ausst.-Kat. Lenbachhaus München, München u.a. 2004, S. 9–42.

Knottnerus-Meyer 1901 – Theodor Knottnerus-Meyer, Allerlei Beobachtungen aus dem Affenhaus des Hannoverischen Zoologischen Gartens, in: Der Zoologische Garten 42 (1901), S. 354–371.

Köhler/Maruhn 1996 – Jan Thomas Köhler u. Jan Maruhn, „Less is more", Wohnung Hess, Berlin, in: Bauhaus-Archiv Berlin (Hg.), Berliner Lebenswelten der zwanziger Jahre. Bilder einer untergegangenen Kultur, photographiert von Marta Huth, Frankfurt a.M. 1996, S. 80–83.

Lemm 2012 – Vanessa Lemm, Nietzsches Philosophie des Tieres. Kultur, Politik und die Animalität des Menschen, Zürich 2012.

Müller-Wulckow 1930 – Walter Müller-Wulckow, Die deutsche Wohnung der Gegenwart, Königstein i.T./Leipzig 1930.

Museum Tinguely 2016 – Prière de toucher. Der Tastsinn der Kunst, Museum Tinguely, Basel, 2016, URL: http:/www.artin.de/incmu2.php?id=4941 [10.4.2016].

Nerdinger 2007 – Winfried Nerdinger (Hg.), 100 Jahre deutscher Werkbund 1907–2007, München/Berlin 2007.

Pavel 2009 – Thomas Pavel, „Ein Kamel möchte ich schon sein". Der Tierbildhauer Philipp Harth, in: Ausst.-Kat. Berlin 2009, S. 95–98.

Pfeiffer 2005 – Günther Pfeiffer, 125 Jahre Steiff-Firmengeschichte, Königswinter 2005.

Sonnabend 1988 – Martin Sonnabend, Antoine-Louis Barye (1795–1875). Studien zum plastischen Werk, München 1988.

Wichmann 1978 – Hans Wichmann, Aufbruch zum neuen Wohnen. Deutsche Werkstätten und WK-Verband 1898–1970, Basel/Stuttgart 1978.

143

Barbara Schrödl

Ab ins Körbchen?
Das Wohnen mit und
von Hunden zu Beginn
des 21. Jahrhunderts

In diesem Beitrag untersuche ich das aktuelle Wohnen mit und von Hunden. Welche Trends lassen sich beobachten? Wie werden Hundeliegeplätze gestaltet, wo werden sie positioniert, welche Bedeutung wird ihnen im Kontext der Veränderungen des Wohnens zugewiesen und welche Handlungen werden durch diese An-Ordnungen gefördert? Welche Rolle spielen die Bedürfnisse der Halter*innen und welche Rolle spielen die den Tieren zugeschriebenen Bedürfnisse? Was sagen die Objekte über das Verhältnis zwischen Menschen und Hunden aus? Und welchen Einfluss nehmen die Tiere auf die Entscheidungen?

Bis vor wenigen Jahren waren Fragen der Gestaltung und Platzierung von Hundeliegeplätzen recht einfach zu beantworten: Wurde der Hund vorwiegend als ein Nutztier – etwa als Wachhund – angesehen, so wurde ihm in der Regel ein Platz außerhalb der Wohnräume seiner Besitzer*innen in Form eines Zwingers oder einer Hundehütte zugewiesen. Wurde der Hund dagegen als Sozialpartner verstanden, so wurde er üblicherweise in Familien gehalten und ihm ein Körbchen, ein Kissen oder eine Decke im Treppenhaus bzw. Flur als dem Verkehrsknotenpunkt des Heims eingerichtet.[1] Dafür wurden im Handel spezielle Produkte angebo-

---

1   Zur Indoor-Hundehaltung der Familienhunde in der Stadt siehe Kitchenham-Ode 2003. Auf dem Land wurde der Familienhund nachts oftmals in einer Hundehütte oder einem Zwinger im Garten oder Hof untergebracht, während er sich tagsüber in den Wohnräumen der Familie aufhielt.

ten oder von den Hundebesitzer*innen Kisten, Körbe, Kissen und Decken umfunktioniert. Zudem ruhten viele Hunde auf Bettvorlegern, Teppichen, Sofas oder Sesseln und schliefen in Betten ihrer Besitzer*innen, ohne dass dies zu spezifischen Designlösungen geführt hätte.

Mittlerweile existiert jedoch ein breites Angebot von Liegeplätzen mit unterschiedlichsten Funktionen für nahezu jeden Ort des Heims, aus dem – passend zu Raumangebot, Lebensstil und Kontostand – ausgewählt werden kann und muss. Zudem kursieren zahlreiche Anregungen für Do-it-yourself-Lösungen. Die neue Vielfalt umfasst Zwinger, Hütten, Pools, Liegen, Matten, Decken, Kissen, Betten, Körbchen, Hütten, Einbaumöbel, Wohnlandschaften, Kombinationsmöbel sowie Mensch-Hund-Möbel in unterschiedlichsten Größen, Preisklassen, Formen und Materialien für den Gebrauch im Innen- wie im Außenbereich. Ein immer größerer Teil der Hundebesitzer*innen, so zeigt meine Recherche, nutzt für Information und Kauf das Internet: Vertriebsplattformen für Hundezubehör, Internetshops für Möbel, Internetseiten von Wohnzeitschriften, Wohnblogs und Blogs von Hundeliebhaber*innen. Hier sind neben großen, etablierten Anbietern auch kleine, innovative Unternehmen vertreten und Gleichgesinnte präsentieren ihre DIY-Ideen. Ergänzend dazu lässt sich in einigen Wohn-, Architektur-, Hunde- und Reisezeitschriften sowie Fotobüchern zum Wohnen mit Hunden Material finden.[2]

Das Heimtier Hund

Die Haltung eines Hundes als Heimtier wurde im 19. Jahrhundert modern, ja fast zum Bestandteil der westlichen, städtisch-bürgerlichen Lebensweise. Maren Möhring betont, dass den Hunden „eine zentrale Rolle im emotionalen Regime der bürgerlichen Familie", dem „doing family", zukam.[3] Mit Blick auf die Bedeutung für die familiäre Gefühlswelt ordnet sie dem

---

2   Durchgesehen wurden für diesen Aufsatz der Jahrgang 2016 der Zeitschriften *Schöner Wohnen, Living at Home, Architektur und Wohnen, Dogs* und *Merian* sowie die Bücher *Luxury für Dogs* (Perfall 2007) und *Wohnen mit Hund. Besondere Menschen und ihre besten Freunde* (Perfall/Hölper 2014).

3   Möhring 2015, S. 369. Unter „doing family" verstehe ich mit Maren Möhring die aus der Abgrenzung zwischen Innen und Außen hervorgehende Formierung der Familie zu einer Einheit sowie die damit einhergehende Emotionalisierung des Familienlebens, vgl. ebd.

Hund und der bürgerlichen Hausfrau ähnliche Funktionen zu.[4] In der
Zwischenkriegszeit entwickelte sich die Haltung eines Hundes als Heimtier dann zu einem gesamtgesellschaftlichen Phänomen,[5] blieb jedoch bis
Ende des 20. Jahrhunderts weiterhin eng mit der Familie verbunden. In
Deutschland beispielsweise lebten noch in den 1990er-Jahren 86 Prozent
der Hunde in Familienhaushalten.[6] Ihre Rolle war allerdings eine andere als im Bürgerhaushalt des 19. Jahrhunderts. Die Familiengeflechte
hatten sich inzwischen verändert: Nicht mehr die Hausfrau, sondern die
teil- oder vollzeiterwerbstätige Familienmanagerin bildete das Ideal und
die Familiengeflechte gestalteten sich entsprechend um. Die frei gewordene Stelle der sorgenden Hausfrau wurde nun in emotionaler Hinsicht
zum Teil vom Familienhund eingenommen.[7] Wie früher die Hausfrau
fungierte er als Zentrum der Familie: begrüßte die Heimkommenden
bzw. verabschiedete die Fortgehenden. Man könnte dies dahingehend
deuten, dass der Hund deutlicher als in den beiden Jahrhunderten zuvor
im emotionalen Zentrum der Gemeinschaft verortet wurde, dieses sogar
verkörpern konnte und damit eine traditionell weiblich konnotierte Position einnahm.[8]

Aktuell lassen sich weitere Verschiebungen beobachten. 2015 kamen
in Deutschland auf rund 82 Millionen Einwohner*innen ca. 8 Millionen
Hunde.[9] Berücksichtigt man, dass die durchschnittliche Haushaltsgröße

---

4   Vgl. ebd.
5   Siehe Renger 2008, S. 167.
6   Vgl. Rehm 1993, S. 52.
7   Siehe Kitchenham-Ode 2003, S. 87.
8   Mit dem als *companion animal* gehaltenen Familienhund, der sich im Lau-
    fe des 20. Jahrhunderts in allen Schichten der Bevölkerung des globalen
    Nordens durchsetzte, rückte – so meine These – die traditionelle Zuord-
    nung von Jagdhunden zur Sphäre des Männlichen und von kleinen
    (Schoß-)Hunden zur Sphäre des Weiblichen in den Hintergrund. Die Fa-
    milienhunde stehen nicht mehr nur in einer „Resonanzbeziehung" zu
    einzelnen Personen, sondern sind in das Geflecht der als „Resonanzhafen"
    verstandenen Familie eingebunden (Rosa 2016, S. 350, S. 359). Dies ar-
    beitet der geschlechtlichen Codierung einzelner Hunderassen entgegen.
    Möglicherweise spielt hierbei auch eine Rolle, dass das Geschlecht der
    einzelnen Tiere wichtiger genommen wird.
9   Vgl. Ohr 2014 sowie die Daten zur „Einwohnerzahl – Anzahl der Einwoh-
    ner von Deutschland von 1990 bis 2015 (in Millionen)" auf *statista. Das
    Statistik-Portal*, URL: https://de.statista.com/statistik/daten/studie/2861/
    umfrage/entwicklung-der-gesamtbevoelkerung-deutschlands/
    [20.02.2017].

bei rund 1,3 Personen lag,[10] bei Hundebesitz aber bei rund 2,4 Personen,[11] zeigt sich, dass Hunde noch immer überwiegend in Mehrpersonenhaushalten gehalten werden. Doch handelt es sich bei diesen immer seltener um Familien, denn nur noch 25,8 Prozent der Hunde leben in Familien.[12] Der Familienhund hat also in den letzten Jahren einen deutlichen Rückgang erfahren. Mit dem sich abzeichnenden Wandel vom Familienhund zum Paar- oder Singlehund stellt sich die Frage, welche Auswirkungen dies auf die Rolle von Hunden im häuslichen Beziehungsgefüge hat. Die Gestaltung und Platzierung von Hundeliegeplätzen kann hier Anhaltspunkte liefern.

Gegenwärtige Trends der Gestaltung und Platzierung von Hundeliegeplätzen

Betrachtet man Möbel als Medien, so liegt es nahe, nach ihrer Interaktion mit menschlichen Individuen und sozialen Positionen zu fragen.[13] Angelika Linke beispielsweise versteht „Möbel- und Raumordnungen [...] sowohl als (resultative) Sedimente wie auch als (imaginativ vorgreifende) Entwürfe von Konstellationen, die nicht nur auf alltagspraktische Anforderungen bezogen sind, sondern auch [auf] Verkörperungen sozialer Strukturen und ‚Spielformen der Gesellschaft'".[14] Während Linke die Wohnzimmer-Sitzgruppe zum Selbstverständnis der Bürgergesellschaft in Bezug setzt, geht es mir darum, mit den Hundeliegeplätzen in Trendsetter-Haushalten Konfigurationen zwischen Dingen, Hunden und Menschen in den Blick zu nehmen.

In Deutschland ist das Wohnen mit und von Hunden durch die Tierschutz-Hundeverordnung von 2001 gesetzlich geregelt. Vorgeschrieben sind demnach Auslauf im Freien, Sozialkontakt mit Menschen und

---

10 Vgl. die Daten zur „Anzahl der Haushalte in Deutschland nach Anzahl der Personen im Haushalt von 2000 bis 2015" auf statista. *Das Statistik-Portal*, URL: https://de.statista.com/statistik/daten/studie/167169/umfrage/entwicklung-der-haushaltsgroessen-in-deutschland-seit-2000 [20.02.2017].

11 Vgl. Ohr 2014.

12 Vgl. ebd.

13 Vgl. Hackenschmidt/Engelholm 2011, S. 13. Hackenschmidt und Engelholm beziehen sich auf Marshall McLuhans *Die magischen Kanäle*.

14 Linke 2012, S. 211. Linke rekurriert hier auf Georg Simmels *Grundfragen der Soziologie*.

Barbara Schrödl

Mindeststandards bezüglich der Größe, Licht- und Luftzufuhr sowie die Temperatur- und Feuchtigkeitsregulierung der Unterbringung. In der Alltagspraxis wird Hunden jedoch über die gesetzlichen Anforderungen hinaus oftmals ein hohes Maß an Komfort zugestanden. Ulrike Pollak beobachtete 2009: „Seinen Schlafplatz hat er im Wohnzimmer oder auch im Bett, seinen Fressplatz in der Küche. All das sind häufig frequentierte Räume, der Kontakt des Hundes zur Familie ist also jederzeit möglich."[15] Die gegenwärtige Entwicklung, so werde ich zeigen, geht sogar noch weiter. Betrachtet man die Trends der Gestaltung und Platzierung von Hundeliegeplätzen, zeichnet sich eine deutliche Tendenz ab, das Vorhandensein eines Hundes im Haushalt zu markieren. Darüber rücken – so meine These – Hunde und Häuslichkeit eng zusammen: Der Heimhund gewährleistet das Gefühl des Zuhause-Seins, indem er entweder die häuslichen Aktivitäten mit den Bewohner*innen teilt oder zum *stellvertretend Wohnenden* erklärt wird. Im Folgenden stelle ich vier exemplarische Trends vor.

Der Hund im Zentrum der Gemeinschaft: Hunde, Couchtische und Küchentresen

Für heutige Vorstellungen vom Wohnen spielt das Wohnzimmer bzw. der Wohnbereich eine wichtige Rolle. Das Wohnzimmer bildete sich ab dem 17. Jahrhundert heraus und bestimmt seit dem 19. Jahrhundert – zumindest in Nord- und Mitteleuropa – das Wohnen fast aller sozialen Schichten. Es stellt sich als ein von Arbeit entlasteter Raum des geselligen Beisammenseins dar, der zwischen der Mitte des 19. Jahrhunderts und der Jahrtausendwende durch eine Couchgarnitur bestimmt wurde. Das aus Sofa, Sesseln und zugehörigem Tisch bestehende Ensemble beschreibt Angelika Linke treffend als materiellen „Ausdruck der Norm bzw. der Erwartungshaltung, dass das Wohnzimmer [...] ein kommunikativer Raum, ein Ort des Gesprächs" sein soll.[16] Hier versammelte sich die Familie und empfing die Gäste. Auch der Heimhund war Teil des geselligen Beisammenseins. Meist lag er unter oder neben dem Couchtisch. Linke deutet den niedrigen Couchtisch, der sich nicht als Arbeits- oder Essplatz eignet,

15   Pollak 2009, S. 68.
16   Linke 2012, S. 185.

als Element, das die um ihn Sitzenden zu einer kommunikativen Gruppe verbinden sollte.[17] Der Hund lag damit in unmittelbarer Nähe zum Zentrum der Gemeinschaft.

Nach Martin Warnke hat der Einzug des Fernsehgeräts die Couchecke „aufgebrochen": Seit den 1970er-Jahren werden Couchgarnituren vermehrt in Einzelteilen angeboten.[18] Linke ergänzt, dass sich die Dimensionen der Polstermöbel in den 1980er-Jahren vergrößert hätten und das einstige Zentrum der Sitzgarnitur, der Couchtisch, in mehrere kleine Beistelltische zersprengt worden sei. Insbesondere die seit der Jahrtausendwende modern gewordenen, üppig dimensionierten und entfernt voneinander platzierten Lounge-Möbel hätten die tradierte Form der Couchgarnitur als Materialisierung der zum Gespräch versammelten Gemeinschaft durch eine Konfiguration der „gesellige[n] Vereinzelung" abgelöst.[19] Diese deutet die Autorin als „semiotische[n] Ausdruck eines neuen Verständnisses von Gemeinschaft und Anwesenheit", das durch digitale Kommunikationsmedien bestimmt würde.[20] Mit Blick auf das Alltagsgeschehen kann man ihr zustimmen: Lounge-Sessel bilden für die zunehmende Zahl der in Einpersonenhaushalten Lebenden geradezu die ideale Sitzgelegenheit für die Kommunikation über die Social Media.

In welchem Verhältnis steht nun aber die „gesellige Vereinzelung im Loungesessel"[21] zu den zahlreichen aktuellen Vorschlägen, Beistelltisch und Hundeliegeplatz zu einer Einheit zu verbinden? Meine These ist, dass hier abermals ein Moment räumlich-kommunikativer, ja sogar körperlicher Nähe, in diesem Falle zwischen Mensch und Tier, ins Spiel kommt. Die Modelle – überwiegend DIY-Anleitungen, aber auch einige kommerzielle Angebote – platzieren den Hund ganz in der Nähe der sitzenden Bewohner*innen, nämlich unter der Tischfläche oder auf der Tischfläche gepolsterter Beistelltische.[22] Mit ihnen wird der ‚geselligen

---

17 Vgl. ebd., S. 207.
18 Warnke 1979, S. 685.
19 Linke 2012, S. 208f.
20 Ebd., S. 210.
21 Ebd.
22 Eine breite Auswahl von DIY-Ideen findet sich an den virtuellen Pinnwänden des sozialen Netzwerkes Pinterest, so z.B. unter den Pins von Quotes Queen, URL: https://de.pinterest.com/pin/130111876707083178/ [20.02.2017]. Ein Beispiel für ein kommerzielles Angebot ist der undatierte Tisch Tavolo von Misk Design (Marina Sciarrino), der über den Inter-

Vereinzelung' sozial aktiver, aber im Raum vereinzelter Menschen im digitalen Zeitalter ein Moment körperlicher Intimität und Interaktion entgegengesetzt: Hund und Mensch werden nicht nur nah aneinander herangerückt, sondern darüber hinaus wird ihre räumliche sowie soziale Aufeinanderbezogenheit ins Bild gesetzt.

Die durch das gemeinsame Gespräch begründete Geselligkeit zwischen den menschlichen Bewohner*innen ist zwar in der internetaffinen Gegenwart aus dem Wohnzimmer ausgelagert, doch ist sie keineswegs obsolet geworden. Ihr Ort ist nun der Esstisch.[23] Dieser wird meist in der Küche bzw. im Kochbereich platziert. Das Wohnmagazin *Schöner Wohnen* bringt den Trend auf den Punkt: „In der modernen Küche wird nicht mehr nur gekocht, hier trifft man sich zum gemütlichen Beisammensein."[24] Bereits 1979 machte Martin Warnke darauf aufmerksam, dass nach der Okkupation des Wohnzimmers durch das Fernsehgerät alle anderen Räume der Wohnung wohnlich umgestaltet wurden.[25] Auch der Koch- und Essbereich erhielt mit der Umdeutung des Kochens „vom Pflichtakt hausfraulicher Tätigkeit zur kreativen Freizeitaktivität" eine neue Funktion, indem er nun mit kommunikativer Geselligkeit verbunden wurde.[26] In der Folge dieser Umwidmung wird dort aktuell auch dem Hund ein Liegeplatz eingerichtet. Angeschlossen wird dabei gerade nicht an die bürgerliche Tradition, Zeichen von Arbeit und Schmutz – und damit auch der Hundehaltung – aus den Repräsentationsräumen fernzuhalten. Die Küche bzw. der Koch- und Essbereich ist heute vielmehr ein, wenn nicht gar *der* Repräsentationsraum bzw. -bereich.[27] Ein am Herd platzier-

---

net-Versandhandel Design2Pet bestellbar ist, URL: https://www.design-2pet.com/katzenmobiliar/designer-katzen-mobiliar/12/wohnzimmer-tisch-tavolato [20.02.2017].).

23 Siehe Linke 2012, S. 209.

24 Anonym o.J.c.

25 Vgl. Warnke 1979, S. 686.

26 Linke 2012, S. 209.

27 Alphons Silbermann zeigt in seiner bereits Mitte der 1990er-Jahre erschienenen Studie, dass die Küche vielfach den „unter ästhetischen Gesichtspunkten ‚besten' Raum der Wohnung darstellt" und „deutliche Repräsentationsbedürfnisse auf sich" zieht (Silbermann 1995, S. 140). Dies drückt sich auch darin aus, dass für die Kücheneinrichtung zunehmend mehr Geld ausgegeben wird. In den vergangenen Jahren hat sich der Trend zur Aufwertung der Küche weiter verstärkt. Tobias Kniebe spricht beispielsweise im *Süddeutsche Zeitung Magazin* von der „Prestigeküche", in der „Lebenszeit" verbracht und „Lebensqualität" erfahren wird (Kniebe 2006).

ter Hundeliegeplatz markiert also, dass auch der Hund an der Gemeinschaft am ‚Herdfeuer' teilhaben darf und soll. Manche Küchenanbieter
reagieren auf diesen Trend und weisen den Tieren mit einem Korb unter
dem Esstisch einen festen Platz an dem der kommunikativen Geselligkeit zugedachten Ort zu.[28] In Wohnblogs finden sich zudem zahlreiche
Vorschläge, die die Gemeinschaft von Hund und Mensch durch spezielle
Designlösungen betonen; beispielsweise wird ein Hundeliegeplatz in den
Küchentresen integriert.[29]

Der Hund als Intimus: Mensch-Hund-Möbel

Bereits in der Malerei des 18. Jahrhunderts findet man Darstellungen, die
nahelegen, dass Hunde komfortable Sitzmöbel mit ihren Besitzer*innen
teilen durften (Abb. 1). Damen des Adels, wie Madame la Comtesse d'Argenson (1706–1754), ließen sich zusammen mit ihren Schoßhunden auf
den damals neuen Polstermöbeln sitzend porträtieren. So ging der Hund
auf dem Sitzmöbel in das visuelle Gedächtnis ein. Zwar sind Porträts
nicht als Abbilder der Wirklichkeit zu verstehen, doch geben nur wenige
dieser Gemälde Anlass, die Hunde symbolisch zu lesen.[30] Schoßhunde
waren ein Luxusgut, dessen Zurschaustellung in den Wohnräumen sich
als Zeichen sozialer Distinktion großer Beliebtheit erfreute.[31] Gemälde
von Damen, die mit kleinen Hunden auf Polstermöbeln sitzen, verweisen
daher auf die zeitgenössische Lebenspraxis. Das enge räumliche Zusammenleben führte zu emotionaler Nähe. Hunde waren „nicht nur Medien
der Selbstdarstellung, sondern durchaus auch Beziehungspartner".[32] Die

---

28 Siehe anonym o. J. b.
29 Ebd.
30 Ein Beispiel für eine allegorisch angelegte Darstellung eines Hundes ist
    Jean-Honoré Fragonard, *Der Liebesbrief*, 1775, Öl auf Leinwand, 83 × 67 cm,
    Metropolitan Museum of Art, New York. Aline Steinbrecher stellt das
    Gemälde in den Kontext der damaligen Diskurse um erotische Grenzüber-
    schreitungen zwischen Damen und ihren Hunden, vgl. Steinbrecher 2001,
    S. 206 f. Ein Ausnahmefall einer allegorisch angelegten Darstellung eines
    Hundes in der Porträtmalerei ist François Boucher, *Porträt der Madame de
    Pompadour*, 1758, Öl auf Leinwand, 201 × 157 cm, Bayerische Staatsgemäl-
    desammlung: Alte Pinakothek, München.
31 Vgl. Steinbrecher 2009, S. 127.
32 Steinbrecher 2001, S. 197.

Barbara Schrödl

1 Jean-Marc Nattier, *Madame la Comtesse d'Argenson*, 1743, Öl auf Leinwand, 139 × 106 cm, Privatbesitz

Intimität zwischen Frauen und ihren Hunden ließ, wie Aline Steinbrecher aufzeigt, die Zeitgenoss*innen sogar unsittliche Handlungen befürchten.[33] Obwohl Hunde, die mit ihren Menschen in intimer Vertrautheit gemeinsam auf Sitzmöbeln ruhen, eine lange Tradition haben, wurden diese Möbel lange Zeit ausschließlich für den Gebrauch durch Menschen konzipiert.[34] Erst in jüngster Zeit kommt langsam Bewegung ins Spiel: So

---

33 Vgl. ebd., S. 205.
34 Die Gestaltung von Hundeliegeplätzen in sofaartiger Form, die sich seit einigen Jahren großer Beliebtheit erfreut, ist ein anderes Thema. Ein Beispiel ist ein über den Internet-Versandhandel Fressnapf bestellbares Hundesofa, URL: https://www.fressnapf.de/p/more-for-hundesofa-lounge-schwarz [20.02.2017]. Das ‚Hundesofa Lounge' der Firma More For orientiert sich überraschenderweise nicht, wie sein Name es nahelegt, an den modernen Lounge-Sitzmöbeln, sondern am klassischen Sofa, das darauf angelegt ist, als Teil einer Couchgarnitur zu fungieren.

2   Paul Kweton, Rocking-2-gether chair 2.1,
    2012

werden Sofas oder Stühle zum gemeinsamen Gebrauch durch Mensch
und Hund entworfen (Abb. 2). Besonders interessant sind die Arbeiten
zweier kleinerer ambitionierter Labels, die auf finanziell potente Besitzer*innen kleiner Hunde zielen: Das 2012 von Seungji Mun vorgestellte
Dog House Sofa ordnet neben der Sitzfläche für den Menschen eine
abgesenkte Liegefläche für den Hund an, welche durch ein Dach geschützt wird, das zugleich die Funktion einer Armlehne hat. Die offene
Fläche unter dem Dach bzw. der Armstütze verbindet den Liegeplatz des
Hundes mit der Sitzfläche des Menschen. Die Werbung verspricht, dass
das Objekt die Kommunikation zwischen Mensch und Hund fördern
und deren emotionale Bindung intensivieren könne.[35] Auf vergleichba-
re Weise vereinigte Paul Kweton (geb. 1980) in einem ebenfalls 2012
präsentierten Schaukelstuhl Stuhl und Hundehütte (bzw. Katzenhöh-
le).[36] Der Schaukelstuhl ist zwar nicht gepolstert, doch zeigt er in seiner

35   Vgl. Mun o.J.
36   Vgl. Krämer 2015.

Barbara Schrödl

zu einer bequemen Sitzhaltung auffordernden Formgebung deutliche Analogien zu Polstermöbeln. 2017 in der Kategorie Pet Toys mit dem European Product Design Award ausgezeichnet, trägt er den sinntragenden Namen Rocking-2-gether chair 2.1. Das gemeinsame Schaukeln von Mensch und Tier suggeriert eine besondere Nähe beider Partner*innen. Gleichwohl markiert die Positionierung des sitzenden Menschen über dem liegenden Tier eine klare Hierarchie. Gemeinsam ist beiden Entwürfen, dass sie Mensch und Hund räumlich nah beieinander anordnen und zur spielerischen Interaktion auffordern. Unter Bezug auf Linkes bereits erwähntes Denkmodell der Möbel-Medien[37] lassen sich beide Mensch-Hund-Möbel sowohl als Sedimentierung einer habitualisierten Praxis als auch als Materialisierung einer kollektiven kulturellen Vorstellung verstehen, die zugleich den körperlichen Umgang und die spielerische Kommunikation des Mensch-Hund-Teams intensiviert und seine emotionale Bindung stärkt.

Ebenso wie Sitzmöbel sind auch Betten Möbelstücke, die zwar traditionell ausschließlich für die Nutzung durch Menschen entworfen wurden, aber dennoch in Haushalten mit Hunden gerne von Mensch und Tier gemeinsam genutzt wurden und werden. Im Unterschied zum gemeinsamen Gebrauch von Polstermöbeln hinterlässt diese Praxis aber erst seit der Verbreitung der Fotografie – insbesondere der Amateurfotografie – im visuellen Gedächtnis deutlichere Spuren. Schriftliche Quellen berichten allerdings bereits im 2. Jahrhundert n.Chr. davon, dass Hunde mit ihren Menschen in deren Betten schliefen.[38] Zunächst wurde dies empfohlen, im Zuge der Tollwutbekämpfung seit dem 18. Jahrhundert aber abgelehnt.[39] Dessen ungeachtet schliefen Hunde jedoch weiterhin gemeinsam mit ihren Besitzer*innen in deren Betten. Was sich im Laufe der Zeit änderte, waren nur die Argumente, die gegen diese Praxis vorgebracht wurden.[40] In den 1930er-Jahren beispielsweise spottete man über die damit einhergehende Anthropomorphisierung der Tiere. Auch heute noch wird darüber gewitzelt, wenn Menschen Hunde in ihrem Bett schlafen lassen.[41] Professionelle Designideen, die auf das Betten-Teilen von

37 Vgl. Linke 2012, S. 2006.
38 Vgl. Steinfeld 2002, S. 29.
39 Vgl. Steinbrecher 2001, S. 208. Maximilian Bergengruen kommt zu vergleichbaren Schlüssen wie Steinbrecher, vgl. Bergengruen 2005, S. 268.
40 Siehe Renger 2008, S. 227.
41 Ich berufe mich hierbei auf meine Alltagserfahrung.

Mensch und Hund reagieren, lassen sich kaum finden. Eine Ausnahme stellt ein Bett mit einer Aussparung zwischen zwei Schubladen unter der Liegefläche dar, die als Hundehütte angepriesen wird.[42] Zahlreich sind dagegen DIY-Ideen, die den Hund in der Nähe des Bettes verorten, indem sie Hundehütte und Nachttisch verschmelzen[43] – ein Konzept, das bereits wiederholt von kommerziellen Anbietern aufgegriffen wurde.[44] Die Hunde werden entweder unter, im oder auf dem Nachttisch platziert, entsprechend eignet sich die Lösung auch für große Hunde. Im Unterschied zu den zuvor vorgestellten Mensch-Hund-Möbeln sind die DIY-Ideen wie auch die Kaufprodukte rund um das Bett jeweils in einem Preissegment angesiedelt, das auf eine breite Käuferschaft zielt.

Der Hund als Dame des Hauses: Irma auf der Entspannungsliege

Im Folgenden betrachte ich den Liegeplatz der Airedale-Terrier-Hündin Irma im offenen Wohngeschoss des von Walter Gropius (1883–1969) entworfenen Hauses Auerbach (1924) in Jena in Form eines Exemplars der 1928 von Charlotte Perriand (1903–1999) in der Bürogemeinschaft von Le Corbusier (1887–1965) und Pierre Jeanneret (1896–1967) entwickelten Chaiselongue LC4.[45] Zwar untersuche ich ein Einzelbeispiel, doch lässt sich daran ein symptomatischer Trend in der Gestaltung und Platzierung von Hundeliegeplätzen ablesen: die Umfunktionierung von Designklassikern zu Hundeliegeplätzen (Abb. 3).

Die LC4 fungiert bis heute als Inbegriff einer, so Le Corbusier, „Maschine zur Entspannung".[46] Auch in der Werbung finden mitunter noch

---

42 Es handelt sich um das Modell ‚Demeyere 471706 Michigan Bett 2 Schubladen/Hundehütte', bestellbar über den Internet-Versandhandel Amazon, URL: https://www.amazon.de/Demeyere-471706-Michigan-Schubladen-Hundeh%C3%BCtte-Teilchen/dp/B016PKY3DS [20.02.2017].

43 Eine breite Auswahl von Ideen findet sich an den virtuellen Pinnwänden des sozialen Netzwerkes Pinterest, so ein Pin von Syan Ying, URL: https://de.pinterest.com/pin/222998619028937392/ [20.2.2017].

44 Ein Beispiel ist Hunde-Hus von Madshome, vgl. anonym 2014.

45 Vgl. Zimmermann/Jänicke 2017.

46 Zur Verbindung zwischen der LC4 und der Tätigkeit des Entspannens siehe z.B. Diener-Morscher 2015; zum Rückgriff auf die Begrifflichkeit einer „Maschine zur Entspannung" z.B. Desrues 2012.

Barbara Schrödl

3 Airedale-Terrier-Hündin Irma auf der
   Chaiselongue LC4 (Entwurf: Charlotte
   Perriand, Le Corbusier und Pierre
   Jeanneret, 1928) in Haus Auerbach
   (Walter Gropius, Einfamilienhaus, Jena,
   1924)

immer zeitgenössische Werbebilder Verwendung, die die junge Perriand
mit Bubikopf und kurzem Rock auf der Chaiselongue liegend zeigen.[47]
Man könnte das Bild der Designerin zunächst als das der „moderne[n]
Frau" verstehen, von der Le Corbusier wiederholt im Kontext der Mus-
tereinrichtung für die ‚neue Wohnung' sprach.[48] Christiane Keim zeigt
jedoch, dass die Verbindung von Frau und Liege in diesen Fotografien
nicht nur für die innovative Qualität avantgardistischen Designs und
damit das ‚Neue' steht, sondern ebenso für eine Kontinuität des ‚Alten'.
Diese Kontinuität wird gestiftet, indem in den Fotografien ein Blickregime entworfen wird, welches den Blick der Liegenden gegen die Wand
richtet, während der Betrachter*innenblick ungehindert über ihren Kör-

47 Keim 1999.
48 Le Corbusier 1987, S. 118. Vgl. Keim 1999, S. 69f.

per gleiten kann. Die ‚befreite' Frau wird darüber wieder in tradierte patriarchale Muster eingebunden. Perriand entsprach zwar dem zeitgenössischen Typus der berufstätigen und unabhängigen ‚neuen Frau', doch trat sie in der Bewerbung der LC4 nicht als solche in Erscheinung.[49] Fragt man danach, welche Weiblichkeitsbilder durch die Nutzungsvorschläge der „Maschine zur Entspannung" aufgerufen werden, so bestärkt dies Keims Analyse. Die auf der Chaiselongue ruhende Designerin lässt das tradierte Bild der bürgerlichen Frau assoziieren. Nach bürgerlichen Idealvorstellungen, wie sie seit der Mitte des 18. Jahrhunderts ausgebildet wurden, sollte die Dame des Hauses keiner Berufstätigkeit nachgehen, sondern sich auf die Familie konzentrieren, Luxusgüter konsumieren und ihren Müßiggang genießen.[50] Auch die Vertreter*innen der Moderne verwarfen dieses Konzept nicht ganz, sondern griffen es wiederholt auf und modernisierten sein Erscheinungsbild, indem sie es dem Typus der Neuen Frau annäherten.

Nachdem im 21. Jahrhundert dem tradierten Ideal der bürgerlichen Dame kaum mehr ein Vorbildcharakter zukommt, verändert auch die „Maschine zur Entspannung" – so meine These – ihre Funktion: Sie wandelt sich vom Möbelstück zur Skulptur. Die LC4 wird nur noch selten in Benutzung dargestellt. Aktuelle fotografische Darstellungen zeigen sie meist vor einer neutralen Wand stehend, sodass ihre formalen Qualitäten hervortreten.[51] Nur in Ausnahmefällen liegt weiterhin jemand auf ihr – eine Frau, ein Mann oder eben ein Hund. In einer Homestory über das Leben in Haus Auerbach ruht die Hündin Irma auf der LC4 und verwandelt die vormals der Dame des Hauses zugeordnete Entspannungsliege zum Hundeliegeplatz.[52] Eines der Bilder der Homestory, das Irma auf der Entspannungsliege ruhend zeigt, setzt damit paradigmatisch ins Bild, dass der Hund heute, wie schon festgestellt, partiell die von der Hausfrau hinterlassene Leerstelle einnimmt.[53] Dies wird durch die Nutzungsgeschichte des Hauses unterstrichen. Felix und Anna Au-

49 Vgl. Keim 1999, S. 71.
50 Vgl. Vinken 2013, S. 129f.
51 Ein Beispiel ist das Cover des auf ein breites Designpublikum zielenden Buches *Die Liege LC4 von Le Corbusier, Pierre Jeanneret und Charlotte Perriand* (Fischer 2002).
52 Hierzu Zimmermann/Jänicke 2017. Zu Architektur und Geschichte des Hauses Auerbach siehe Happe/Fischer 2003.
53 Vgl. Kitchenham-Ode 2003, S. 87.

erbach (1856–1933 bzw. 1860–1933), die den Bau der Villa bei Gropius in Auftrag gegeben hatten, waren ein kinderloses Ehepaar mit Hund. Felix Auerbach war Professor an der Universität Jena, Anna Auerbach kämpfte für das Frauenwahlrecht und gemeinsam engagierten sie sich für moderne Kunst. Auch die heutigen Besitzer*innen, Barbara Happe (geb. 1951) und Martin S. Fischer (geb. 1954), sind kinderlos und fördern zeitgenössische Künstler*innen. Sie arbeiten aber beide an der Universität Jena – er als Professor und sie als Lehrbeauftragte –, und das frühere Herrenzimmer wird von Frau Happe als Arbeitszimmer genutzt.[54] An die frei gewordene Position der Dame des Hauses, die sich dem Müßiggang hingibt, tritt heute in Haus Auerbach – zugespitzt formuliert – die auf der Entspannungsliege ruhende Hündin Irma.

Der Hund als *stellvertretend Wohnender.* Das *Wohnen* von Hunden als Schauspiel

Auch für den Outdoor-Bereich existiert eine große Vielfalt von Hundeliegeplätzen. Es finden sich nur wenige Zwinger, aber zahlreiche Hundehütten, -liegen, -matten und -kissen sowie einige -pools. Ein Blick auf die Objekte, ihre Beschreibungen und ihre visuellen Darstellungen verdeutlicht, dass es nicht darum geht, den Hund aus den Wohnräumen zu verweisen, sondern vielmehr ist der Trend zum Wohnen im Freien auf den Sozialpartner Hund übergesprungen. Der Outdoor-Liegeplatz stellt eine Alternative zu Indoor-Liegeplätzen dar.[55] Besonders deutlich wird dies am Beispiel von Sonnenliegen für Hunde.[56] Dominierend ist aber noch immer die Hundehütte.[57] Sie weist ein beachtliches Spektrum auf, das von einfachen Holzkisten über Blockhütten, skulpturale Gebilde,

---

54 Siehe Zimmermann/Jänicke 2017, S. 92f.
55 Siehe Engelbert o.J.
56 Ein Beispiel ist die mit einem Sonnendach versehene ‚Riviera Outdoor Sonnenliege' aus Materialien, aus denen herkömmliche Gartenmöbel gefertigt sind. Sie ist unter dem Stichwort ‚Exclusives für den Hund – alles für ein schönes Hundeleben' bestellbar über den Internet-Versandhandel Olivers-Versand.com, URL: https://shop.strato.de/epages/15336230.sf/de_AT/?ObjectPath=/Shops/15336230/Products/200121 [20.02.2017].
57 Unter einer Hundehütte wird ein rundum abgeschlossener, Hunden zugedachter und auf ihre Größe abgestimmter Raum mit Zugangsmöglichkeit verstanden.

verkleinerte Varianten der Häuser der Besitzer*innen bis hin zu Miniaturen anspruchsvoller Villenarchitektur reicht. Im Garten als einem
halböffentlichen Bereich bietet die Hundehütte nicht nur dem Hund einen
Outdoor-Liegeplatz, sondern verweist auch auf den Lifestyle der Besitzer*innen – als Zeugnis ihrer Art der Hundehaltung, ihres Interesses am
Leben im Freien und ihrer ästhetischen Vorlieben. Zu jedem Haus und
Garten findet sich idealiter eine Hundehütte, die sich stilistisch an jene
anlehnt oder einen effektvollen Kontrast zu ihnen bildet. Die ‚Hundevillen‘
beispielsweise orientieren sich meist an der Architektur klassizistischer
Villen oder der des Neuen Bauens.[58] Beworben werden sie mit Hinweisen
auf Charakteristika der Architektur, die sie adaptieren. Ein Internet-Ver-
sand beschreibt eine Hundehütte im klassizistischen Stil als: „Alabama.
Amerikanischer Südstaatenflair mitten im Garten. Imposante Säulen,
breite Eingangsstufen: Das großzügige Alabama lässt Hund und Hündin
zu Gutsherren werden. Bis ins kleinste Detail wurde das einladende Süd-
staatenhaus seinem historischen Vorbild nachempfunden."[59] Der Hund,
könnte man daher mutmaßen, soll nicht nur am Trend zum Wohnen im
Freien teilhaben, sondern seine ‚Hundevilla‘ setzt zugleich die Wohnträume seiner Besitzer*innen ins Bild. Denn Villen – freistehende, großzügig
angelegte, architektonisch anspruchsvoll gestaltete Häuser der gehobe-
nen Preisklasse – können als Traumhäuser weiter Teile der Bevölkerung
gelten. Wird eine Hundehütte in Anlehnung an eine Villa gestaltet, so
werden deren Charakteristika auf die Designaufgabe Hundehütte übertragen – mit Ausnahme der großzügigen Dimension.[60] Zwar hat auch eine
‚Hundevilla‘ ihren Preis – so ist beispielsweise das Modell Alabama ab
2.700 Euro zu haben –, doch dürfte er für einige Hundebesitzer*innen

---

58 Eine Google-Bildersuche mit den Begriffen ‚Traumhaus Hunde‘ am 7. April
2017 ergab, dass ca. zwei Drittel der gefundenen Traumhäuser für Hunde
Villen im Stil des Neuen Bauens oder klassizistischer Spielarten waren,
wobei Beispiele des Neuen Bauens deutlich überwogen.

59 Homepage von die gartenplaner, URL: http://www.diegartenplaner.com/
index.php/cat/c55_ALABAMA.html [20.02.2017].

60 Damit Hunde eine Hütte durch ihre Körperwärme aufwärmen können, darf
diese eine bestimmte Größenrelation nicht überschreiten. Als Faustregel
gilt, dass die Breite der Hütte der Länge des Hundes, ihre Länge dagegen
der mit dem Faktor 1,2 multiplizierten Länge des Tieres und ihre Höhe
der ebenfalls mit dem Faktor 1,2 multiplizierten Schulterhöhe entsprechen
sollte.

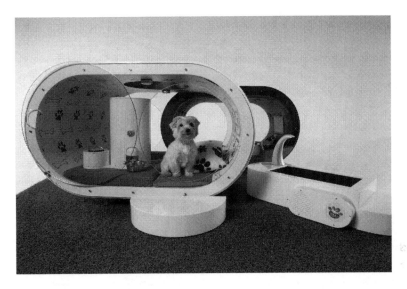

4 Samsung, Dog Dream House, 2015

leistbar sein.[61] Selbst eine Villa zu bewohnen, bleibt dagegen für die meisten Menschen ein Traum. Investiert ein*e Hundebesitzer*in in eine ‚Hundevilla' und liegt der Hund dann in der Hütte, kann sein Anblick Wohnträume in spezifischer Weise zum Leben erwecken: Der Mensch kann seinem Hund beim *stellvertretenden Wohnen* in seinem Traumhaus zusehen und auch die Nachbar*innen sowie die Passant*innen haben an dem Erlebnis teil.

Deutlicher noch wird das *stellvertretende Wohnen* im Falle der 2015 vorgestellten Indoor-Hundehütte Dog Dream House, deren Preis mit umgerechnet ca. 28.000 Euro beziffert ist (Abb. 4).[62] Die raumgreifende Anlage für kleine Hunde umfasst die Komponenten Fütterungseinheit,

61 Vgl. die Preisangabe des Internet-Versandhandels die gartenplaner, URL: http://www.diegartenplaner.com/index.php/cat/c55_ALABAMA.html [20.02.2017].
62 Die Firma Samsung stellte das Dog Dream House im April 2015 auf der Hundemesse „Crufts" in Birmingham vor. Das Objekt war nicht für die Serienproduktion vorgesehen, sondern als Werbemaßnahme, denn Samsung sponserte die Messe.

Unterhaltungslounge, Pool und Laufband. Es scheint für alles gesorgt, was ein Hund zum Leben braucht: Futter, Unterhaltung, Erfrischung und Bewegung. Suggeriert wird, dass die Menschen unbesorgt das Haus verlassen bzw., wenn sie zu Hause sind, ihrem Hund – ohne aktiv in das Geschehen einzugreifen – beim *Wohnen* zusehen können. Deutlich zeigt sich, dass die Wohnlandschaft für Hunde in Analogie zu aktuellen Wohn- und Lifestyle-Konzepten menschlicher Mitbewohner*innen gestaltet wurde. Die Zuordnung verschiedener Tätigkeiten zu unterschiedlichen Komponenten des Dog Dream House entspricht der funktionalen Differenzierung der Zimmer bzw. Bereiche einer Wohnung oder eines Hauses. Die ausgewählten Funktionen wie auch deren gestalterische Umsetzung rufen explizit die Aspekte menschlichen Wohnens in Erinnerung, die aktuell als zentral gelten: die mit Kissen gepolsterte Fütterungseinheit die Wohnküche, die Unterhaltungslounge den mit Unterhaltungselektronik ausgestatteten Wohn- und Schlafbereich und der Pool das Wohnbad. Das Laufband integriert zudem das meist externe Fitnessstudio in den Privatbereich. Darüber hinaus greift das hochtechnisierte und digital vernetzte Dog Dream House den Trend zum smarten Wohnen auf und überträgt ihn auf den Hund. Doch die smarte Indoor-Hundehütte erweitert nicht das Handlungspotenzial ihrer tierischen Bewohner*innen. Vielmehr fördert sie eine hierarchische Machtverteilung zwischen Mensch und Hund, indem sie ein Blickregime konstituiert, welches es den Besitzer*innen erlaubt, ihre Hunde stets im Blick zu behalten. Der Pool und das Laufband sind freistehend und der Fress- und der Unterhaltungsbereich bestehen aus ovalen Zylindern, die mit durchsichtigen Vorder- und Rückwänden versehen sind. Der Hund kann sich dem menschlichen Blick also nicht entziehen, sein Wohnen wird vielmehr demonstrativ zur Schau gestellt. Das Dog Dream House überträgt folglich das *Wohnen* der Menschen auf den Hund und erklärt zudem das *Wohnen* des Hundes zu einem beobachtbaren Schauspiel auf der Bühne des Wohnens.

Resümee

Betrachtet man die vorgestellten Trends in der Gestaltung und Platzierung von Hundeliegeplätzen und bezieht dabei mit ein, dass aktuell in den meisten deutschen Haushalten pro Hund mehrere Liegeplätze eingerichtet werden, wird deutlich, dass Hunden einiger Raum zugestanden wird. Dies ist im Kontext allgemeiner Entwicklungen des Wohnens zu sehen – wie der zunehmenden Wohnfläche pro Person und der Tendenz zu weniger Personen pro Wohneinheit, aber auch der Beliebtheit offener Grundrisse. Die Menschen haben mehr Platz zur Verfügung und gestehen auch dem Sozialpartner Hund mehr Platz zu. Die Hundeliegeplätze verweisen zudem in ihrer demonstrativen Zurschaustellung auf die hohe Bedeutung der Tiere für ihre Besitzer*innen. Die Trends der Gestaltung und Platzierung von Hundeliegeplätzen sowie deren Vervielfältigung in den einzelnen Haushalten zeugen aber auch davon, dass die Hundehaltung einem Prozess unterliegt, der die funktionale Ausdifferenzierung des Hauses bzw. der Wohnung auf die Hundehaltung überträgt. Wie die menschlichen Bewohner*innen verfügen nun auch die Hunde über funktional verschiedene Plätze: einen Liegeplatz im Schlafzimmer(-bereich) für die Nacht, einen im Wohnzimmer(-bereich), um körperliche Nähe und spielerische Interaktion mit ihrer Bezugsperson zu genießen, einen in der Küche, um am geselligen Beisammensein teilzuhaben, und einen im Freien, um das ‚Outdoor-Living‘ zu genießen. Liest man Möbel als Medien, verweist diese Vervielfältigung und funktionale Ausdifferenzierung ebenso auf einen Wandel des Umgangs der Hundebesitzer*innen mit ihren Tieren wie auch der gesellschaftlichen Vorstellungen der Hund-Mensch-Beziehung. Deutlich wird, dass Hunde eng mit ihren Besitzer*innen zusammenleben, dass sie in einem hohen Maß an deren häuslichen Aktivitäten teilhaben und dass das menschliche Wohnen die Matrix für die aktuellen Wohntrends für Heimhunde vorgibt. Folgt man den Argumentationslinien der Animal Studies bzw. der Animal History, die Tieren eine historische Wirkungsmacht zugestehen,[63] so stellt sich die Frage, inwieweit Hunde die gegenwärtigen Trends mitbestimmen. Wie unter den Überschriften „Der Hund im Zentrum der Gemeinschaft" und „Der Hund als Intimus" vorgestellt, reagieren zeitgenössische Entwürfe für Hundeliegeplätze auf gemeinsame Handlungszusammenhänge von Menschen und Tieren. Indem beide Partner*innen in enger Nähe zueinander platziert werden, wird das Interesse an körperlicher Nähe und sozialer Interaktion, das nicht nur die*der Hundebesitzer*in, sondern auch das Rudeltier Hund in die Beziehung einbringt, aufgegriffen und gefördert. Die unter den Überschriften „Der Hund als Dame des Hauses"

---

63   Z.B. Steinbrecher 2014, S. 30.

und „Der Hund als *stellvertretend Wohnender"* angeführten Liegeplätze tragen dagegen nur sehr allgemein Bedürfnissen von Hunden – den Möglichkeiten zum Fressen, Schlafen, Abkühlen und Bewegen sowie der Freude an erhöhten Liegeplätzen – Rechnung. Im Zentrum steht bei diesen Beispielen daher deutlich das Interesse der Besitzer*innen an besonderen Designlösungen, um sich als Hundehalter*in stilvoll in Szene zu setzen. In allen Fällen verwebt jedoch die unübersehbare Präsenz der Hundeliegeplätze das Heim und den Hund miteinander. Dies gilt in besonderem Maße, wenn der Hund nicht stellvertretend für den Menschen in die Position des Wohnenden gerückt wird, sondern das Design gemeinsame Handlungszusammenhänge von Mensch und Tier aufnimmt, fördert und darüber einem gemeinsamen Wohnen von Mensch und Hund zuarbeitet.

Literatur

Anonym 2014 – Anonym, Unglaublich. Zehn außergewöhnliche Hundehütten und Hundeschlafplätze, in: Deine Tierwelt. de, 05.11.2014, URL: http://magazin. deine-tierwelt.de/zehn-coole-und-aus sergewoehnliche-hunde-schlafplaetze/ [20.2.2017].

Anonym o.J.a – Anonym, Alabama, in: diegartenplaner.com, URL: http://www.diegartenplaner.com/index.php/cat/c55_AL-ABAMA.html [20.02.2017].

Anonym o.J.b – Anonym, Hund, Katze & Co. Haustiere in der Küche, in: Küche & Co, o.J., URL: https://www.kueche-co.de/ kuechenmagazin/rundum-kuechenpla nung/planungstipps/haustiere-kueche/ [20.2.2017].

Anonym o.J.c – Anonym, Räume planen, einrichten und gestalten, schoener-wohnen. de, URL: https://www.schoener-wohnen. de/einrichten/raeume-tipps-zur-planung-und-einrichtung [20.02.2017].

Bergengruen 2005 – Maximilian Bergengruen, Tollwut, Werwolf, wilde Jagd. Wie das Gebiss des Jägers Jürge Brentanos Geschichte vom braven Kasperl und dem schönen Annerl verzahnt, in: ders., Johannes Friedrich Lehmann u. Hubert Thüring (Hg.), Sexualität, Recht, Leben. Die Entstehung eines Dispositivs um 1800, München 2005, S. 263–294.

Desrues 2012 – Georges Desrues, Möbel für die Wohnmaschine, in: Die Welt, Online-Ausgabe, 09.09.2012, URL: https:// www.welt.de/print/wams/lifestyle/artic le109106328/Moebel-fuer-die-Wohnma schine.html [20.02.2017].

Diener-Morscher 2015 – Esther Diener-Morscher, Entspannen wie bei Le Corbusier, in: Gesundheitstipp 3 (2015), URL: https:// www.gesundheitstipp.ch/artikel/d/ent spannen-wie-bei-le-corbusier/[20.02. 2017].

Engelbert, o.J. – Silvia Engelbert, Gemütliche Hundekörbchen oder Hundehütte im Freien?, in: silvias-pudel.de, o.J., URL: http:// www.silvias-pudel.de/gemuetliches-hunde koerbchen-oder-hundehuette-im-freien/ [20.02.2017].

Fischer 2002 – Volker Fischer, Die Liege LC4 von Le Corbusier, Pierre Jeanneret und Charlotte Perriand, Basel 2002.

Hackenschmidt/Engelholm 2011 – Sebastian Hackenschmidt u. Klaus Engelhorn, Vorwort, in: dies. (Hg.), Möbel als Medien. Beiträge zu einer Kulturgeschichte der Dinge, Bielefeld 2011, S. 7–17.

Happe/Fischer 2003 – Barbara Happe u. Martin S. Fischer, Haus Auerbach. Von Walter Gropius mit Adolf Meyer, Tübingen 2003.

Holschbach 1995 – Susanne Holschbach, Wohnen im Reich der Zeichen. Wohnmodelle der 70er, 80er und 90er Jahre. Schöne Aussichten, in: Kunstforum international 130 (1995): Pandoras Box: Design, S. 158–189.

Keim 1999 – Christiane Keim, Die Frau auf der Corbusier Liege. Zur Konstruktion des Künstlersubjekts in Bildern moderner Weiblichkeit und modernen Möbels, in: Cordula Bischoff u. Christina Threuter (Hg.), Um-Ordnung. Angewandte Künste und Geschlecht in der Moderne, Marburg 1999, S. 69–83.

Kessemeier 2000 – Gesa Kessemeier, Sportlich, sachlich, männlich. Das Bild der ‚Neuen Frau' in den Zwanziger Jahren. Zur Konstruktion geschlechtsspezifischer Körperbilder in der Mode der Jahre 1920 bis 1929, Dortmund 2000.

Kitchenham-Ode 2003 – Kate-Emily Kitchenham-Ode, Lebensbegleiter Hund. Motive zur Hundehaltung in der Stadt, Universität Hamburg, unveröff. Magisterarbeit, 2003.

Kniebe 2006 – Tobias Kniebe, Das Prinzip Mikrowelle, in: SZ-Magazin, Online-Ausgabe, 39 (2006), URL: http://sz-magazin. sueddeutsche.de/texte/anzeigen/1795 [20.02.2017].

Krämer 2015 – Andreas Krämer, 3D-Druck in der Kunstszene. Paul Kweton setzt auf den D-Drucker, in: 3D Grenzenlos. Das 3D-Drucker Online Magazin, 16.02.2015, URL: https://www.3d-grenzenlos.de/ magazin/3d-objekte/paul-kweton-setzt-auf-3d-drucker-2780163/ [20.02.2017].

Ab ins Körbchen?

Le Corbusier 1987 – Le Corbusier, Das Abenteuer der Wohnungseinrichtung [1929], in: Feststellungen zu Architektur und Städtebau (= Bauwelt Fundamente 12), Braunschweig 1987.

Linke 2012 – Angelika Linke, Körperkonfigurationen: Die Sitzgruppe. Zur Kulturgeschichte des Verhältnisses von Gespräch, Körpern und Raum vom 18. bis zum Ende des 20. Jahrhunderts, in: Peter Ernst (Hg.), Historische Pragmatik, Berlin/Boston 2012, S. 185–214.

Möhring 2015 – Maren Möhring, Das Haustier: Vom Nutztier zum Familientier, in: Joachim Eibach u. Inken Schmidt-Voges (Hg.), Das Haus in der Geschichte Europas, Oldenburg 2015, S. 389–408.

Mun o.J. – Seungji Mun, Dog House Sofa, o.J., URL: https://www.munseungji.com/dog house-sofa [20.2.2017].

Ohr 2014 – Renate Ohr, Heimtierstudie „Wirtschaftsfaktor Heimtierhaltung". Zur wirtschaftlichen Bedeutung der Heimtierhaltung in Deutschland, 2014, Download auf der Website der Georg-August-Universität Göttingen, URL: http://www.uni-goet tingen.de/de/aktuelles/65380.html [20.02.2017].

Paccara 2014 – Maria Chiara Paccara, Design Kult. Der Stuhl Chaise Longue von Le Corbusier. Die wirkliche Maschine zur Ruhe, in: socialdesignmagazine.com, 23.03.2014, URL: http://de.socialdesign magazine.com/mag/blog/design-cult/ la-poltrona-chaise-longue-di-le-cor busier-la-vera-macchina-per-riposare/ [20.02.2017].

Perfall 2007 – Manuela von Perfall, Luxury für Dogs, Kempen 2007.

Perfall/Höpler – 2014 Manuela von Perfall u. Anja Höpler, Wohnen mit Hund. Besondere Menschen und ihre besten Freunde, München 2014.

Pollack 2009 – Ulrike Pollack, Die städtische Mensch-Tier-Beziehung. Ambivalenzen, Chancen und Risiken (= TU Berlin, Soziale Regeln 6), Berlin 2009.

Rehm 1993 – Norbert Rehm, Kind und Hund. Erhebungen zum Zusammenleben in der Familie, Ludwig-Maximilians-Universität München, Diss., 1993.

Renger 2008 – Julia Renger, Gesellschaftliche Debatten um die wirtschaftliche und psychosoziale Nutzung des Hundes von 1870–1945 in Deutschland, Freie Universität Berlin, Diss., 2008.

Rosa 2016 – Hartmut Rosa. Eine Soziologie der Weltbeziehung, 2. Aufl., Berlin 2016.

Runow 2012 – Tanja Runow, Fernsehen für Hunde. Passend zur documenta gibt es den neuen US-Sender „DogTV", in: Deutschlandfunk, Text zur Corso-Sendung vom 30.07.2012, URL: http://www. deutschlandfunk.de/fernsehen-fuer-hun de.807.de.html?dram:article_id=215968 [20.02.2017].

Silbermann 1995 – Alphons Silbermann, Die Küche im Wohnerlebnis der Deutschen. Eine soziologische Studie, Opladen 1995.

Steinbrecher 2014 – Aline Steinbrecher, „They do something" – Ein praxeologischer Blick auf Hunde in der Vormoderne, in: Friederike Elias, Albrecht Franz, Henning Murmann u. Ulrich Wilhelm Weiser (Hg.), Praxeologie. Beiträge zur interdisziplinären Reichweite praxistheoretischer Ansätze in den Geistes- und Sozialwissenschaften (= Materiale Textkulturen 3), Berlin 2014, S. 29–51.

Steinbrecher 2009 – Aline Steinbrecher, Die gezähmte Natur in der Wohnstube. Zur Kulturpraktik der Hundehaltung in frühneuzeitlichen Städten, in: dies. u. Sophie Ruppel (Hg.), Die Natur ist überall bey uns. Mensch und Natur in der Frühen Neuzeit, Zürich 2009, S. 125–141.

Steinbrecher 2001 – Aline Steinbrecher, Hunde und Menschen. Ein Grenzen auslotender Blick auf ihr Zusammenleben (1700–1850), in: Historische Anthropologie 19, 2 (2001), S. 192–210.

Steinfeld 2009 – Andrea Steinfeld, „Kampfhunde". Geschichte, Einsatz, Haltungsprobleme von „Bull-Rassen". Eine Literaturstudie, Tierärztliche Hochschule Hannover, Diss., 2002.

Warnke 1979 – Martin Warnke, Zur Situation der Couchecke, in: Jürgen Habermas (Hg.), Stichworte zur „Geistigen Situati-

on der Zeit", Bd. 2: Politik und Kultur,
Frankfurt a.M. 1979, S. 673–683.

Vinken 2013 – Barbara Vinken, Angezogen.
Das Geheimnis der Mode, Stuttgart 2013.

Zimmermann/Jänicke 2017 – Burkhard Maria
Zimmermann u. Steffen Jänicke, Das Bau-
haus-Haus, in: Merian 1 (2017), S. 90–96.

Hörner/Antlfinger
LIVIꞐG IN A BOX*
Brief an Clara
und Karl

*LIVING IN A BOX – Songtitel der britischen Popband
gleichen Namens aus dem Jahr 1987.

Ute – Erinnert ihr euch noch, wie es war, als ihr in unser
Leben kamt? Ich weiß noch, dass wir euch in einer kleinen
Transport-Box mit nach Hause genommen haben, und weil
wir den Käfig noch nicht aufgebaut hatten, habt ihr die Nacht
in ihr verbracht. Ihr saßt in eurer Box, in unserem Schlafzimmer neben unserer Matratze auf dem Boden. Ganz nah bei
uns. Wir dachten, das wäre gut, damit ihr euch nicht alleine
fühlt. Und dann kam mitten in der Nacht ein ganz seltsames
Geräusch aus dieser Box, so ein Knurren oder Fauchen. Völlig unerwartet für Vögel – wir waren total erschrocken.

> Mathias – Dieses Knurren war wirklich unheimlich, das macht
> ihr nur, wenn ihr euch bedroht fühlt. Aber vielleicht haben wir
> in dieser Nacht auch für eure Ohren komische Geräusche ge-
> macht ... Am nächsten Tag haben wir dann euren ersten Käfig
> aufgebaut. Der Mann, der ihn uns verkauft hat, war Schlosser
> und so sah der Käfig dann auch aus: ziemlich massiv.

U – Was uns die ersten Jahre immer wieder beschäftigt hat,
war die Frage – wie groß muss der Käfig sein, damit ihr
genügend Platz und Freiraum zur Entfaltung habt, wie soll
er eingerichtet werden, wie viel Zeit sollt ihr drinnen ver-

bringen und wie viel draußen? Und irgendwann fingen wir an, darüber nachzudenken, ob ihr nicht einen eigenen Raum bekommen solltet, sozusagen *A Room of One's Own*[1], damit ihr auch mal für euch sein könnt. Aber mit der Zeit haben wir verstanden, dass euch das Zusammensein sehr viel wichtiger ist als ein eigenes Zimmer – etwas, das für uns Menschen (Ute und Mathias) so ein hohes Gut darstellt. Ein Raum für uns allein, in dem wir unseren Gedanken nachgehen können.

M – Sicher geht auch ihr euren Gedanken nach. Ihr sitzt auch gerne auf einem eigenen Stuhl oder zieht euch zurück in eure Ecke, aber ihr verliert nicht gerne den Blickkontakt. Wenn wir ehrlich sind, steckte hinter der Idee eines eigenen Zimmers für euch auch ein bisschen der Wunsch, euch loszuwerden. Uns euch vom Hals zu schaffen. Uns dem Übermaß an Nähe zu entziehen. Das ist ja das Schwierige am Zusammenleben mit euch Papageien, dass ihr so intelligente und soziale Wesen seid, die hohe Ansprüche an ihren Schwarm haben.

Ihr wollt immer dabei sein, mitbekommen, was passiert. Wenn wir kochen, klettert ihr zwischen den Töpfen herum, wenn wir die Werkzeugkiste aufmachen, wollt ihr die Schrauben neu sortieren, und wenn wir am Laptop sitzen, versucht ihr uns die Tasten aus der Tastatur zu reißen. Ihr interessiert euch genau für die Dinge, die auch uns interessieren. Und die finden in der Regel nicht im Käfig statt.

U – Laut einem Gutachten des Ministeriums für Ernährung und Landwirtschaft liegt die Mindestanforderung an einen Käfig für zwei Graupapageien bei $2,0 \times 1,0 \times 1,0$ m. Ich habe keine Ahnung, wie man auf diese Maße gekommen ist. Im Grunde ist kein Käfig groß genug für euch, aber es ist ganz schön viel Platz, um auf der Stelle zu sitzen und die *idle time animation*[2] abzuspielen.

---

1   Virginia Woolf, A Room of One's Own, London 1929.
2   *Idle time animations* sind kurze Animationen, die von virtuellen Charakteren in Computerspielen selbsttätig ausgeführt werden, wenn die Spieler*in nicht handelt bzw. keinen Impuls in das System gibt.

M – Ich behaupte mal, ihr bespielt den Käfig immer dann als Wartezimmer, wenn wir zu Hause sind und ihr uns zeigen wollt, dass ihr unzufrieden seid bzw. raus wollt. Wir haben ja nie eine Kamera aufgestellt, um euch in unserer Abwesenheit zu beobachten, das wäre ja auch unhöflich. Aber ich bin mir ziemlich sicher, dass ihr euch anders verhaltet, wenn wir nicht da sind.

Vielleicht wie in diesem Trickfilm, wo man sieht, was die Tiere machen, wenn die Besitzer*innen nicht zu Hause sind.[3] Ein Film für alle, die sich schlecht fühlen, weil sie ihre tierlichen Gefährt*innen den ganzen Tag alleine lassen. Diese Idee, dass dann was Tolles passiert, dass ihr euch verabredet und gemeinsam um die Häuser zieht bzw. die Bude auf den Kopf stellt und dann in Windeseile alles wieder in Ordnung bringt, bevor Herrchen oder Frauchen nach Hause kommen.

U – Generell gibt es ja die Auffassung, dass es in einem menschlichen Zuhause Räume geben muss, in denen Tiere nichts verloren haben. Das ist aber schwer durchzuhalten, weil diese verbotenen Räume natürlich besonders interessant sind, und wenn du einmal vergisst, die Tür zuzumachen, liegen die nicht-menschlichen Gefährt*innen auch schon im Bett. Aber die Gepflogenheiten können sich auch ändern, beispielsweise wenn Tiere krank oder alt werden. Karl, du schläfst nun schon seit ein paar Jahren (seit du die 50 überschritten hast) in deiner kleinen Box an unserem Bett, damit wir merken, wenn es dir mal nicht gut geht. Aber es sieht so aus, als ob du das nächtliche Zusammensein auch dann genießt, wenn es dir gut geht.

Eigentlich schlafen wir alle gerne beieinander. Das war bis ins 18. Jahrhundert vermutlich auch ganz normal. Die adeligen Frauen auf den Bildern der alten Meister haben wahrscheinlich alle ihre *lap dogs* mit ins Bett genommen, was heutzutage ein Tabu sein soll. Dabei ist der gemeinsame Schlafpatz – das Nest – der Ort, an dem unser Zutrauen zueinander manifest wird.

---

3   Angespielt wird hier auf den Film *Pets* (Originaltitel: *The Secret Life of Pets*), Regie: Chris Renaud und Yarrow Cheney, 2016. Der Film spielte weltweit 875 Millionen US-Dollar ein und lag damit auf Rang sechs der erfolgreichsten Filme des Jahres.

1

2

3

4

5

6

Niemand würde neben jemandem einschlafen wollen, dem er
nicht über den Weg traut. Ihr Papageien liebt es, unter unsere
Bettdecken zu kriechen, um dort die Nacht zu verbringen. Und
wenn es hell wird, kommt ihr rausgeklettert, setzt euch auf
unsere Schultern und begrüßt den Tag.

M – Vorstellbar wäre ja: Hund, Katze, Vogel, Mensch, um
nur die vier Wichtigsten zu nennen, leben in einer Familie,
einer speziesübergreifenden Familie, und daraus ergibt sich
etwas Neues. Wenn ihr draußen, in der Wildnis leben würdet, gäbe es andere Parameter, die euer Leben bestimmen.
Und auch wir würden ohne euch ein anderes Leben führen. Wir hätten vielleicht nicht so viele Löcher in unseren
T-Shirts, aber auch nie erfahren, wozu ihr fähig seid. Es ist
ein gegenseitiger Prozess der Anpassung und Beeinflussung.
In unserer neuen Wohnung haben wir z.B. eine Wand raus-
gerissen, damit der zentrale Raum, in dem wir die meiste
Zeit zusammen verbringen, größer wird. Außerdem haben
wir zusätzlich noch einen kleineren Durchbruch gemacht,
der euch als Ein- bzw. Ausflugloch dient, damit ihr möglichst
große Kreise durch die Wohnung fliegen könnt.

U – Das ist für euch frei im Luftraum navigierende Wesen
natürlich nur eine Annäherung, aber auch wir Menschen
haben uns domestiziert, um in unseren vier Wänden zu
funktionieren. Die ersten von menschlichen Tieren gebauten
Architekturen waren ja bezeichnenderweise Gräber. Die Industrialisierung des Wohnungsbaus hat uns dann die Schuh-
kartonarchitektur beschert, in der wir heute leben. Diese
rechteckigen Räume, die auch ganz anders aussehen könnten.
Fragiler, durchlässiger und im besten Sinne unsicherer, wie es
Gordon Matta-Clark[4] einforderte, als er die physischen Gren-

---

4   Gordon Matta-Clark (1943–1978), US-amerikanischer Künstler und Ar-
     chitekt, formulierte seine Kritik an der Architektur seiner Zeit wie folgt:
     „The state of enclosure [...] has been preconditioned not only by physical
     necessity, but by the industry that proliferates suburban and urban boxes
     as a pretext for ensuring a passive, isolated consumer."

zen des Raums aufbrach, um zu zeigen, dass der geschlossene
Raumkörper keine statische Notwendigkeit hat.

M – Die meisten von uns können sich die Wohnsituation
leider nicht aussuchen. Gerade in den Städten ist man
froh, wenn man überhaupt eine Bude bekommt, die dann
so aussieht, wie sie eben aussieht. Da kann man bestenfalls
drumherumarbeiten. Insofern ist die Domestizierung der
Menschen schon unglaublich weit fortgeschritten. Wir sind
Meister*innen der Anpassung, aber auch ein nicht-mensch-
liches Tier, das in so einem Raum lebt, kann sich anpassen.

U – Könnt ihr euch noch an den Kletterbaum erinnern?
Wir hatten in einem Wäldchen diesen etwas kümmerlichen
kleinen Baum für euch abgesägt und in der Wohnung installiert. Ihr saßt am liebsten auf dem obersten Ast und habt
euch die Lunge aus dem Leib geschrien. Ihr habt Sturzflü-
ge über unseren Köpfen veranstaltet, uns attackiert und
gebissen. Man kann sagen, ihr habt widerständige Praxen
ausgeübt. Als wir uns nicht mehr zu helfen wussten, haben
wir uns einen Ratgeber besorgt: Sally Blanchards *Companion Parrot Handbook*.[5] Der erste Rat darin war, euch zu stut-
zen, und der zweite, euch gestutzt zu halten. Hoch oben zu
sitzen, bedeutete in eurer Welt laut Blanchard, die Chef*in
zu sein, was ein junges Tier schlichtweg überfordere und
unweigerlich zu Problemen führe. Das kam uns erst einmal
plausibel vor.

M – Mehr oder weniger ...

U – Es gab eine Vielzahl von Regeln für das Zusammenleben:
beispielsweise, dass *companion parrots* nicht selbstständig aus
dem Käfig raus- bzw. in den Käfig reinklettern dürfen – sie
müssen platziert werden; dass ihr nicht auf dem Boden rum-

---

5   Sally Blanchard, Companion Parrot Handbook. Using Nurturing Guidance
    to Create the Best Companion Parrot Possible. Aka the Happy Bappy Fun
    Book, Pet Bird Report 1999.

laufen dürft, weil das unser Territorium ist; dass ihr nicht auf der Schulter und schon gar nicht auf dem Kopf sitzen dürft, weil auch das Dominanz ausdrückt. Die meisten Ratgeber waren und sind vielleicht noch heute voll von Dingen, die Papageien nicht dürfen – viel mehr, als sie dürfen. Dabei hat sich die Vorstellung, dass Papageien dominant seien, inzwischen als eine genuin menschliche Konstruktion herausgestellt.

M – Oft sind es ja Kleinigkeiten, die das Leben schöner machen. Wenn man der Werbung glauben darf, bekommen die meisten ‚Heimtiere' ihr Essen im Napf serviert. Aber euch scheint es viel mehr Freude zu machen, euch selbst etwas zu besorgen. Du, Clara, holst dir gerne vor dem Abendessen ein Stück Knoblauch aus der alten Holzdose auf der Anrichte, die du schon total zernagt hast. Und Giselle nimmt sich gerne vom Frühstückstisch eine Kleinigkeit mit, um sie in aller Ruhe an einem anderen Ort zu verspeisen.

Manchmal nervt es natürlich, wenn überall verstreut die Brösel rumliegen, vor allem wenn Giselle ihr Butterbrot auf unseren Köpfen gegessen hat und wir dann die ganzen Krümel in den Haaren haben. Aber im Großen und Ganzen haben wir uns darauf eingestellt. Ich sage nur: Linoleumfußböden. Man versucht sich so einzurichten, dass die Unordnung kein Problem darstellt. Das geht.

U – Ich frage mich, wie ihr euch selbst eure Wohnung einrichten würdet. In der freien Natur seid ihr Höhlenbrüter. Ihr würdet euch vermutlich einen hohlen Baum suchen, ein Astloch, und das ausarbeiten. Wie könnte das in unserem Zusammenleben realisiert werden? Das ist ja die Frage, wenn man das Wohnen als Bedürfnis ernst nimmt. Also nicht nur einen Raum angeboten zu bekommen, sondern die Möglichkeit, sich einen Raum selbst anzueignen. Uns war das ja auch total wichtig in den vergangenen Monaten, in denen wir die Wohnung umgebaut haben, und jetzt ist es eigentlich an der Zeit, dass auch ihr Vögel euren Wohnraum selbst gestalten könnt. Aber wie soll das gehen?

M – Das ist ein Projekt, das wir im Grunde noch vor uns haben. Am einfachsten wäre das wahrscheinlich, wenn wir mit euch in eurem ‚natürlichen' Habitat leben würden. Wenn wir sagen würden: „Wir leben jetzt draußen und lassen euch fliegen." Vielleicht wärt ihr weg. Aber vielleicht wäre unsere Bindung auch so stark, dass ihr in der Nähe bleiben würdet. Ihr würdet in irgendwelchen Bäumen leben und eure Löcher in die Stämme nagen ...

U – Und wir würden unser Zelt unter euren Bäumen aufschlagen. Ihr würdet ganz weit oben sitzen und auf uns herunterschauen ...

M – Aber eigentlich leben wir schon in unserem ‚natürlichen' Habitat. Außer dir, Karl, ist keine*r von uns in der Wildnis aufgewachsen, wir sind eine domestizierte WG. Das Problem sind eher die Limitierungen: der Grundriss, das Material, aus dem Wände, Decken und Böden bestehen ... Der Gestaltungsspielraum ist für uns alle sehr begrenzt. Die Frage ist also: Wie frei können wir über die Architektur unseres Zusammenwohnens überhaupt bestimmen? Wer baut die Wohnungen und Häuser, in denen menschliche und nicht-menschliche Akteur*innen gleichberechtigt zusammen wohnen können?

U – Trotzdem ist es gut, wenn auch wir weiter unseren Beobachtungen nachgehen. Wir sind – hoffe ich – aufmerksamer geworden über die Jahre. Wir haben gemerkt: Ach, das interessiert euch, das macht ihr gerne. Ihr habt Lust, euch mit etwas zu beschäftigen, euch beispielsweise mit Materialien auseinanderzusetzen. Vieles in unserer Kollaboration passiert ja aus der gegenseitigen Anregung heraus. Wenn wir in der Küche oder im Atelier am Basteln sind, kommt ihr auch in Stimmung, an euren Objekten zu arbeiten, und wenn ihr zusammen improvisiert, bekommen auch wir Lust, Musik zu machen.

M – Im gemeinsamen Wohnen geht es um gemeinsame soziale Handlungen und wie sie in ein neues Verhalten übergehen, einen gemeinsamen Raum produzieren. Das sind sehr langwierige Prozesse. Ich glaube nicht, dass sich über den Raum etwas theoretisch entscheiden lässt, wie beispielsweise: Am besten für euch wäre ein eigenes Zimmer, da hättet ihr schön viel Platz. Das funktioniert nicht, weil es nur eine Idee ist, die zu nichts führt. Eine Projektion unsererseits.

U – Frau Caspar braucht z.B. ganz wenig Platz. Sie sitzt am liebsten in meinem Ausschnitt. Das Loch, das sie mir ins Shirt gebissen hat, funktioniert wie ein Ausguck, wie ein kleiner Balkon.

M – Wir menschlichen Tiere sind für euch Papageien wandelnde Bäume. Und unsere Kleider sind die Asthöhlen, in die ihr euch setzt. Das ist ja schon mal ein Ansatz.

1 CMUK, *weekly No. 26*, 2015, Décollage/
   Fotografie, 40 × 60 cm
2 Hörner/Antlfinger, *Togetherness*, 2016,
   Fotografie, 25 × 18,75 cm
3 Antonio Maria Esquivel y Suárez de Urbina, *Rafaela Flores Calderón*, ca. 1842,
   Öl auf Leinwand, 138 × 105 cm, Museo Nacional del Prado, Madrid
4 Hörner/Antlfinger, Karl in einer von ihm gebauten Architektur, 2015, Fotografie, 60 × 40 cm
5 Gordon Matta-Clark, *Conical Intersect*, 1975, Silbergelatineprint/Fotografie, 26,99 × 39,69 cm, Collection San Francisco Museum of Modern Art
6 Hörner/Antlfinger, Clara bei der Arbeit an *Die Welt in der wir leben*, 2016, Fotografie, 70 × 46 cm

GRENZZIEHUNGEN
ZWISCHEN
WOHNSUBJEKTEN

INTIMISIERUNG.
GRENZZIEHUNGEN
ZWISCHEN
WOHNSUBJEKTEN

INTIMISIERUNG.
GRENZZIEHUNGEN
ZWISCHEN
WOHNSUBJEKTEN

INTIMISIERUNG.
GRENZZIEHUNGEN
ZWISCHEN
WOHNSUBJEKTEN

INTIMISIERUNG.
GRENZZIEHUNGEN
ZWISCHEN
WOHNSUBJEKTEN

INT   ISIERUNG.

Aline Steinbrecher
Hunde als Gefährtentiere und Wohngenossen des Bürgertums im 18. Jahrhundert

Canis lupus familiaris – lateinisch für (Haus-)Hund. Die vielfältigen Konnotationen dieses lateinischen Begriffs sind im deutschen Sprachgebrauch nur schwer zu transportieren. Um dennoch die Bedeutung des Adjektivs *familiaris* im Kontext der Heimtierhaltung als ‚vertraut' und ‚zur Familie gehörig' zu vermitteln, schlage ich im Folgenden die wortwörtliche Übersetzung der im Englischen gebräuchlichen Bezeichnung *companion animal* als ‚Gefährtentier' vor.[1] Im Wort ‚Gefährtentier' ist der Begriff ‚Fährten' enthalten, somit kann verdeutlicht werden, dass Hunde Fährten in der Geschichte hinterlassen haben.[2]

Als Gefährtentier wurde der Hund spätestens seit dem 18. Jahrhundert auch zum Wohngenossen. Diese Entwicklung soll im Folgenden aufgezeigt werden. Hierzu beschreibe ich das Phänomen der Hundehaltung anhand spatialer Konzepte, denn, so Emma Power, „[t]he question is as much about where Species meet as when".[3] Die Verbindung von Tiergeschichte mit Raumgeschichte bringt die Nähe von Kaniden und Menschen in gemeinsamen Räumen wie dem Wohnraum zum Ausdruck. In diesem Kontext ist entscheidend, dass der Hund in seiner Funktion als Gefährtentier im Verlauf des 18. Jahrhunderts im städtischen Kontext in die Wohnhäuser vordrang und damit zu einem bedeutsamen Teil

---

1   Dabei folge ich Römhild und Edel. Vgl. Römhild 2005, Edel 1995, S. 88.
2   Siehe Steinbrecher 2012b.
3   Power 2012, S. 373.

bürgerlicher Kultur wurde.[4] Während für die städtische Unterschicht weiterhin die Schutz- und Arbeitsfunktion des Hundes im Vordergrund stand, sollten Hunde ihren bürgerlichen Halter*innen vornehmlich Vergnügen bereiten.[5] Als ‚Lusttier' par excellence galten die „Polster- oder Schoß-Hündlein", wie der Theologe Franz Philipp Florinus (1649–1699) in seinem Hausvaterbuch von 1705 schreibt. Diese „Hündlein" seien „klein, subtil, zart und taugen bloss zur Lust des Frauenzimmers und der Kinder, die mit ihnen spielen und also die Zeit vertreiben". Aber auch Männer hielten sich treue vierbeinige Gefährten zum „blossen Ergötzen",[6] wie Florinus weiter ausführt und dabei auf Jagdhunde verweist, die allerdings gar nicht zur Jagd eingesetzt würden.

Zum Gefährtentier befähigte den Hund in den Augen der Enzyklopädisten des 18. Jahrhunderts vor allem die ihm zugeschriebene Treue und Anhänglichkeit sowie die lange gemeinsame (Evolutions-)Geschichte mit dem Menschen. Dass Hunde an der Seite von Menschen lebten, wurde entsprechend einerseits als natürliche Gegebenheit beschrieben, andererseits als Ergebnis eines historischen Entwicklungsprozesses. Der Eintrag zum Hund in Zedlers *Universal-Lexicon* beginnt etwa folgendermaßen: „[Der Hund] ist ein zahmes Fleisch-fressendes Thier, welches zur Lust und zum Nutzen auf mancherley Weise dienet. Recht wundersam ist zu ersehen, wie unter allen Thieren, welche von dem grossen Gott erschaffen worden, die Hunde einzig und allein bey denen Menschen wohnen, und sich zu deren Dienst willig gebrauchen lassen, wovon und wegen ihrer besonderen Treue, Wachsamkeit, Gehorsam und Liebe zu denen Menschen unzählige Exempel angeführt werden können."[7]

Als Erstes verweist der Eintrag auf die Aufgaben des Hundes als Lusttier, doch er erwähnt überdies auch seine Nutzfunktion. Bemerkenswert ist auch die Hervorhebung der Tatsache, dass Hunde die einzigen Tiere seien, die bei den Menschen wohnten. Demnach kennzeichnete gerade das Teilen des Wohnraums mit den Menschen den Hund als Gefährtentier. Weiter verweist der Eintrag im *Universal-Lexikon* auf die sich ausdifferenzierende Tierhaltung, bei der Nutz- und Heimtieren nicht nur unterschiedliche Funktionen, sondern auch unter-

---

4   Vgl. Steinbrecher 2011.
5   Vgl. Buchner 1991, S. 119–138.
6   Florinus 1705, S. 103.
7   Zedler 1735, Sp. 1179.

schiedliche Räume zugewiesen wurden. Beim Enzyklopädisten Johann Georg Krünitz (1728–1796) tritt der Hund dann bereits ausschließlich als Gefährtentier auf: „Von der Neigung nach Vergnügen ist auch der Gesellschaftstrieb unzertrennlich. Die Hunde scheinen eigentlich zu Gesellschaft des Menschen, vor allen anderen Tieren, eingerichtet zu seyn. Sie schmeicheln ihrem Herren auf alle Art, und begleiten ihn bey jedem Schritt."[8]

Auch hier erfolgt der Verweis auf das Leben in der Gesellschaft des Menschen als charakteristisches hundliches Merkmal. Zudem wird den Kaniden in der Gestaltung dieser Beziehung eine aktive Rolle zugeschrieben. So mache sie gerade ihre Fähigkeit zu schmeicheln zum idealen Gesellschafts- und Vergnügungstier.

Die Hundehaltung zum reinen Vergnügen, neben vielen anderen Zwecken, betont auch Johann August Reichhardt, der 1800 im *Journal des Luxus und der Moden* über das Hundehalten als modische Praxis schreibt: „[M]an hält Hunde zur Sicherheit, zur Hut anderer Thiere, zur Jagd, zum Bedürfnis, zum Vergnügen, zum Staat."[9] Bedürfnis und Vergnügen werden hier unterschieden, ja sogar noch einmal explizit vom Repräsentationsbedürfnis getrennt, das heißt, die unterschiedlichen Aspekte der Hundehaltung teilen sich nicht allein in Nutzen und Vergnügen, sondern in eine Vielfalt von Beziehungen. Der Autor, der sich in dem Artikel als Hundehalter zu erkennen gibt, betont weiter, dass die Hundehaltung ein Vergnügen sei, und zwar „im besseren, wahren Wortverstande". Wenn man abends müde aus dem „Menschengewirr" zurückkehre, dann werde man von seinem Hund empfangen, „dieser wedelt vor Freuden mit dem Schwanze, beginnt ein dem Bellen nur ähnliches Gekreisch, drückt sich platt auf alle Viere gestreckt [...] auf den Boden, seine Schnauze auf meinem Schuh ruhend, als wolle er sagen: nun ist alles gut[,] wir sind ja wieder beieinander."[10] Diese Schilderung einer innigen und sehr persönlichen Begrüßung geht unumwunden in die Beschreibung der Treue des Hundes sowie der Kaniden im Allgemeinen über. Deutlich wird aber auch, dass der Hund den gemeinsamen Wohnraum, der hier auch als Ort der Ruhe und des Rückzugs beschrieben wird, als sozialer Akteur aktiv mitgestaltet.

---

8   Krünitz 1762, S. 336.
9   Reichardt 1796, S. 288.
10   Ebd., S. 290.

Nach der Schilderung seiner persönlichen Beziehung zum Hund kommt der Autor auf die Kulturtechnik der Hundehaltung im Allgemeinen zu sprechen. Er führt aus, dass in vielen Städten Deutschlands das Hundehalten eine noch nie da gewesene Popularität erlangt habe und damit zu einer wahren Mode geworden sei.[11] In dieser Quelle erscheint der Hund also als inniger Beziehungs- wie auch als ‚modisch-zeitgemäßer‘ Vergnügungspartner. Diese partnerschaftlichen Funktionen des Hundes standen dabei keineswegs im Widerspruch zu seiner Funktion als Statussymbol – vielmehr waren beide Dimensionen in der bürgerlichen Hundehaltung des 18. Jahrhunderts eng miteinander verbunden.[12]

Dass diese neuartige Form der Hundehaltung sich vor allem im Bürgertum etablieren konnte, ergibt sich schon daraus, dass sie Kosten verursachte, ohne selbst ökonomische Einnahmen zu generieren, also einen gewissen Wohlstand voraussetzte. Zudem entwickelte sich in dieser sozialen Schicht in Abgrenzung vom Bereich der Arbeit das Konzept des Müßiggangs bzw. der arbeitsfreien Zeit. Bei der Ausgestaltung der damit verbundenen Freizeitkultur wurde der Hund von Anbeginn mit einbezogen. Gerade das Sich-Zeigen mit seinem Hund in der Öffentlichkeit – etwa beim Spaziergang in hundlicher Begleitung – war ein zentrales Element bürgerlicher Selbstdarstellung.[13] Denn nicht nur an der Kleidung, sondern auch am Hund ließ sich in den ständischen Gesellschaften der Städte für Außenstehende erkennen, welchem Stand eine Person angehörte.[14] Die Kaniden symbolisierten dabei nicht allein Luxus, sondern auch guten Geschmack, wie die Vielfalt und Kostbarkeit von Hundeaccessoires aus dieser Epoche zeigt. Hunde als mobile Besitztümer ließen sich demnach auf eine Art und Weise konsumieren, die der amerikanische Ökonom und Soziologe Thorstein Veblen „demonstrativen Verbrauch" nennt.[15] In diesem Sinne wurden Hunde, vor allem bei bürgerlichen und aristokratischen Damen, zum Modeac-

---

11 Vgl. Bertuch/Kraus 1800, S. 394f.
12 Vgl. auch Brantz 2007, S. 78f.
13 Vgl. Steinbrecher 2012a.
14 Vgl. Auerbach 2009, S. 41.
15 Als „demonstrativer Verbrauch" bzw. „demonstrative Verschwendung" zielt das öffentliche Konsumieren darauf ab zu zeigen (bzw. damit zu protzen), was man sich alles leisten kann; durch seine Darstellung soll der soziale Status abgesichert bzw. erhöht werden. Der Begriff entstammt Veblens *Theorie der feinen Leute* (engl. *The Theory Of The Leisure Class*), vgl. Veblen 1997, S. 32f.

cessoire. Gerade eine solche Zurichtung von Hunden als Modeacces-
soires macht deutlich, dass sie in der außerhäuslichen Öffentlichkeit
sowohl als Symbole sozialer Ordnungsmodelle fungierten als auch als
Medium der Selbstdarstellung. Daher scheint es mir entscheidend, bei
der Interpretation des Hundes nicht bei seiner Rolle als Statussymbol
und Livestyle-Objekt zu verbleiben, sondern Hunde als Beziehungspartner zu verstehen. Der Zugang über das Moment der Beziehung
macht zudem deutlich, dass Hunde für ihre Besitzer*innen Medien
der Selbstdarstellung und emotional nahestehende Gefährtentiere in
einem sein konnten.

Bei der Beantwortung der Frage, wann genau die Entwicklung
einsetzte, Hunde im städtischen Kontext als Gefährtentiere zu halten,
herrscht in der Forschung kein Konsens.[16] Einigkeit herrscht hingegen darüber, dass sich die Hundehaltung zum privaten Vergnügen im
19. Jahrhundert als kulturelle Praxis etabliert hatte bzw. dass, wie es
Kathleen Kete formuliert, Hunde zunehmend zum „cliché of modern
life" wurden.[17] Kete zeigt in ihrem Buch *The Beast in the Boudoir* (1994),
wie sehr Heimtiere im Paris des 19. Jahrhunderts das Familienleben und
den Wohnraum mitgestalteten. Harriet Ritvo wiederum untersucht die
„evolution of the Victorian dog fancy" und erbringt den Nachweis, dass
auch in London im 19. Jahrhundert das Interesse an Hunden erheb-
lich zunahm.[18] Die Geburtsstunde der Heimtierhaltung deshalb ins 19.
Jahrhundert zu verlegen, wie oft geschehen, überzeugt dennoch nicht:
Aufgrund der zahlreichen Hinweise auf diese Praktik bereits im ausge-
henden 17. Jahrhundert ist von einem deutlich früheren Wandel von einer
adeligen zu einer stadtbürgerlichen Hundehaltung auszugehen. Zudem
ist nachweisbar, dass Hunde bereits im Mittelalter als Gefährtentiere
gehalten wurden – insofern hat sich im Laufe der Neuzeit nicht das
Phänomen an sich, sondern die Art und das Ausmaß der Hundehaltung
verändert. So wurde gegen Ende des 18. Jahrhunderts die private Hundehaltung von einem Luxusverhalten Einzelner zu einer weit verbreiteten
und zudem moralisch aufgeladenen Praxis.[19]

---

16 Ausführlich dazu Steinbrecher 2009.
17 Kete 1994, S. 1.
18 Vgl. Ritvo 1986, S. 230–234.
19 Vgl. ebd., S. 96.

Zur Erklärung ebendieser Praxis gibt es in der Forschung unterschiedliche Thesen,[20] die hier nur in Bezug auf die Rolle des Hundes als Wohngenossen ausgeführt werden sollen. Die Rolle des Hundes findet sich unter anderem in der Definition des Heimtiers von Kathleen Walker-Meikle: „Pets are animals kept by humans for companionship. An animal only becomes a pet because its human owner chooses to keep it as one. There are no pets in nature. A ‚pet' is thus an artificial, man-made category."[21] Diese Begriffsbestimmung verweist auf die Kategorie des Heimtiers als von Menschen gemachte, Ordnung stiftende Kategorie und verdeutlicht, dass Tiere und die Kategorien ihrer Zuordnung soziale Konstrukte sind.[22] Walker-Meikles Definition versteht Heimtiere – und das ist wichtig – als Gefährtentiere, die zudem, so möchte ich hinzufügen, in eine *räumliche* Nähe zum Menschen treten. Dieses Vordringen in einen gemeinsamen Wohnraum macht Tiere erst zu Heimtieren im eigentlichen Sinne.[23] John Berger skizziert die Nähe von Menschen und Tieren in der Vormoderne in dem Bild des inneren Kreises: „[A]nimals constituted the first circle of what surrounded man."[24] Er bezieht in dieses Bild aber durchaus noch die Nutztiere mit ein, zu denen die *pets* bis ins 19. Jahrhundert ebenfalls gezählt wurden.[25]

Das Bild des ‚inneren Kreises' oder der Begriff des sozialen Nahraums, wie ich ihn verwende, zeigen sowohl die räumliche wie auch die emotionale Nähe von Hunden und Menschen. So waren Heimtiere bereits im 18. Jahrhundert einerseits Tiere, mit denen Menschen unter einem Dach lebten und schliefen, und andererseits Tiere, die zu Gefährtentieren ihrer menschlichen Mitbewohner*innen wurden. Das gemeinsame Leben unter einem Dach beinhaltete auch das Teilen der beheizten Räume, die in der Vormoderne nur einen kleinen Teil des Wohnraums ausmachten[26] und zu denen Heimtiere, aber nicht Bedienstete, Zutritt hatten. Heimtiere nahmen also, wie DeMello betont, einen „social place"[27] im Familiengefüge ein.

20   Zur Beschreibung des Phänomens vgl. z.B. Ritvo 1988, S. 13–31.
21   Walker-Meikle 2012, S. 1.
22   Vgl. DeMello 2012, S. 147.
23   Vgl. Fudge 2002, S. 28.
24   Berger 1980, S. 1.
25   Vgl. ebd., S. 14.
26   Vgl. Heyl 2004, S. 128.
27   DeMello 2012, S. 155.

Bereits im 16. und 17. Jahrhundert hatte dieser Prozess der räumlichen Diversifizierung begonnen. Im Zuge dessen wurden Nutztieren zunehmend eigene Räumlichkeiten wie Ställe, Käfige oder Menagerien zugeteilt. Während also zu den einen, den essbaren Tieren, der Abstand größer wurde, rückten die anderen, die individualisierten und nicht fürs Essen bestimmten Tiere, immer näher an die Menschen heran und erhielten ihren Ort im gemeinsamen Wohnraum.[28] Durch die Zuweisung von spezifischen Räumlichkeiten an die Tiere bekam auch das Teilen des Wohnraums von Mensch und Tier eine neue, intime Dimension. Das Eintreten der Tiere in das menschliche Haus (lat. *domus*) kann dabei auch als Dominanz des Menschen über seine Heimtiere gelesen werden. Diese Machtausübung sei aber nicht grundsätzlich als Gegensatz zur affektiven Hinwendung zu fassen, sondern es sei, so Raber, gerade das Miteinander von Dominanz und Affektion, welches die Mensch-Heimtier-Beziehung ausmache.[29] Hier lässt sich – mit Verweis auf die oben genannte Definition, der zufolge Heimtiere nicht-menschliche Lebewesen sind, die in den häuslichen Bereich vordringen – eine Interpretation von Mary Douglas anführen, die besagt, dass das private Haus ‚ein Raum unter Kontrolle' ist und war.[30] Die Ausstattung eines Wohngebäudes, insbesondere in den öffentlich zugänglichen Bereichen, galt spätestens seit der Ausdifferenzierung privater und öffentlicher Sphären um 1800 als diffizile Angelegenheit. Die Räume, zu denen Besucher*innen Zutritt gewährt wurde, etwa das Wohnzimmer, wurden gewissermaßen zur Bühne, auf der sich die Rituale eines Besuchs optimal inszenieren ließen.[31] Die Einrichtung, und dazu gehörten auch die Heimtiere sowie die tierlichen ‚Accessoires', sollten hierbei den sozialen Status der Gastgeber*innen widerspiegeln.

Tierliches Wohnen

Dieser Wunsch nach der Zurschaustellung des eigenen sozialen Status lässt sich gerade anhand von Aquarien zeigen, die seit den 1850er-Jahren

---

28 Vgl. Keith 1983, S. 93.
29 Vgl. Raber 2007, S. 98. Das Argument, dass Haustierhaltung auch immer Machtausübung bedeutet, findet sich auch bei Tuan 1984, S. 99.
30 Vgl. Douglas 1991, S. 289.
31 Vgl. Heyl 2004, S. 177–179.

im Bürgertum sehr populär waren und allmählich die frühneuzeitlichen Goldfisch-Glaskugeln ablösten.[32] Bereits 1860 bezeichnet die *Grande Encyclopédie* Aquarien als Zeichen des Fortschritts und als elegantes Wohnaccessoire. 1861 notierte der französische Ornithologe Florent Prévost (1794–1870), dass in Paris und London nun zahlreiche Wohnungen mit Aquarien ausgestattet seien.[33] Kathleen Kete weist anhand der Pariser Aquaristik nach, dass es bei der Heimtierhaltung weniger um Kontrolle als vielmehr um Flucht aus dem alltäglichen Leben ging. Sie erklärt, dass die Halter*innen im Umgang mit Heimtieren in eine imaginäre Welt eintreten konnten. Die Ausstattung der Aquarien und die Auswahl der Fische bildeten hierzu den kulturellen (Geistes-)Horizont des bürgerlichen Lebens *en miniature* ab. So wurden die Aquarien beispielsweise mit Modellen griechischer Ruinen oder mit exotischen Pflanzen ausgeschmückt. Diese kleinen, sorgfältig gestalteten Lebensräume machen zudem deutlich, dass es bei der Heimtierhaltung auch darum ging, die Natur in gezähmter, kultivierter Form ins Wohnzimmer zu bringen.[34]

Populär waren auch Vogelkäfige als Wohnaccessoires.[35] Die Haltung insbesondere von Kanarienvögeln im Wohnbereich setzte sich in Frankreich schon im 18. Jahrhundert durch. Sie stand dabei, so Julia Breitruck, im Kontext der Pariser Vorliebe für exotische Wohnaccessoires.[36] Der Vogelkäfig stellte ein klassisches Repräsentationsobjekt dar, und der darin gehaltene Singvogel gestaltete mit seinen gesanglichen Aktivitäten den Wohnraum sozusagen als Klangraum mit.[37] Aquarium und Käfig sind aber nicht nur Wohnaccessoires, sondern sie stellen auch den (einzigen) Lebensraum der als Heimtiere gehaltenen Fische und Vögel dar. Dies gestaltet sich beim beliebtesten Heimtier, dem Hund, etwas differenzierter, denn Kaniden teilten ja meist den gesamten Wohnraum mit dem Menschen. Dennoch wurden ihnen seit jeher spezielle Orte im gemeinsamen Wohnen zugedacht und für ihre Haltung eigens Zubehör angeschafft. Für solche Wohnaccessoires hatte sich bereits im 18. Jahrhundert ein auf Hunde spezialisierter

---

32   Vgl. Kete 1994, S. 57f. Vgl. hierzu auch den Aufsatz von Mareike Vennen
     in diesem Band.
33   Kete 1994, S. 59.
34   Ebd., S. 61–63.
35   Siehe Breitruck 2012, S. 131–146.
36   Vgl. ebd., S. 141.
37   Ebd.

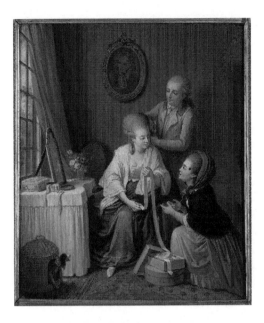

1 Sigmund Freudenberger, *La
Marchande de rubans*, Mitte 18. Jh.,
Öl auf Holz, 44×36,5 cm, Musée
Cognacq-Jay, Paris

Markt entwickelt, der sich im Laufe des 19. Jahrhunderts weiter ausdiffe-
renzierte. So durfte im tiergerecht eingerichteten Wohnraum bürgerlicher
Hundehalter*innen beispielsweise ein Schlafkissen oder Hundebett nicht
fehlen (Abb. 1). Solche Accessoires wurden, wie Kete für Paris darlegt, ab
1850 in *petshops* verkauft.[38] Detailliertere Informationen zum hundlichen
Schlafplatz sind unter anderem den meist von Medizinern verfassten, seit
den 1770er-Jahren populären Tollwut-Traktaten zu entnehmen, die nicht
nur verdeutlichen, was als idealtypischer Hundeschlafplatz galt, sondern gegen den Strich gelesen auch zeigen, wo Hunde im Alltag wirklich
schliefen.[39] Da es als wichtige Maßnahme der Tollwutprophylaxe galt,
dass Hunde ihren Schlafplatz nicht frei wählten, sondern einen solchen
zugewiesen bekamen, wird in Hunderatgebern darüber informiert, wie

38 Kete 1994, S. 18.
39 Vgl. Steinbrecher 2010.

der Hund dazu erzogen werden könne, stets auf demselben Schlafplatz sein Lager zu suchen.[40] Es wurde propagiert, dass Hunde in einem Hundekorb, auf einem Hundekissen oder in einem Hundebett ruhen sollten. Die den Kaniden zur Verfügung gestellte Schlafstätte sollte die Hunde vor Kälte, Wind und Nässe, aber auch vor Hitze schützen.[41] Als Hundelager sollten die Halter*innen einen der Größe des Hundes entsprechenden ,Hundekasten' bauen, diesen mit Stroh füllen und an einem mäßig warmen Platz im Haus aufstellen.[42] Dieses Hundebett war stets sauber zu halten, um die Entstehung von Krankheiten zu vermeiden.[43]

Weil Hitze für Hunde als schädlich eingestuft wurde, sollte ihnen auch das Liegen am Ofen verwehrt bleiben. Da sich viele Hunde dies nicht so einfach verbieten ließen, schlug der Mediziner Carl Paulus den Hundehalter*innen vor, einen Ofenschutz zu bauen. Rigoroser noch als gegen das Schlafen beim Ofen schrieben die Mediziner gegen das menschliche Bett als Hundeschlafplatz an. Argumentiert wurde hier erneut mit der Tollwutprophylaxe: Im Bett sei sowohl die Wärme wie auch die übermäßige Nähe zum Menschen schädlich. Dieses Argument wurde ebenfalls in pädagogischen Schriften aufgegriffen, wenn wiederholt darauf verwiesen wurde, dass Hunde nicht in die Betten der Menschen gehörten. Die im *Journal für Kinder, Eltern und Erzieher* erzählte „Geschichte des schlauen Pudels" etwa sollte veranschaulichen, dass ein Hund, auch wenn er selbst die Türen öffnen konnte, im Schlafgemach seines ,Herrchens' oder ,Frauchens' nichts verloren habe, sondern vor der Stube schlafen müsse.[44] Hunde teilten als Gefährtentiere – trotz solcher Mahnungen – mit ihren Menschen aber nicht nur das Bett, sondern auch den Tisch. Dies zeigt sich unter anderem darin, dass sich allmählich, wenn auch zögerlich, eine spezifische, auf Hunde ausgerichtete Fütterung durchsetzte. Als typisches Hundefutter galt um 1700 das sogenannte Hundebrot, das sich gemäß Johann Jacob Agricola wie folgt zusammensetzte: „Schwarz Brod, Gersten, Kleyen mit Milchmocken ubermischt."[45] Dass es sich beim „Hundsbrod" um eigens für die Hunde hergestelltes Brot, und zwar aus „Kleyen und Roggenmehl" handelte, welches den Hunden in einem passenden Getränk gereicht wurde, wird bei Krünitz

---

40 Vgl. Wörz 1894, S. 105.
41 Vgl. Fehr 1790, S. 232, Rosenbaum 1848, S. 80f.
42 Vgl. Paulus 1798, S. 72–75.
43 Vgl. Frank 1788, S. 339.
44 Vgl. Bertuch 1806, S. 32.
45 Agricola 1677, S. 128.

erläutert.[46] Es ist davon auszugehen, dass sich nicht alle Hundehalter*innen leisten konnten, für ihre Hunde täglich etwa zwei Pfund Brot zusätzlich zu erübrigen, und dass sie stattdessen ihre Gefährtentiere mit Essenresten und Abfällen versorgten.[47] Der Hund galt damals wie heute als ein Allesfresser, und es sei gerade „seinem viele Arten von Speisen verdauende[n] Magen" zuzuschreiben, dass er dem Menschen überallhin folgen könne, so Julius Sichel.[48] *Im Handbuch der gesamten Hausthierzucht* von 1848 wird zudem festgehalten, der Hund sei „leicht zu ernähren, weshalb auch mancher Unbemittelte einen oder mehre Hunde halten kann, da fast aller Abfall von der Tafel und auch der Küche schon zu seiner Nahrung dient. Andere werden mit dem Fleische von todten Tieren aus den Abdeckerein ernährt, noch andere erhalten Brot-, Mehl- und Schrotsuppen oder Kartoffelbrei als Nahrung."[49] Dass die als Gefährtentiere gehaltenen Hunde aber nicht nur Abfälle zu verwerten hatten, zeigt ein Handbuch der Tierarzneikunde von 1800, das sich dagegen aussprach, Hunden gekochte und gebackene Mehlspeisen vorzusetzen, auch wenn sie diese sehr mochten.[50] Als Getränk, lesen wir im selben Werk weiter, sollte ihnen Wasser, Milch und Fleischbrühe gereicht werden, Wein hingegen würden die Hunde verschmähen.[51] Da sich letzlich wohl kaum vermeiden ließ, dass Hunde vom Tisch versorgt wurden, empfahl das Handbuch darauf zu achten, dass die Speisen nicht zu würzig seien, denn das bekäme den Hunden nicht.[52]

Sowohl beim Hundebrot als auch bei der Resteverwertung spielte Fleisch keine oder nur eine geringe Rolle. Die fleischarme Nahrung war nicht nur eine Sparmaßnahme, sondern spiegelte auch den zeitgenössischen wissenschaftlichen Diskurs zur Hundeernährung wider. Zedler etwa vertrat die These, dass die gesündeste Aufzucht von Junghunden diejenige mit Brot und Suppe sei und nicht diejenige mit Fleisch.[53] Diese vornehmlich fleischlose Ernährung der Haushunde wurde um 1800 in Veterinärtraktaten im Zuge einer allgemeinen Domestikationskritik vereinzelt infrage gestellt. Hunde sollten „Nahrung aus dem Thierreich"

---

46 Krünitz 1782, S. 753.
47 Vgl. Kaiser 1993, S. 45.
48 Sichel 1803, S. 12.
49 Dieterichs 1848, S. 258.
50 Vgl. Sichel 1803, S. 24.
51 Vgl. ebd., S. 25.
52 Vgl. ebd., S. 46.
53 Vgl. Zedler 1735, Sp. 1183.

erhalten und keine „Brotsamen und vegetarische[n] Reste", wie es üblich sei.[54] Im Zuge der Domestikationskritik wurde ebenfalls darauf hingewiesen, dass „Stuben- und Schosshunde"[55] zwar verwöhnt, aber nicht gesund ernährt würden, denn die menschlichen Speisen, welche diese vom Tisch gereicht bekämen, seien für die Hundemägen zu stark gewürzt. Die Domestikationskritiker argumentierten damit letztlich gegen die ‚Verhäuslichung' des Hundes durch menschliche oder vermenschlichte Nahrung.

Fazit

Drei Aspekte des Zusammenlebens von Menschen und Hunden im Haus bzw. in der Wohnung vor allem seit dem 18. Jahrhundert sollen hier noch einmal hervorgehoben werden: Erstens brachte die Technik der Haustierhaltung bereits im 18. Jahrhundert spezifische Wohnaccessoires hervor, zweitens unterlag der tierliche Wohnraum einer klaren Regulierung und drittens manifestierte sich die hundliche Nähe zum Menschen gerade auch im Teilen von Wohn- und Schlafraum. Geteilt wurden mit dem Hund die Ressourcen des Schutzes, der Wärme, aber auch die Nahrungsmittel. Der Hund wurde somit zum Mit-Bewohner auf unterschiedlichen Ebenen. Einerseits stand er als Gefährtentier im sozialen Nahraum in inniger Nähe zu seinen Menschen, andererseits verwies gerade die gemeinsame Wohnsituation darauf, dass zumindest konzeptionell für Hunde spezifische Orte vorgesehen waren und ihnen andere (wie das menschliche Bett) verwehrt bleiben sollten.

54   Berthold 1825, S. 49.
55   Rougemont 1798, S. 75.

Aline Steinbrecher

Quellen

Agricola 1677 – Johann Jacob Agricola, Schau-Platz deß Allgemeinen Hauß-Halten/das ist Kurtze/jedoch klare Unterweisung und Anleitung von dem Haußhalter/Feld-Acker- Wein- Blumen- und Garten-Baw, Nördlingen 1677.

Berthold 1825 – A.A. Berthold, Ueber das Wesen der Wasserscheu, und über eine darauf zu begründende rationelle Behandlung der schon ausgebrochenen Krankheit, Göttingen 1825.

Bertuch 1806 – Friedrich Justin Bertuch, Journal für Kinder, Eltern und Erzieher, Weimar 1806.

Bertuch/Kraus 1800 – Friedrich Justin Bertuch u. Georg Melchior Kraus, Über das Hundehalten (als Gegenstand der Mode), in: Journal des Luxus und der Moden 8 (1800), S. 394–395.

Dieterichs 1848 – J. F. C. Dieterichs, Handbuch der gesammten Hausthierzucht für Landwirthe, Leipzig 1848.

Fehr 1790 – Joseph Fehr, Ausführliche Nachricht von einer tödlichen Kranheit nach dem tollen Hundsbisse, nebst einer Uebersicht der Zufälle der Wuth bey Hunden und Menschen, ihrer Heilart und der darin gehörigen Polizeyanstalten, Göttingen 1790.

Florinus 1705 – Florinus [Franz Philipp Pfalzgraf von Sulzbach], Oeconomus Prudens et Legalis, Nürnberg 1705.

Frank 1788 – Johann Peter Frank, System einer vollständigen medicinischen Polizey, Bd. 4: Von Sicherheits-Anstalten, in so weit sie das Gesundheitswesen angehen, Mannheim 1788.

Krünitz 1782 – Johann Georg Krünitz (Hg.), Oekonomisch-technologische Encyklopädie, oder Allgemeines System der Staats-, Stadt-, Haus- und Landwirthschaft, und der Kunstgeschichte, Bd. 26, Berlin 1782.

Paulus 1798 – Carl Paulus, Die einzige Ursache der Hundswuth und die Mittel dies Uebel ganz auszurotten, Rinteln 1798.

Reichardt 1796 – Johann August Reichardt, Moden mit Hausthieren. Ueber die Entde-ckung der Verbrecher durch Spürhunde, in: Journal des Luxus und der Moden 11, 4 (1796), S. 174–188

Rosenbaum 1848 – Wilhelm Rosenbaum, Die Wuthkrankheit bei den Haussäugethieren in ihrer pathologisch-therapeutischen und polizeilich-socialen Beziehung. Ein meistens auf eigenen Erfahrungen begründeter, für Aerzte und Nichtärzte bearbeiterer Beitrag zur Monographie dieses Uebels, Zerbst 1848.

Rougemont 1798 – Joseph Claude Rougemont, Abhandlung von der Hundswuth, mit einem Kupfer, aus dem Franz. übers. v. Prof. Wegeler, Frankfurt a.M. 1798.

Sichel 1803 – Julius Sichel, Die Krankheit der Hunde und Katzen und ihre Naturgeschichte und richtige Kenntniß sowohl der innerlich- als äusserlichen Krankheiten und deren zweckmäßigste Heilart, Frankfurt a.M. 1803.

Zedler 1735 – Johann Heinrich (Hg.), Grosses vollständiges Universal-Lexicon aller Wissenschafften und Künste, Bd. 13, Leipzig 1735.

Literatur

Auerbach 2009 – Inge Auerbach, Hunde in Universitätsstädten 18. bis Mitte des 19. Jahrhunderts, in: Clemens Wischermann (Hg.), Tiere in der Stadt, Berlin 2009, S. 41–51.

Berger 1980 – John Berger, Why Look at Animals?, in: ders. (Hg.), About Looking, New York 1980, S. 1–28.

Blaisdell 1999 – John Blaisdell, The Rise of Man's Best Friend. The Popularity of Dogs as Companion Animals in Late Eighteenth-Century London as Reflected by the Dog Tax of 1796, in: Anthrozoös. A Multidisciplinary Journal of the Interactions of People and Animals 12, 2 (1999), S. 76–87.

Brantz 2007 – Dorothee Brantz, The Domestication of Empire. Human-Animal Relations in the Intersection of Civilization, Evolution, and Acclimatization in the

Ninteenth Century, in: Kathleen Kete (Hg.), A Cultural History of Animals in the Age of Empire, Oxford 2007, S. 73–94.

Breitruck 2012 – Julia Breitruck, Vögel als Haustiere im Paris des 18. Jahrhunderts. Theoretische, methodische und empirische Überlegungen, in: Jutta Buchner-Fuhs u. Lotte Rose (Hg.), Tierische Sozialarbeit. Ein Lesebuch für die Profession zum Leben und Arbeiten mit Tieren, Wiesbaden 2012, S. 131–146.

Buchner 1991 – Jutta Buchner, „Im Wagen sassen zwei Damen mit einem Bologneserhündchen". Zur städtischen Hundehaltung in der wilhelminischen Klassengesellschaft um 1900, in: Siegfried Becker u. Andreas C. Bimmer (Hg.), Mensch und Tier. Kulturwissenschaftliche Aspekte einer Sozialbeziehung (= Hessische Blätter für Volks- und Kulturforschung. Neue Folge der Hessischen Blätter für Volkskunde 27), Marburg 1991, S. 119–138.

DeMello 2012 – Margo DeMello, Animals and Society. An Introduction to Human-Animal Studies, New York 2012.

Dietz 1992 – Alexander Dietz, Frankfurter Nachrichten und Intelligenz-Blatt. Festschrift zur Feier ihres zweihundert-jährigen Bestehens 1722/1922, Frankfurt a.M. 1922.

Douglas 1991 – Mary Douglas, The Idea of a Home. A Kind of Space, in: Social Research 58 (1991), S. 287–307.

Edel 1995 – Bärbel Edel, Der Hund als Heimtier: Gegenstand oder Person?, Hamburg 1995.

Fudge 2002 – Erica Fudge, Animal, London 2002.

Heyl 2004 – Christoph Heyl, A Passion for Privacy. Untersuchungen zur Genese der bürgerlichen Privatsphäre in London, 1660–1800, München 2004.

Kaiser 1993 – Hermann Kaiser, Ein Hundeleben. Von Bauernhunden und Karrenkötern. Zur Alltagsgeschichte einer geliebten und geschundenen Kreatur, Cloppenburg 1993.

Keith 1983 – Thomas Keith, Man and the Natural World. Changing Attitudes in England, 1500–1800, London 1983.

Kete 1994 – Kathleen Kete, The Beast in the Boudoir. Petkeeping in Nineteenth-Century Paris, Berkeley 1994.

Power 2012 – Emma Power, Domestication and the Dog: Embodying Home, in: Area 44, 3 (2012), S. 371–378.

Raber 2007 – Karen Raber, From Sheep to Meat, from Pets to People. Animal Domestication 1600–1800, in: Matthew Senior (Hg.), A Cultural History of Animals, London 2007, S. 73–99.

Ritvo 1988 – Harriet Ritvo, The Emergence of Modern Pet-Keeping, in: Andrew N. Rowan (Hg.), Animals and People Sharing the World, Hanover 1988, S. 13–31.

Ritvo 1986 – Harriet Ritvo, Pride and Pedigree: The Evolution of the Victorian Dog Fancy, in: Victorian Studies 29 (1986), S. 227–253.

Römhild 2005 – Dorothee Römhild, „Belly chen ist Trumpf". Poetische und andere Hunde im 19. Jahrhundert, Bielefeld 2005.

Steinbrecher 2012a – Aline Steinbrecher, Auf Spurensuche. Die Geschichtswissenschaft und ihre Auseinandersetzung mit den Tieren, in: Westfälische Forschungen 62 (2012), S. 9–29.

Steinbrecher 2012b – Aline Steinbrecher, Eine praxeologisch-performative Untersuchung der Kulturtechnik des Spaziergangs, in: Tierstudien 2 (2012), S. 13–25.

Steinbrecher 2011 – Aline Steinbrecher, Hunde und Menschen. Ein Grenzen auslotender Blick auf ihr Zusammenleben (1700–1850), in: Historische Anthropologie 19, 2 (2011), S. 192–210.

Steinbrecher 2010 – Aline Steinbrecher, Zur Kulturgeschichte der Hundehaltung in der Vormoderne. Eine (Re)Lektüre von Tollwut-Traktaten, in: Schweizer Archiv für Tierheilkunde 1 (2010), S. 31–36.

Steinbrecher 2009 – Aline Steinbrecher, Die gezähmte Natur im Wohnzimmer. Städtische Hundehaltung in der Frühen Neuzeit, in: dies. u. Sophie Ruppel (Hg.), „Die Natur ist überall bey uns". Mensch und

Natur in der Frühen Neuzeit, Zürich 2009,
S. 125–142.

Tuan 1984 – Yi-Fu Tuan, Dominance and Affection. The Making of Pets, New Haven 1984.

Veblen 1997 – Thorstein Veblen, Theorie der
feinen Leute. Eine ökonomische Untersuchung der Institutionen, Frankfurt a.M.
1997.

Walker-Meikle 2012 – Kathleen Walker-Meikle,
Medieval Pets, Woodbridge 2012.

Friederike Wappenschmidt

„Liselotte ist närrisch geworden …"[1] – Exotische Vögel und Fische in der Chinamode und Chinoiserie des 17. und 18. Jahrhunderts

Adeliges und höfisches Wohnen folgten im Absolutismus strikten Normen der Repräsentation. Allerdings boten Chinamode und Chinoiserie mit einer dekorativen Fülle asiatischer Luxusobjekte und diese spielerisch variierenden Nachahmungen eine die Imagination belebende Abwechslung, in der auch menschlichen und tierlichen Exot*innen eine besondere Rolle zukam.[2] Dies betraf – wie historische Dokumente belegen – auch das Mensch-Tier-Verhältnis, insbesondere im Bereich ‚privaten' Lebens, in dem es weniger um die statusbewusste Zurschaustellung tierlicher Begleiter*innen als Objekte, sondern vielmehr um die emotionalen Beziehungen zwischen Mensch und Tier als eigenständigen Subjekten und Akteur*innen ging.[3]

1 Von der Pfalz 1958, S. 201.
2 Chinamode und Chinoiserie sind eigenständige, jedoch miteinander verwandte exotische Stile des 17. und 18. Jahrhunderts.
3 Siehe hierzu Eitler 2009.

Distinktion und Tierliebe

Über den exzentrischen Lebensstil der Duchesse de Lesdiguières (1655–
1716), in dem der *gôut chinois* sowie eine fast sentimentale Tierliebe zum
Ausdruck kamen, berichtete im Jahr 1699 Elisabeth Charlotte von der
Pfalz, Duchesse d'Orléans (1652–1722), genannt Liselotte von der Pfalz.
Demnach ließ sich die Duchesse de Lesdiguières, „welche wohl einen wun-
derlichen humor hat", die modischen Luxusgetränke Kaffee und Tee stets
von „türkisch" oder „indianisch gekleidet[en]" Hofdamen servieren.[4] Für
die Herzogin, deren Palais mit Lacken und Porzellanen aus China und
Japan ausgestattet war, diente das Fremdartige offenbar nicht nur als
modische Attitüde, sondern als Medium aristokratischer Selbstinszenierung.[5] In der Maskierung des Exotischen empfing sie ihre Gäste wie eine
fiktive Gebieterin über die Erdteile Europa, Asien und Afrika. Ein „Mohr
mit einem silbernen tourban" geleitete Besucher*innen in eine „Kammer",
wo sie mit Bildnissen ihrer „Kutschpferde" und der Darstellung eines
ausschließlich aus „Mohren" zusammengesetzten päpstlichen Konklaves
„muttersallein" lebte und in ihrem Garten auf „eine marbre-säule mit einem
epitaph von einer katz, so ihr gestorben und welche sie sehr lieb gehabt
hat", schaute.[6] Dieses Beispiel mag ein Beleg dafür sein, wie Tierliebe um
1700 als Indikator seelischer Einsamkeit aufschien und die Flucht in die
Zurückgezogenheit dennoch als würdiges und dabei exotisches Schauspiel
inszeniert werden konnte, in dem die Hauptdarstellerin Audienzen gewähr-
te oder Gebete an ein imaginäres afrikanisches Papst-Konklave und den
Epitaph einer verstorbenen Hauskatze richtete.

Exotische Zerstreuung anderer Art bot Höflingen der Tierpark von
Versailles mit seinen „indianischen Tieren", darunter auch Vögeln, wel-
che die Handelskompanien seit dem 16. Jahrhundert aus Amerika und
Afrika sowie Ostindien importierten.[7] Ludwig XIV. (1638–1715) hielt hier

---

4   Von der Pfalz 1958, S. 159. Laut dem Grimm'schen Wörterbuch meinte
    „humor" allgemein die menschliche Natur, Art, Gemüt oder Gesinnung,
    worin die psychische Befindlichkeit einer Person aufscheint, Grimm 1984,
    S. 1905f. Zu den Begriffen ‚indianisch' oder ‚chinesisch' siehe Wappen-
    schmidt 2009, S. 21–33.
5   Zur Ausstattung des Palais de Lesdiguières im Stil der Chinamode vgl.
    Ronford/Augarde 1991, S. 62f.
6   Von der Pfalz 1958, S. 159.
7   Bereits um 1500 begannen die Portugiesen, mit Vögeln aus Amerika,
    Afrika und Asien für europäische Menagerien sowie mit präparierten

exotische Vogelarten, etwa zahlreiche Papageien, zur Demonstration seiner Macht, zur Erbauung und zur wissenschaftlichen Observation.[8] Starben die exotischen Tiere, wurden sie von Naturforschern der Pariser Académie des sciences seziert und gezeichnet.

Die Präsenz fremder tierlicher Subjekte und Materialien in vertrauter Umgebung forderte nicht nur die Neugierde und das Staunen der Zeitgenoss*innen heraus. Das Tierlich-Unbekannte entlockte emotionale Reaktionen wie bei vertrauten heimischen Tierarten und setzte darüber hinaus naturwissenschaftliche, philosophische und literarische Diskurse in Gang, mit denen Gelehrte und Theologen erörterten, ob Tiere mit dem Homo sapiens Verstand und Seele teilten.

Die Theorien von René Descartes (1596–1650) und Gottfried Wilhelm Leibniz (1646–1716) trieben Liselotte von der Pfalz um, als sie 1702 Madame de Châteauthiers „einen schönen papagei, der [unerhört] plaudert", schenkte.[9] „Ich wollte hören, was er sagen kann, ließ ihn in meine kammer", wo das Lieblingshündchen den Papagei anbellte. „Donne la platte", erwiderte dieser, und Mione „hörte auf zu bellen, sah ihn stark an, hernach mich; wie er fortfuhr zu reden, erschrak die Mione wie ein mensch [...], versteckte sich unter das lotterbett; da fing der papagei überlaut an zu lachen." Als die Hündin schließlich verstarb, klagte die Herzogin: „Sie war allzeit bei mir" mit „augen voller feuer und verstand". Auch wenn von ihr gedacht werde, „Liselotte ist närrisch geworden mit ihrem hund", glaube sie an die unsterbliche Seele der Tiere und freue sich, im Jenseits „nicht allein verwandte und gute freunde wiederfinden zu können, sondern auch alle meine tiercher". Sie vertraue „herrn Leibniz", „daß die tiere verstand haben, keine maschine sein wie es Descartes hat behaupten wollen".[10] Liselotte von der Pfalz' Korrespondenz offenbart geradezu exemplarisch eine für die Wende vom 17. zum 18. Jahrhundert

---

Vogelbälgen und Federn für Kunstkammern zu handeln, vgl. Deimel 2012, S. 236–245; Stefen 2012, S. 282–291, Bujok 2008, S. 252f, Belozerskaya 2007/2009, S. 66–71.

8 Siehe Förschler 2014, S. 165–184.

9 Von der Pfalz 1958, S. 199f.

10 Ebd., S. 200–202. Descartes' Theorie, dass Tiere hirnlose Maschinen und deshalb seelenlos seien, lehnte Liselotte ebenso wie „geistliche hier" (d.h. Kirchenmänner in Versailles) ab, von der Pfalz 1958, S. 230. Liselottes Tante, Elisabeth von der Pfalz (1618–1680), korrespondierte 1648 mit Descartes, dem „Arzt meiner Seele", über das Thema. Vgl. von der Pfalz/ Descartes 2015, S. 28, S. 162, Anm. 198.

typisch zu nennende emotionale Interaktion von Standespersonen mit heimischen und exotischen Tieren und zeigt, wie die beseelt vorgestellten Schoßhündchen und Papageien als Heimtiere und ‚Akteur*innen' in das Wohnen adeliger Personen integriert wurden.

Bunt schillernde Vogelfedern zur fürstlichen Selbstdarstellung

Friedrich August I., Kurfürst von Sachsen und König von Polen (1670–1733), genannt August der Starke, nutzte ebenso wie Ludwig XIV. exotische Tiere als machtpolitisches Statussymbol und zur Erbauung seines Hofstaates. Im „indianischen" Vogelhaus in Moritzburg hielt er „indianische Raben" (Aras), „indianische Parquitgen" (Sittiche) und Kakadus, die er von den Bildhauern Johann Gottlieb Kirchner (1706–1768) und Johann Joachim Kaendler (1706–1775) en nature in Porzellan modellieren ließ. Diese waren für das Japanische Palais in Dresden bestimmt, das im Stil der Chinamode gestaltet worden war und mit einer überwältigenden Fülle von Porzellanen aus China, Japan und Meißen beeindruckte.[11] Der jagdbegeisterte Fürst, den lebende wie tote Tiere gleichermaßen interessierten und der seine Schlösser mit den Trophäen seiner Jagdleidenschaft schmückte, schätzte aber auch Wand- und Oberflächengestaltungen aus tierlichen Materialien.[12] Die schillernden Federn exotischer Vögel schienen ihm bestens geeignet, die Wände eines Prunkschlafzimmers im Japanischen Palais zu bekleiden. In diesem Paraderaum, der sich seit dem 19. Jahrhundert in Moritzburg befindet, gingen Jagdleidenschaft, absolutistischer Machtanspruch, die Chinamode und das Tierlich-Exotische eine einzigartige Liaison ein (Abb. 1a).[13] Damit stand August der Starke in der Tradition des Hauses Wettin, das seit dem 16. Jahrhundert in der Dresdner Kunstkammer unter den Naturalia, Artificialia und Ethnographica „indianische Kleider" sowie „Schilder von Federn auf Leder" verwahrte, die aus buntfarbigen Federn exotischer Vögel aus Amerika gefertigt worden waren.[14] Das Interesse an diesen Objekten war nicht nur

---

11 Hierzu Coban-Hensel 2008.
12 In Moritzburg sind zahlreiche präparierte Tierkörper, tierische Artefakte sowie Jagdtrophäen erhalten.
13 Seit 2003 ist das restaurierte Federzimmer wieder zugänglich.
14 Hierzu Giermann 2003, S. 32, Deimel 2012, Stefen 2012, S. 282–291. Auf seiner Grand Tour hatte August der Starke z.B. die „indianischen" Feder-

1a Paul Schulze, Federzimmer auf
Schloss Moritzburg, Zeichnung
aus *Hauptsäle des königlichen
Jagdschlosses Moritzburg*, Dresden
1886

durch die von August dem Starken befohlene Neuordnung der Kunstkammer belebt worden, sondern auch durch einen „Aufzug der Nationen" anlässlich der Hochzeit seines Sohnes im Jahr 1719, bei dem das Personal der Abteilung „America" in Federkleidern auftrat.[15]

Es ist daher nicht verwunderlich, dass August der Starke 1723 ein Paradebett aus Vogelfedern erwarb. Möglicherweise hatte ihn sein Kundschafter in Paris von einer Annonce im *Nouveau Mercure* berichtet, in der ein Monsieur Le Normand-Cany aus London ein Prunkbett als „Unikat"

kleider und -objekte in Madrid gesehen, die Hernán Cortés (1485–1547) 1519 aus Mexiko mitgebracht hatte.

15 Eine Abbildung der Radierung nach C. H. J. Fehlings *Wirtschaft der Nationen* aus dem Jahr 1725 findet sich in: Ausst.-Kat. Dresden 2008, Kat.-Nr. 64a (Schnitzer), S. 117f. Von einem Fastnachtsaufzug in Stuttgart 1599, in dem die Gruppe der „Königin Amerika" in Federkleidern und mit Objekten aus der Stuttgarter Kunstkammer auftrat, geben kolorierte Zeichnungen Zeugnis. Vgl. Bujok 2008, S. 252f., Abb. 14–17.

1b Wandbehang im Federzimmer
auf Schloss Moritzburg, um 1723

und als „völlig neue Erfindung“ anpries. Das Bett verfüge über Vorhänge und einen Baldachin, die aus Federn aller Farben gewebt seien. „Mehr zum Staat als zum Gebrauche“ eignete sich das Möbel daher für das Paradeschlafzimmer des Japanischen Palais.[16] Seidig in der Textur und farbig schillernd wirkt die europäisch anmutende, an Entwürfe von Bérain und Marot erinnernde, Rosen und Lilien in Blumenvasen darstellende Federarbeit (Abb. 1b). Ihr optischer und zugleich außergewöhnlich haptischer Reiz erinnert an die Materialität eines Vogelbalgs und an die ausgebreiteten Schwingen eines monumentalen Exoten.[17] Als das Bett 1723

16 Vgl. Giermann 2003, S. 12f., Zitat S. 31. Der Hersteller pries seine Technik des Einwebens von echten, an Schussfäden geknüpften Vogelfedern und bezeichnete das Gewebe als staubabweisend.

17 Verarbeitet worden waren Pfauen-, Perlhuhn-, Enten- und Fasanenfedern sowie Reiherfedern, welche die East India Company aus Kleinasien, Nordafrika, Indien und China für Hersteller*innen von Fächern, Hüten, Kopfputz und Accessoires importierte.

nach Dresden geliefert wurde, mag es August den Starken – so könnte aufgrund zeitgenössischer Aussagen über seinen Charakter vermutet werden[18] – mit der ‚Federkleid'-Hülle zu topologischen Gedankenspielen und narrativen Projektionen bezüglich seiner Machtstellung angeregt haben. Tatsächlich ließ August der Starke die ‚indianische' Schlaf- und Traumsphäre des für zeremonielle Anlässe bestimmten Bettes von ursprünglich etwa vier Quadratmetern in den umgebenden Raum erweitern. Die Federvorhänge wurden abgenommen und – umfunktioniert zu Tapisserien – an den Wänden angebracht, wo sie seitdem wie der Mantel eines indigenen Fürsten in Aneignung des ‚Fremden' und in symbolischer Erhöhung des eigenen überlegenen Ranges als Kurfürst von Sachsen und König von Polen ausgebreitet sind.[19]

Nur ein verschwenderisch auf seine affektpolitische Selbstinszenierung bedachter Bauherr wie August der Starke war bereit, den exorbitanten Preis für eine Luxusmöblierung zu zahlen.[20] Das „Federzimmer" im *Japanischen Palais* blieb ein singuläres Kuriosum, bis ca. 1770 der Enkel Augusts des Starken, Kurfürst Friedrich August III. von Sachsen (1750–1827), nochmals eine Federtapete – dieses Mal aus weißen Daunen kursächsischer Gänse – für das Schlafkabinett des Fasanenschlösschens im Park von Moritzburg anfertigen ließ.[21]

Die Faszination gemalter und lebender exotischer Vögel

Andernorts fanden derart aufsehenerregende, aus Vogelfedern geknüpfte Wandbehänge keine Nachahmung. En vogue waren vielmehr original

---

18 1707 gibt Liselotte von der Pfalz folgendes Psychogramm: „Ich glaube, könig Augustus hat das hirn von vielem saufen ein wenig verruckt". Sein „wunderlicher humor" erstaune sie nicht, auch sein ehemaliger Erzieher C. A. Haxthausen (1653–1696) habe besorgt über dessen „wunderlichsten und dollsten humor" berichtet, vgl. von der Pfalz 1958, S. 229.

19 Vgl. Giermann 2003, S. 11. Im dort zitierten *Inventarium über das Palais zu Alt-Dresden Anno 1721* heißt es: „[...] doch haben Ihro Königl. Mayst. die Vorhänge daran zu Tapeten in das Zimmer, darin das Federbette stehet emploiret".

20 Vgl. Giermann 2003, S. 11. Zur Verschränkung von Affektpolitik und (Wohn-)Raum siehe allgemein Helmhold 2012.

21 Siehe Coban-Hensel u.a. 2007, S. 11–25.

chinesische Blumen- und Vogelmalereien, die seit etwa 1700 europaweit zu modischen Tapetenpapieren avanciert waren und in der Folge in der perfektionierten Form normierter Tapetenbahnen Wände mit nahtlos geschlossenen Panoramen authentischer chinesischer Gartendarstellungen überzogen. Mit naturkundlichem Erstaunen entdeckten Betrachter*innen auf diesen Veduten minutiös gemalte Insekten-, Schmetterlings- und Vogelarten Chinas wie Mino, Sittich, Kakadu oder Papagei (Abb. 2). Lady Mary Coke (1727–1811), eine Angehörige des Hofes Georges II. von England, notierte beispielsweise in ihrem *journal*, dass sie die Herzogin von Norfolk beim Ausschneiden von Schmetterlingen aus einer chinesischen Tapete angetroffen habe.[22] Kronprinz Friedrich Wilhelm von Preußen (1744–1797) griff ebenfalls zur Schere und schnitt einen Kakadu aus, um ihn auf einen Paravent zu kleben.[23]

Andere Interessent*innen orderten – gleichsam wie nach einem Musterkatalog, den ihnen die chinesischen Tapeten boten – lebende Vögel bei Kapitänen oder Einkäufern der ostindischen Kompanien, die diese bei Vogelhändlern in Kanton erstanden und nach Europa brachten. Lady Mary hatte am 11. August 1769 beispielsweise die Gelegenheit zum Erwerb lebender Vögel an Bord der London, eines aus China zurückgekehrten Handelsschiffes, das im Hafen von Woolwich vor Anker lag. Mit anderen vornehmen Gästen nahm sie an einer vergnüglich verlaufenden Verkaufsparty privater Importe privilegierter Besatzungsmitglieder teil. In ihrem *journal* berichtete sie: „[...] eine Anzahl schöner Vögel stellten sich mir selbst vor: ein edler Mino, den ich kaufen wollte, aber mir wurde gesagt, dass der Kapitän ihn für eine Dame [...] mitgebracht habe; da waren, glaube ich, in zwei Käfigen ungefähr zwanzig kleine Vögel: von denen mir der Kapitän zwei zum Geschenk machte [...]."[24] Lady Mary erstand außerdem eine „wunderschöne Nickfigur mit einer kleineren, die dabei steht". Diese farbig bemalten Tonfiguren mit mechanisch beweglichen Köpfen und Händen, die ähnlich lebendig wirkten

22 Vgl. Coke 1889–1896, Bd. IV, S. 101.
23 Vgl. Wappenschmidt 2014, S. 142.
24 Coke 1889–1896, Bd. III, S. 130f. Bei dem „Mino" handelte es sich um einen Maina = Myna oder Beo (Gracula religiosa) aus der Starenfamilie mit glänzend schwarzem Gefieder, kreisrundem weißen Fleck auf jedem Flügel, gelben Augen und struppigem Federbusch auf dem Kopf. Der Mino war sprachbegabt, wenn ihm die Zunge rund geschnitten wurde, und auch deshalb als exotisches Heimtier begehrt. Vgl. Hoffmann 1960, S. 48–50. Bei den geschenkten Vögeln könnte es sich um gelb-grüne Brillenvögel (Zosterops) mit weiß umrandeten Augen gehandelt haben. Vgl. ebd., S. 52.

2 Dame mit Papagei, Detail einer
   chinesischen Tapete, Kanton,
   um 1770, Chinesische Galerie im
   Schloss Charlottenburg, Berlin

wie die realen, singend umherflatternden exotischen Vögel, waren geeignet,
einen Raum im *gôut chinois* und als Erinnerung an einen außergewöhnlich
stimmungsvollen Ausflug einzurichten. Die früh verwitwete und bewusst
ein unabhängiges Single-Dasein führende Hofdame suchte stets nach fein-
fühligen Stimmungen und die Fantasie stimulierenden Anregungen und
wusste dinghafte und immaterielle Erinnerungsstücke zwischen Sentiment
und standesbewusster Rationalität zu inszenieren.

„If it would not sound ridiculous …"[25] – Chinesische Goldfische als emotionale und poetologische Narrative in Gothic Style und Chinoiserie

Das Gespür für mental berührende und stilistisch bahnbrechende Origi-
nalität in der Erschaffung atmosphärischer Räume teilte Lady Mary mit

25 „If it would not sound ridiculous, I would tell you of poor Patapan's death",
    schrieb Walpole 1745 über den Tod seines Lieblingshundes, zit.n. Frayling
    2009, S. 15.

ihrem langjährigen Bewunderer Horace Walpole (1717–1797).[26] Der Politiker, Schriftsteller, Bauherr, Sammler, Freund von Hunden und Katzen sowie Besitzer chinesischer Goldfische galt als überspannter Schöngeist. Seit 1745 hatte er sich in zunehmender Weltflucht in das von angelsächsischen Ästheten kritisierte Rokoko, den seit 1720 wiederentdeckten Gothic Style und die Chinoiserie als Ausdruck persönlicher sentimentaler Gemütslagen eingesponnen. Der von ihm nach eigenen Vorstellungen gedeutete Gothic Style ebenso wie die verspielte Chinoiserie, die von Künstler*innen des Rokoko in freier, oft bizarrer Interpretation asiatischer Vorbilder aus der Chinamode entwickelt wurde, dienten Walpole dazu, gegen das aufkommende neoklassizistische Modediktat zu opponieren. Hierbei wurden innig geliebte Heimtiere, insbesondere nach ihrem tragischen Ableben, literarisch überhöht und Ausdruck einer zunehmenden Selbstbezogenheit.[27] Walpole scheute sich nicht, mit den Künstlerfreunden Thomas Gray (1716–1771) und Richard Bentley (?–1782) die Zuneigung zu Heimtieren mit sanftem Humor zum Gegenstand von philosophischen und literarischen Diskursen zu machen, die publikumswirksam veröffentlicht wurden.

Als Walpole im Sommer 1747 ein an der Themse gelegenes Anwesen in Twickenham erwarb, begann er dieses in einer Mischung aus Rokoko, Gothic Style und Chinoiserie zu gestalten – unter anderem mit chinesischen Porzellanen (darunter ein Fischbecken) sowie Goldfischen aus China, die bereits ein Drama in seiner Londoner Residenz verursacht hatten. Im Frühjahr 1747 war Walpoles Katze Selima im erwähnten Goldfischkübel ertrunken; eine ‚chinesische Tragödie‘, die ihn erschütterte und vom Dichterfreund Gray sogleich literarisiert wurde. Dessen „Ode on the Death of a Favorite Cat" poetisierte das Schicksal des Heimtieres, das Walpole nach der türkischen Prinzessin Selima aus Nicholas Rowes Drama *Tamerlan* (1701) benannt hatte.[28] Vom glatten Rand des chinesischen Bassins mit den Maßen 47 × 55 cm war das junge und un-

---

26 Hierzu Coke 1889–1896, Bd. IV, S. 103. Im Juli 1772 pries sie Walpoles Einrichtungsgeschmack als „most amusing", „to help one to ideas", und als „entertainment without company". Walpole wiederum hatte ihr 1765 die zweite Auflage seines Romans *Castle of Otranto* gewidmet.

27 Bereits 1743 hatte Walpole Patapan in einer Fabel verewigt, vgl. Frayling 2009, S. 15.

28 1746 hatte Walpole einen Epilog zu *Tamerlan* verfasst. Siehe Frayling 2009, S. 18.

3 Charles Grignion (del.), Richard
   Bentley (pinx.), „Ode on the Death
   of a Favorite Cat“, Kupferstich
   in *Designs of Richard Bentley for Six
   Poems by Mr. Th. Gray*, 1753

erfahrene Tier auf der Goldfischjagd in ebendieses hineingestürzt und
nicht mehr herausgekommen.

Grays Ode machte sowohl aus dem tierlichen „Liebling“, der „Schönheit“ und „Nymphe“ Selima als auch aus den mit „Engeln“ und „Genien“
verglichenen Goldfischen literarische ‚Präparate‘ für die Ewigkeit.[29] Als
die Ode 1753 mit Illustrationen von Richard Bentley erschien, wurde
sie zur kontrovers rezipierten Sensation (Abb. 3).[30] Der Zeichner hatte
eine Moritat über die Flüchtigkeit des Lebens im Stil einer ‚chinesischen
Tragödie‘ auf eine Kastenbühne gesetzt, deren Architrav von Karyatiden

29 Ebd., S. 36f. Im Originaltext von Gray ist von „Beauty“, „Fav'rite“, „Nymph“,
    „angel“ und „Genii“ die Rede.
30 Nach der Erstpublikation von 1748 folgte 1753 *Designs by Mr. R. Bentley, for
    Six Poems by Mr. T. Gray*, verlegt von Robert Dodsley in London. Zur Kritik
    vgl. Frayling 2009, S. 40–43.

in Gestalt der Schicksalsgöttin Lachesis und eines Flussgottes getragen wird. Beide wachen über den Moment, da Selimas Tatze nach den umherschweifenden Goldfischen im Becken ausholt und das Schicksal zuschlägt. Die Zeit im Raum steht still, das Fenster spiegelt sich wie das Auge des bösen Fatums („malignant fate", Thomas Gray) in der glasierten Gefäßwandung. In Erwartung von Selimas Todesschreien hält sich der Flussgott die Ohren zu, während Lachesis mit einer Schere den Lebensfaden der Katze durchtrennt. Derweil angeln unter chinesischen Pagodendächern vom Architrav herab zwei Artgenossinnen, die eine als Mandarin verkleidet und die andere unkostümiert, mit Angelrute und Netz nach Fischen in enghalsigen chinesischen Porzellanvasen.

Obgleich im März 1753 William Whitehead (1715–1785) in der Zeitschrift *The World* die Chinoiserie ebenso wie den Gothic Style als Mittel bezeichnete, „sich lächerlich zu machen", hielt Walpole an gotischen und chinoisen Stilelementen sowie an seiner Leidenschaft für chinesische Goldfische fest.[31] Angeregt durch Jean-Baptiste Du Haldes (1674–1743) *Description géographique, historique, chronologique, politique, et physique de l'empire de la Chine et de la Tartarie chinoise* (1735) begann er fünf Jahre nach Selimas Tod im Porzellanbassin in einem Po-yang-See genannten Gartenteich sogar mit der Goldfischzucht, deren Ursprünge im Reich der Mitte liegen. Karpfenfische (Cyprinidae) wurden seit dem 10. Jahrhundert am chinesischen Kaiserhof und seit dem 13. Jahrhundert gewerbsmäßig gezüchtet. Nach Europa gelangten die ersten Exemplare durch Jesuitenmissionare, während Importe durch die Ostindien-Kompanien erst Ende des 17. Jahrhunderts erfolgten.[32]

Die Vermehrung der Goldfische im Po-yang-See konnte Walpole von einer chinois anmutenden Muschelbank aus inspizieren, der um 1760 eine Steinbank mit gotischer Front und chinoiser Rückansicht folgte. Als Walpoles Goldfische Opfer von Fischreihern wurden, blieb sein Interesse

---

31 Zit.n. Miller 1986, S. 77. Walpole verfasste u.a. 1753 das politische Pamphlet *A Letter from Xo Ho, A Chinese Philosopher at London to his friend Lien Chi at Peking*, dem in den 1760er-Jahren *Mi Li. A Chinese Fairy Tale* ebenfalls im Selbstdruck folgte.

32 Zur Geschichte der Goldfischzucht: Hervey/Hems 1981, Piechocki 1990, Penze/Tölg 1993, Teichfischer 1994. Vermutlich züchteten die Portugiesen seit 1549 in der Niederlassung Macao Vögel und Fische für Europa. 1711 erhielt der Herzog von Richmond durch die East India Company ein chinesisches Gefäß mit Goldfischen.

am reizvollen „Sharawaggi" der Chinoiserie bestehen.[33] Sie beflügelte seine Schriften und war in Strawberry Hill, seinem „Gothic Castle", allgegenwärtig.[34] Strawberry Hill präsentierte sich wie eine mit abendländischen, morgenländischen, indischen sowie chinesischen Kuriositäten vollgestopfte Kunst- und Wunderkammer, die bei ihrem Schöpfer nicht nur Fantasiebilder ferner Länder und Kontinente evozierten. In dieser starke Emotionen heraufbeschwörenden Kulisse hatte Walpole 1764 auch einen Alptraum, der ihn den ersten antiaufklärerischen Schauerroman der Literaturgeschichte, *The Castle of Otranto*, schreiben ließ. Darin bezeichnete Walpole den in der Erzählung gespenstisch-grotesk übersteigerten kleinen Kreuzgang von Strawberry Hill als Sitz eines „bösen Fatums", wo er den Geist eines Astrologen und Lehrers des unglückselig zu Tode gekommenen Protagonisten Prinz Conrad umgehen ließ.[35] Der Wahrsager hatte sich ertränkt, womit Walpole auf Selimas „malignant fate" im chinesischen Fischbassin anspielte, welches er im kleinen Kreuzgang aufzustellen gedachte.

An diesem realen Ort verknüpfte Walpole damit spätestens 1773 das Gotische und Chinesische zu einem doppelten Echo atmosphärischer Stimmungswerte, um quasi auf einer Metaebene an seine literarische Schöpfung, die erste Gothic Novel, aber auch mit dem dort aufgestellten Goldfischkübel an eine Tier-Anekdote, nämlich Selimas von Gray verewigtes Schicksal, zu erinnern.[36] Am zweiten Todestag des Dichters, im Jahr 1773, teilte er einem Freund mit: „Ich habe einen Sockel für das Fischbassin anfertigen lassen, in dem meine Katze ertrank: die erste Strophe der Ode [von Gray] ist auf ihn geschrieben und lautet: ‚Es war auf diesem glatten Beckenrand [...].'"[37] Ein Aquarell von John Carter in der

---

33 Zit.n. Miller 1986, S. 403. „Sharawaggi" setzte Walpole in einem Brief vom 25.2.1750 an Horace Mann (1706–1786) mit dem „Chinese want of symmetry" und deren „charming irregularity" gleich.

34 Toynbee 1927, S. 110.

35 Vgl. Walpole 2014, S. 56, S. 153–180 (Nachwort), Zitat S. 158.

36 Seitdem Joachim von Sandrart (1606–1688) die chinesische Malerei 1675 für ebenso rückständig wie die europäische Malerei des 15. Jahrhunderts erklärt hatte, entdeckten Ästheten wie Walpole Analogien zwischen chinesischer Kunst und Gotik, vgl. Wappenschmidt 2015, S. 16–19. Zu den Analogien zwischen Strawberry Hill und Walpoles Gothic Novel *Castle of Otranto* vgl. Miller 1986, S. 204–208.

37 Walpole 1938, S. 101. Brief vom 29.7.1773 an William Mason. Goldfischkübel und Ständer siehe Walpole 2017.

4 Fischbecken, Innenwandung mit
Goldfischdekor, Porzellan, China,
2. Viertel 18. Jh., Höhe: 41,5 cm,
Durchmesser: 47,5 cm, Hessisches
Landesmuseum, Kassel

5 John Carter, „Kleiner Kreuzgang
mit Goldfischkübel", Aquarell in *A
Description of the Villa of Mr. Horace
Walpole*, 1784

1784 von Walpole publizierten *Description of the Villa of Mr. Horace Walpole at Strawberry-Hill near Twickenham* dokumentiert das wie ein Epitaph präsentierte, auf ein im gotischen Stil geschreinertes Podest gehobene Goldfischbassin (Abb. 4 und Abb. 5). Jenes passierten Besucher*innen, wenn sie den Ort der Inspiration, das „Gothic Castle" des Erfinders der Gothic Novel, durch den Haupteingang betraten und vom Hausherrn ermahnt wurden: „Tretet leise auf! Ihr tretet auf meine Träume".[38] Denn Walpole hatte, indem er auf die „charming irregularity" des Gothic Style und der Chinoiserie zurückgriff, eine „Architektur des Gefühls" und im kleinen Kreuzgang in Erinnerung an seine geliebten Heimtiere einen berührenden „Gefühlsraum" erschaffen und sich damit als früher Romantiker offenbart.[39]

Eine innige Beziehung zu Tieren pflegte auch die bürgerlich geborene Marquise de Pompadour (1721–1764), wobei sie ihre Gefühle ebenso in der Kulisse ihrer Wohnräume wie auf der „Bühne des Geistes" inszenierte.[40] Die Goldfische, die sie zwischen 1750 und 1755 in einem Gefäß als lebendige Kostbarkeiten hielt, waren ein Geschenk der Companie des Indes an Ludwig XV. (1710–1774) gewesen, der sie seiner damaligen Mätresse überließ. Ihr bürgerlicher Name lautete Jeanne-Antoinette Poisson und sie liebte symbolische Hinweise auf diesen Namen (*poisson* = Fisch). Sie dekorierte ihre Gemächer mit chinesischen, seladongrün glasierten *poissons de porcelaine*, von denen ein Paar in Goldbronze gefasster Seladonvasen in Form von vier zu zweit aus dem Wasser springenden Fischen im Victoria and Albert Museum in London erhalten ist.[41] Als statusbewusste Stilikone in Fragen des Wohnens erwarb Madame de Pompadour für ihre Hündchen Inès und Mimi Fressnäpfe und Halsbänder bei Luxuswarenhändlern.[42] Letztlich versuchte sie Tierliebe mit philosophischen und naturwissenschaftlichen Interessen zu verknüpfen, indem sie ihre Hündinnen mitsamt Papagei und Äffchen dem Naturforscher Georges-Louis Leclerc, Comte de Buffon (1707–1788), vermachte. Denn der Autor der

---

38 Zit.n. Miller 1986, S. 168.
39 Ebd., S. 152. Zum Begriff „Gefühlsraum" in der Erforschung von „spatial turn" und „emotional turn" als kulturwissenschaftlichen Phänomenen siehe Lehnert 2011, S. 9–25. Auch Schmitz 1981.
40 Damasio 2005, S. 38.
41 Abgebildet in Ausst.-Kat. Versailles u.a. 2003, Kat.-Nr. 181 (de Rochebrune), Abb. S. 348.
42 Vgl. ebd., Kat.-Nr. 27, 28, 61, 62.

Histoire Naturelle (1749–1788) und Intendant der Menagerie von Versailles verband zu ihrem und des Königs Wohlgefallen in der Erkundung des Tierreiches die Naturwissenschaft mit der Philosophie.[43]

Fazit

Wie die vorausgegangenen Ausführungen gezeigt haben, fand bereits um 1700 im Kontext adeligen und höfischen Wohnens eine Emotionalisierung exotischer Heimtiere statt, die mit einem Begehren nach Distinktion, der zeitgenössischen Chinamode und philosophischen Diskursen in Wechselwirkung trat. Dies belegen eindrucksvoll die Beispiele weiblicher Tierliebhaberei wie die der Duchesse de Lesdiguières und Liselottes von der Pfalz. Demgegenüber setzte August der Starke auf die aktuelle Chinamode und auf ein mit exotischen Vogelfedern frappierendes Paradebett für die Gestaltung eines affektpolitisch aufgeladenen Raumes als Ausdruck absolutistischer Machtfülle.

Seit 1750 wurden vor dem Hintergrund stilistischer Innovationen wie dem Gothic Style, der verspielten Chinoiserie sowie aufklärerischer und vorromantischer Ideen „Gefühlsräume" realisiert, etwa von Walpole, der darin seinen Heimtieren als eigenständigen Akteur*innen literarische und innenarchitektonische Denkmäler setzte. Auch die statusbewusste Tierliebhaberin Madame de Pompadour praktizierte eine von philosophischen und naturwissenschaftlichen Diskursen gestützte Empathie zu ihren tierlichen Gefährt*innen. So wird insgesamt deutlich, dass die (exotischen) Heimtiere, ob Katze, Papagei oder Goldfisch, Anteil hatten an Subjektivierungs- und Emotionalisierungsprozessen ihrer Besitzer*innen.

---

43 Zu Buffons Methodik vgl. Houquet 2005.

Literatur

Aust.-Kat. Versailles u.a. 2003 – Xavier Salomon u. Johann Georg Prinz von Hohenzollern (Hg.), Madame de Pompadour. L'Art et l'Amour, Ausst.-Kat. Musée National des Châteaux de Versailles et de Trianon, 14.2.–19.5.2002, Kunsthalle der Hypo-Kulturstiftung, München, 14.6.–15.9.2002, National Gallery London, 16.10.–12.1.2003, München 2003.

Ausst.-Kat. Dresden 2008 – Cordula Bischoff u. Anne Hennings (Hg.), Goldener Drache – Weißer Adler. Kunst im Dienste der Macht am Kaiserhof von China und am sächsisch-polnischen Hof (1644–1795), Ausst.-Kat. Staatliche Kunstsammlungen Dresden, 11.10.2008–11.1.2009, München 2008.

Belozerskaya 2008 – Marina Belozerskaya, Menagerien – fürstliche Notwendigkeiten und Spiegel ihrer Zeit, in: Kornelia von Berswordt-Wallrabe (Hg.), Oudrys Gemalte Menagerie. Porträts von exotischen Tieren im Europa des 18. Jahrhunderts, Ausst.-Kat. Getty Museum, Los Angeles, 1.5.–2.9.2007, Museum of Fine Arts Houston, 2.10.2007–6.1.2008, Staatliches Museum Schwerin, 12.4.–27.7.2008, Kunsthalle Tübingen, 20.9.2008–4.1.2009, München/Berlin 2008, S. 59–73.

Bujok 2008 – Elke Bujok, Kunstkammerbestände aus portugiesischen Seereisen, in: Michael Kraus u. Hans Ottomeyer (Hg.), Novos Mundos. Neue Welten. Portugal und das Zeitalter der Entdeckungen, Ausst.-Kat. Deutsches Historisches Museum Berlin in Zusammenarbeit mit dem Instituto Camões, Lissabon und der Botschaft von Portugal in Berlin, 24.10.2007–10.2.2008, Dresden 2008, S. 241–256.

Coban-Hensel 2008 – Margitta Coban-Hensel, Barocke Tiergärten. Die Menagerien Augusts des Starken, Ausst.-Kat. Schloss Moritzburg, 6.7.–28.9.2008, Dresden 2008.

Coban-Hensel u.a. 2007 – Margitta Coban-Hensel, Frank Dornacher u. Birgit Tradler, Die Restaurierung des Fasanenschlösschens Moritzburg und seine Einrichtung als Interieurmuseum des sächsischen Rokoko, in: Jahrbuch Staatliche Schlösser, Burgen und Gärten Sachsen 2006, Bd. 14, Dresden 2007, S. 11–25.

Coke 1889–1896 – Lady Mary Coke, Letters and Journals of Lady Mary Coke, hg.v. J.A. Home, 4 Bde., London 1889–1896.

Damasio 2005 – Antonio R. Damasio, Der Spinoza-Effekt. Wie Gefühle unser Leben bestimmen, Berlin 2005.

Deimel 2012 – Claus Deimel, Das Fremde so nah oder die Imitation des Fremden. Ethnographica der Dresdner Kunstkammer, in: Dirk Syndram u. Martina Minning (Hg.), Die kurfürstlich-sächsische Kunstkammer in Dresden. Geschichte einer Sammlung, Dresden 2012, S. 236–244.

Eitler 2009 – Pascal Eitler, In tierischer Gesellschaft. Ein Literaturbericht zum Mensch-Tier-Verhältnis im 19. und 20. Jahrhundert, in: Neue politische Literatur 54 (2009), S. 207–224.

Förschler 2014 – Silke Förschler, Was macht das Tier im Interieur? Gemälde exotischer Tiere als naturhistorische Objekte und als Mittel der Distinktion am Hof von Schwerin, in: Katharina Eck u. Astrid Silvia Schönhagen (Hg.), Interieur und Bildtapete: Narrative des Wohnens um 1800 (= wohnen+/–ausstellen 2), Bielefeld 2014, S. 221–240.

Frayling 2009 – Christopher Frayling, Horace Walpole's Cat. Illustrated by Richard Bentley, William Blake and Kathleen Hale, London 2009.

Giermann 2003 – Ralf Giermann, „Mehr zum Staat als zum Gebrauche". Das Federzimmer in Schloss Moritzburg, hg.v. Schloss Moritzburg, Dresden 2003.

Grimm 1984 – Deutsches Wörterbuch von Jacob und Wilhelm Grimm, Nachdruck Deutscher Taschenbuchverlag, München 1984.

Helmhold 2012 – Heidi Helmhold, Affektpolitik und Raum. Zu einer Architektur des Textilen, Köln 2012.

Hervey/Hems 1981 – George F. Hervey u. Jack Hems, The Goldfish, London 1981.

Hoffmann 1960 – Alfred Hoffmann, Vogel und Mensch in China, Herrn Prof. Dr. Erwin

Stresemann zum 70. Geburtstag, in: Nachrichten der Gesellschaft für Natur- und Völkerkunde Ostasiens/Hamburg. Zeitschrift für Kultur und Geschichte Ostasiens 88 (1960), S. 45–79.

Houquet 2005 – Thierry Hoquet, Buffon: Histoire naturelle et philosophie, Paris 2005.

Lehnert 2011 – Gertrud Lehnert (Hg.), Raum und Gefühl. Der Spatial Turn und die neue Emotionsforschung, Bielefeld 2011.

Miller 1986 – Norbert Miller, Strawberry Hill, Horace Walpole und die Ästhetik der schönen Unregelmäßigkeit, München/Wien 1986.

Penze/Tölg 1993 – Bethen Penze u. Istvan Tölg, Goldfische und Kois, Stuttgart 1993.

Piechocki 1990 – Rudolf Piechocki, Der Goldfisch, 6. Aufl., Westarp 1990.

Ronford/Augarde 1991 – Jean-Nerée Ronford u. Jean-Dominique Augarde, „Le Maître du Bureau de l'Electeur", in: L'Estampille. L'Objet d'Art 243 (1991), S. 42–75.

Schmitz 1981 – Hermann Schmitz, System der Philosophie, Bd. 3: Der Raum, Teil 2: Der Gefühlsraum, Bonn 1981.

Stefen 2012 – Clara Stefen, Zur Geschichte der zoologischen Sammlung und ihrer Bedeutung, in: Dirk Syndram u. Martina Minning (Hg.), Die kurfürstlich-sächsische Kunstkammer in Dresden. Geschichte einer Sammlung, Dresden 2012, S. 282–291.

Teichfischer 1994 – Bernhard Teichfischer, Goldfische in aller Welt, Berlin 1994.

Toynbee 1927 – Paget Toynbee (Hg.), Strawberry Hill Accounts, Oxford 1927.

von der Pfalz 1958 – Elisabeth Charlotte von der Pfalz, Duchesse d'Orléans, Madame, Die Briefe der Liselotte, Ebenhausen 1958.

von der Pfalz/Descartes 2015 – Elisabeth von der Pfalz u. René Descartes, Der Briefwechsel zwischen Elisabeth von der Pfalz und René Descartes (= Humanistische Bibliothek, Reihe 2: Texte, Bd. 39), hg.v. Sabrina Ebbersmeyer, München 2015.

Walpole 2017 – Goldfish Tub, in: The Lewis Walpole Library, Yale University: Horace Walpole's Strawberry Hill Collection, URL: http://images.library.yale.edu/strawberry hill/oneitem.asp?id=5 [24.8.2017].

Walpole 2014 – Horace Walpole, Das Schloss Otranto. Ein Schauerroman, München 2014.

Walpole 1938 – Horace Walpole, The Yale Edition of Horace Walpole's Correspondence, 48 Bde., hg.v. S.W.S. Lewis, New Haven/London, 1937–1983.

Walpole 1784 – Horace Walpole, A Description of the Villa of Mr. Horace Walpole at Strawberry-Hill near Twickenham, London 1784.

Wappenschmidt 2015 – Friederike Wappenschmidt, Sandrarts ‚indianischer' Maler Higiemond. Eine authentische Künstlerpersönlichkeit oder ein Synonym für die fremdartige Malerei Asiens?, in: Susanne Meurer, Anna Schreurs-Morét u. Lucia Simonato (Hg.), Aus aller Herren Länder. Die Künstler der Teutschen Academie von Joachim von Sandrart, Turnhout 2015, S. 14–29.

Wappenschmidt 2014 – Friederike Wappenschmidt, Raum, Kulisse und synästhetische Impulse. Zur Rezeption original chinesischer Bildtapeten in Europa, in: Katharina Eck u. Astrid Silvia Schönhagen (Hg.), Interieur und Bildtapete: Narrative des Wohnens um 1800 (= wohnen+/–ausstellen 2), Bielefeld 2014, S. 133–150.

Wappenschmidt 2009 – Friederike Wappenschmidt, Wo liegt Cathay? Von „indianischen und chinesischen Wunderdingen" am Hof der Wittelsbacher, in: Renate Eikelmann (Hg.), Die Wittelsbacher und das Reich der Mitte. 400 Jahre China und Bayern, Ausst.-Kat. München, Bayerisches Nationalmuseum, 26.3.–26.7.2009, München 2009, S. 21–33.

Christina Threuter

Stubentiger: Tierfelle im Wohnen als kolonialkulturelle Trophäen

Felle exotischer Raubtiere vor allem im Wohnen des Art déco sind Gegenstand dieses Beitrags. In den folgenden Ausführungen werden sie als Trophäen der erfolgreichen Kolonisation, d.h. als Zeichen von Macht- und Herrschaftsansprüchen erörtert, die das Phantasma des Orients im Interieur befördern. Die Wohnliteratur des 19. Jahrhunderts stützt solche Konnotationen des tierlichen Materials im Interieur, das in seiner stofflichen Sensualität die psychosoziale Präsenz des Weiblichen und des ‚Animalisch-Fremden' evoziert. Als Ausstattungsgegenstand verweist das Fell exotischer Raubtiere aber nicht nur auf geschlechtliche sowie kolonialkulturell geprägte Strukturen im Wohnen, sondern auch auf das Verhältnis zwischen Mensch und Tier.

Das Schlafzimmer des Maharadschas von Indore

Eine Fotografie der Künstlerin Eileen Gray (1878–1976) aus dem Jahr 1929 zeigt einen ihrer bekannten Stühle (Abb. 1). Er ist am linken Bildrand positioniert, sodass er den Blick durch ein schmales Fensterband über eine mit Segeltuch bespannte Brüstung und weiter über das Meer hinweg bis hin zur neblig verhangenen Horizontlinie lenkt. Der Stuhl, dessen Bild die raumzeitliche Vorstellung einer Überseereise hervorruft, trägt

1 Eileen Gray, *Transat-Stuhl*, E.1027,
Roquebrune, Cap-Martin, 1929

bezeichnenderweise den Namen Transat-Stuhl.[1] Auch in der Realität
führte ihn eine Überseereise von der südfranzösischen Küste bis in das
Schlafzimmer des Manik-Bagh-Palastes des Maharadschas von Indore,
Yeshwant Rao Holkar Bahadur (1908–1961), wo er 1930 Aufstellung fand.[2]
Den Auftrag zum Bau dieses Palastes (1930–1933) nördlich von Bombay
hatte Eckart Muthesius (1904–1989), ein deutscher Architekt[3], von dem
jungen Fürsten erhalten. Da der Maharadscha an aktueller westlicher Architektur und Kunst äußerst interessiert war, besuchte er häufig die Me-

1   Die Formgebung dieses Stuhls entwickelte Gray zwischen 1925 und 1930.
    Sie ließ ihn in verschiedenen Variationen mit schwarzem oder hellem
    Lackrahmen sowie mit Lackleder-, Segeltuch- oder auch Ponyfell-Sitz
    fertigen.
2   Hierzu Adam 1989, S. 187f.
3   Er war der Sohn des bekannten Architekten und Architekturschriftstellers
    Hermann Muthesius (1861–1927).

tropolen Europas.[4] Der Palast war so auch mit zahlreichen Möbeln und Ausstattungsgegenständen namhafter europäischer Künstler*innen ausgestattet.[5] Fotos der Residenz wurden kurz nach ihrer Fertigstellung in zahlreichen internationalen Zeitschriften publiziert und erregten großes Aufsehen, denn die Künstler*innen hatten in Indien einen Palast geschaffen, der die aktuellsten europäischen Gestaltungsweisen eindrücklich vorführte: Zahlreiche Serienmöbel der rationell-industriellen Formgebung, wie typisierte Stahlrohrmöbel, zählten neben exklusiven Art-déco-Möbeln zur Ausstattung des Palastes.[6] Für das Schlafzimmer des Maharadschas hatte Muthesius Wände in Beige-Gold-Tönung mit einer roten Bettrückwand, beigefarbenen Moskitovorhängen aus Seide sowie eigene Entwürfe für eine Frisierkommode und Beleuchtungskörper realisiert. Das Bett war von Louis Sognot (1892–1970) und Charlotte Alix (1892–1987) entworfen worden, und der zu Anfang erwähnte Transat-Stuhl von Gray hatte in der Nähe des Bettes seinen Platz gefunden (Abb. 2).[7]

Auf der Fotografie fällt vor allem das außergewöhnliche, aus Aluminium und verchromtem Stahl gestaltete Bett mit den rundum verschließbaren Vorhängen und dem großen baldachinartigen Aufbau auf. Es erinnert an die alkovenartigen Einbauten in Schiffskojen oder an Schlafwagenabteile von Zügen und orientiert sich damit an der sogenannten Maschinenästhetik, die bis in die 1920er-Jahre hinein von zahlreichen modernen Künstler*innen als Zeichen der Mobilität und der Technisierung bzw. Rationalisierung im Industriezeitalter favorisiert wurde. Gleichwohl vermittelt eine weitere Fotografie des Schlafzimmers einen gänzlich anderen, nämlich von Tiger- und Leopardenfellen bestimmten Eindruck von dem Raum;[8] selbst die Corbusier-Liege war nun eigens mit Leopardenfell bezogen worden (Abb. 3). Das ursprünglich sehr homogene Raumkonzept wurde, wie das Foto zeigt, noch durch weitere orientalisch anmutende Gegenstände wesentlich verändert, darunter Stehlampen, eine Vase und ein Dolch als Wandschmuck sowie bemerkenswerterweise über dem Kopfende des Bettes ein Bild, das einen Krieger mit Kettenhemdhelm

---

4   Siehe Niggl 1996, S. 20–22.
5   Sie stammen v.a. von Mitgliedern der französischen Union des Artistes Modernes, vgl. Niggl 1996, S. 7; zur weiteren Ausstattung vgl. auch ebd., S. 15.
6   Vgl. ebd., S. 8–21.
7   Ebd., S. 74f.
8   Vgl. Bayer 1990, S. 214.

2 Eckart Muthesius, Schlafzimmer
des Maharadschas im von Muthesius entworfenen Manik-Bagh-
Palast, Indore, 1933

3 Umgestaltetes Schlafzimmer des
Maharadschas, o.J.

zeigt. Die Umgestaltung legt nahe, dass dieser Raum gewissermaßen in seinen Kulturraum zurückgeholt wurde respektive rückwirkend eine kulturelle Aneignung erfahren hat. Dabei evozieren vor allem die Militaria neben den Großkatzenfellen aus westlicher, d.h. eurozentrischer Sicht die Vorstellung vom Orient als virilem und agilem Kulturraum: Kampf und Jagd sind die Themen, die den Schlafraum nun motivisch bestimmen.

Exotische Raubtiere: Trophäen der Kolonisation

Exotische Raubtiere finden sich in zahlreichen Bildern, deren Produktion seit dem frühen 19. Jahrhundert mit der aggressiv-expansiven Kolonialpolitik Frankreichs in Nordafrika einherging. Insbesondere seit Napoleon Bonapartes Ägyptenfeldzug (1798–1801) wurde mit der Darstellung von wilden exotischen Tieren, vorzugsweise in Kampf- oder auch Jagdbildern, eine imperiale Vorstellung des Orients als „Raum spektakulärer Gewalterfahrungen"[9] und männlicher hegemonialer Macht entworfen.[10] Es überrascht in diesem Zusammenhang nicht, dass ein Teppich mit markantem Leopardenmuster zur Ausstattung des viel beachteten Feldzelts von Napoleon gehörte und so dessen Rolle als imperialistischer Feldherr unterstrich. Das Directoire hatte 1798 dem Vorschlag Napoleons, einen Feldzug nach Ägypten durchzuführen, aus mehreren Gründen zugestimmt. Die primären Ziele bestanden darin, die wirtschaftliche, politische und kulturelle Vorrangstellung Frankreichs in Nordafrika abzusichern und die Region wissenschaftlich zu erfassen. Hierfür wurde 1798 die Commission des Sciences et des Arts de L'Armée d'Orient gegründet, deren Mitglieder Wissenschaftler und auch Künstler waren. Letztere begleiteten den Feldzug vor allem als Schlachtenmaler.[11] Zwischen 1830 und 1847 beförderte dann die Eroberung Algeriens den kulturellen Bilderhaushalt imaginativ im Dienst der expansiven Kolonialpolitik. 1832 begleitete der Maler Eugène Delacroix (1798–1863) eine Delegation mit Charles Comte (später Duc) de Morny (1811–1865) zum Sultan von Marokko. In seinen Skizzenbüchern kommentierte Delacroix Zeichnungen und Aquarelle von Personen, Interieurs und Landschaften, die er dort gesehen hatte. In

---

9   Ubl 2007, S. 193.
10 Zu den Männlichkeitskonstruktionen siehe auch Ulz 2008.
11 Siehe Williams 2014, S. 57f.

den Jahren nach 1830 malte er zahlreiche orientalistische Kampf- und Jagdbilder, die, wie Ralph Ubl anmerkt, „den Urzustand eines Konflikts aller gegen alle zeigen".[12]

Für die Weltausstellung 1855 schuf Delacroix ein monumentales Gemälde mit dem Titel „Löwenjagd": „ein imperiales Thema [...], das besonders gut in den Kontext der Weltausstellung passte, die auch die nordafrikanischen Kolonien des Zweiten Kaiserreichs einbezog."[13] Die *Löwenjagd* zeigt ein Gemetzel und sie spielt, wie Ubl es formuliert, „in einem von Kolonialtruppen und Großwildjägern noch unberührten Nordafrika, in dem Raubkatzen und Reiternomaden einander bekämpfen".[14] Delacroix malte in seinen Algerienbildern nicht die Schlachten des Feldzugs, sondern verlagerte diese Kämpfe in Darstellungen des Tierkampfes als Zeichen des noch ungezähmten Orients. Dabei geht es nicht nur um die Visualisierung eines militärischen Sieges, sondern um ein biopolitisches Narrativ, das gerade der Tierkampf, insofern er als intuitiver Kampf ums Überleben erachtet wurde, eindringlich veranschaulicht.

Bereits in der Epoche Ludwigs XIV. (1638–1715) spielten exotische Wildtiere eine große Rolle für die Repräsentation der Macht. Ellen Spickernagel macht darauf aufmerksam, dass ihre Bedeutung für die höfische Repräsentation in dieser Zeit einen Höhepunkt erlangte.[15] So ließ Ludwig XIV. 1663 im neu konzipierten Park der königlichen Residenz Versailles eine schlossähnliche Menagerie errichten. In der Folge des Ägyptenfeldzugs unter Napoleon sowie der Besetzung Algiers im Jahr 1830 „wurde die Menagerie stärker in den Dienst des Kolonialismus gestellt".[16] Den exotischen Tieren kam nun die Rolle zu, den kulturellen Stellenwert Frankreichs als angehende Kolonialmacht zu repräsentieren. Spickernagel zufolge verschob sich mit dem Beginn des 19. Jahrhunderts die Praxis der Hofjagd in Richtung der optimalen Zurschaustellung; ähnlich wie in einer musealen naturgeschichtlichen Schausammlung wurden exotische Tiere als Exponate präsentiert.[17] Der Ausbau der Tiersammlung wurde von dem Diplomaten und Außenminister Jean-Baptiste Colbert (1619–1683) betrieben, der auch die französische Kolonialpolitik

---

12 Ubl 2007, S. 188.
13 Ebd.
14 Ebd., S. 192.
15 Vgl. Spickernagel 2010, S. 29.
16 Ebd., S. 62.
17 Vgl. ebd, S. 33.

in Indien, Nordamerika und Westafrika beförderte. Außer für billige Rohstoffe war er verantwortlich für den Ankauf fremder Tiere, für den er eigens einen „reisenden Agenten" beauftragt hatte.[18] Zwischen 1735 und 1739 gab dann Ludwig XV. (1710–1774) für die Galerie in den *petits appartements* des Schlosses großformatige Gemälde in Auftrag, die exotische Jagden zeigen sollten: François Boucher, Jean-François de Troy, Nicolas Lancret und andere malten Landschaften, in denen die Vegetation und Architekturen, Palmen, Pyramiden etc., auf fremde Länder verweisen und exotisch gekleidete Männer als Zeichen ihrer unbändigen männlichen Kraft gegen wilde Tiere wie Tiger, Löwen und Elefanten kämpfen.[19]

Die Jagd in den Kolonien und insbesondere das Töten wilder Tiere bildete, wie Bernhard Gißibl in seiner Publikation *Das kolonisierte Tier* betont, „einen wesentlichen Bestandteil der hegemonialen Männlichkeit" weißer, sprich europäischer Kolonisatoren.[20] Der Kolonisator als Jäger war ein hegemoniales Ideal und die Felle und Präparate exotischer Tiere waren somit Trophäen erfolgreicher Kolonisation, d.h. Zeichen von Macht- und Herrschaftsansprüchen. Gißibl macht überdies darauf aufmerksam, dass in den Darstellungen des Tierkampfes und der Jagd eine räumliche Semantik vorherrscht, die koloniale Jagdansprüche über eine „emotional vielfältig codierte ‚Wildnis'" zu legitimieren sucht. Dabei wurden die Begriffe der Wildnis und des Wilden miteinander verschränkt und die koloniale Intervention wurde hauptsächlich damit gerechtfertigt, dass die sogenannten Wilden aufgrund ihrer Unzivilisiertheit zu zähmen bzw. zu kultivieren seien.[21] Tiere wurden zu „Trägern einer ideologisierten und ideologisierbaren Raumsemantik".[22] Naturwissenschaftlich legitimiert wurde dies durch die Evolutionsbiologie und durch die Einteilung der Welt in geografische Regionen mit spezifischen Tierarten, sogenannten Charaktertieren, die zu „essentialisierten [...] Signifikanten des sie prägenden Lebensraums" wurden. Der kulturfremde Raum wurde, so Gißibl treffend, als Wildnis „mental kolonisiert".[23]

18   Ebd., S. 36.
19   Vgl. ebd., S. 44.
20   Gißibl 2011, S. 20. Der Autor bearbeitet das Thema Jagd am Beispiel der deutschen Kolonialgeschichte in Afrika.
21   Siehe hierzu ausführlich Schröder/Threuter 2017, S. 12f.
22   Gißibl 2011, S. 24.
23   Ebd., S. 25.

Odaliskendarstellungen: Interieur und Textilität

Die Darstellung wilder exotischer Tiere als Zeichen eines auf diese Weise männlich konstruierten imperialen Anspruchs vor allem im Bild des Tierkampfes und der Jagd findet ihr Äquivalent in den zahlreichen Odaliskendarstellungen des kolonialen Zeitalters. Das Gemälde *Die Große Odaliske* (1814) von Jean-Auguste-Dominique Ingres (1780–1867) zeigt den weiblichen Rückenakt nicht nur auf einer textilreich-gepolsterten, diwanartigen Liege sitzend, sondern unmittelbar auf einem Tierfell ruhend (Abb. 4): Louis de Cormenin, ein Kunstkritiker und Zeitgenosse Ingres', stellte fest, dass sich die Odaliske „in der Gewissheit von absoluter Schönheit auf einem Fell" räkele und so „auf das Begehren des Sultans" warte.[24] Die Vorstellung von Verfügbarkeit im Bild der Odaliske erregt in diesem Sinne nicht nur die Darstellung des nackten weiblichen Körpers, sondern eben auch der sensuelle Eindruck des textilen und tierlichen Materials der Ausstattung – haptisch weich, nachgiebig, anschmiegsam. Bei Ingres' *Großer Odaliske* handelt es sich aber auch um die Darstellung eines großflächig gemalten Rückenakts mit weißer Haut, der im Bildraum als Grenze zwischen Innen und Außen dient und so für die Geschlossenheit, die Hermetik des Harems einsteht.[25] Wie Silke Förschler erörtert, kreist die zeitgenössische Rezeption des Bildes um die Ikonografie der Venus und der Odaliske: Es wird sowohl dem universellen und ideell übergeordneten Wert der griechischen Antike als auch dem fremden, exotischen Orient zugerechnet. Die Odaliskendarstellung ist zugleich antikisiert und orientalisiert. In den Debatten über das Gemälde werden Grenzziehungen und Hierarchisierungen in Bezug auf kulturelle Differenz vorgenommen, die anhand des Motivs, des Inkarnats, der Form- und Farbgebung sowie des Interieurs erörtert wird. Der Darstellung des Interieurs, so Förschler, kommt dabei eine zentrale Rolle zu.[26]

So sind hier nicht von ungefähr Zeichen der kulturellen Alterität als räumlich situierte (Gestaltungs-)Elemente im Interieur präsent: Die Odaliske auf Ingres' Gemälde begleiten zahlreiche dem orientalischen Kulturraum zugeordnete Gegenstände, wie eine Wasserpfeife, der aufgepolsterte Diwan, der Turban und das Accessoire des Pfauenfederfä-

---

24 Zit.n. Förschler 2010, S. 138.
25 Vgl. ebd., S. 132f.
26 Vgl. ebd., S. 135–139 sowie insb. S. 144.

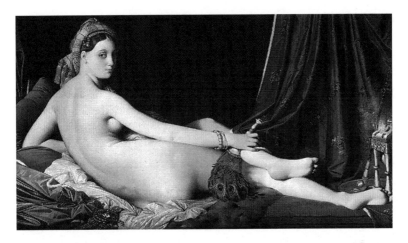

4 Jean-Auguste-Dominique Ingres,
Große Odaliske, 1814, Öl auf
Leinwand, 91 × 162 cm, Musée du
Louvre, Paris

chers sowie das Tierfell. Auch in weiteren Odaliskengemälden, etwa von
Delacroix (*Odaliske*, 1846) oder Jean-Joseph Benjamin-Constant (*Oda-
liske*, 1882), ruhen die Odalisken unmittelbar auf Fellen. Die exotischen
Tierfelle verstärken den Bildtopos der orientalischen Odaliske als das,
wie Norman Bryson ihn bezeichnet, „phantasmatische[ ] Andere[ ] des
Westens".[27] Einen wesentlichen Anteil daran hat abermals die auf das
Sensuelle zielende Innenausstattung: Häufig ungeordnete bzw. zerwühlte
Stoff- und Tuchdraperien, Polster, Kissen, Decken, Laken, Vorhänge etc.,
und nicht zuletzt auch Felle treten in eine Wechselbeziehung mit der
Körperlichkeit, der Physis des Aktes. Der weibliche Körper in Verbindung
mit exotischen Raubtierfellen ruft damit Assoziationen an etwas ‚Anima-
lisches' respektive im Ursprung ‚Wildes', ‚Ungebändigtes' hervor, das im
Kontext der Odaliskengemälde jedoch aus einer unmittelbar kolonial-
kulturellen Perspektive als das gezähmte, kolonisierte Fremde verhandelt wird. Das Motiv der Kampf- und Jagddarstellungen als Zeichen der

27 Zit. n. ebd., S. 143.

virilen Kampfkraft hat sich in den Odaliskendarstellungen in Richtung eines feminisierten, kolonisierten Orients verschoben. Die Trophäen der Bändigung sind offensichtlich: das eigentlich Verschlossene, nun aber der westlichen Blickmacht Preisgegebene, nämlich der weiblich konnotierte Raum und die unbekleidete Frau sowie die besiegte virile Kampfkraft im Bild des erlegten Raubtieres, symbolisiert durch das Fell. Implizit gemahnt das Fell an die vorangegangene erfolgreiche Jagd und den siegreichen Kampf – beides ist nun Teil des Wohnens.

Textilien und Tierfelle: Das Interieur als Phantasma des Orients

Auch in den bürgerlichen Vorstellungen des späten 19. Jahrhunderts überlagerten sich stoff- und dekorationsreiche Innenraumausstattungen mit Phantasmen des Orients.[28] In Wohnratgebern wurde darauf hingewiesen, dass Felle, neben Teppichen und Textilien, im Interieur zur Behaglichkeit des Wohnraumes beitragen.[29] Felle haben ihren angestammten Platz im Wohnraum gemeinhin an den Orten, die der Entspannung dienen: im Schlafzimmer vor oder auf dem Bett, im Wohnzimmer vor oder auf dem Sofa bzw. Sessel oder vor dem Kamin. Es sind die besonderen Eigenschaften des Materials, das der Herstellung von zumeist nachgiebig-weichen und wärmenden Textilien dient: Das präparierte Haarkleid von Tieren, das Fell hat im Wohnen affektiven Wert, es steht für physisches und psychisches Wohlgefühl.

Im 19. Jahrhundert war es eine zentrale Aufgabe des privaten Raumes, Geborgenheit zu vermitteln: Das „traute Heim" galt in der „bürgerlichen Kultur" als wichtiges Ideal des familiären Lebensalltags, als „eine Insel vollständiger Privatheit und intimer Geborgenheit".[30] Dieses Ideal beförderte die geschlechterdifferenzierende Positionierung des Privaten als Raum der Frau und des Öffentlichen als Raum des Mannes.[31] Zu dieser Vorstellung des Privaten zählte insbesondere die Konstruktion der Wohnung

---

28 Siehe hierzu Nierhaus 1999, S. 121f.
29 Vgl. Haenel/Tscharmann 1999, S. 20, 35.
30 Reulecke 1997, S. 18f., 21. So verweist auch die etymologische Herkunft des deutschen Wortes ‚Heim' auf den altdeutschen Begriff ‚himan', der ‚bedecken' bedeutet, vgl. Frank 1920, S. 30.
31 Hierzu Nierhaus 1999, S. 93.

als „Stimmungsgehäuse", als psychisierter Ort der Innenwelt gegenüber
dem Außenraum, wie es Walter Benjamin beschrieben hat: „[Die] Wohnung
wird im extremsten Falle zum Gehäuse. Das neunzehnte Jahrhundert war
wie kein anderes wohnsüchtig. Es begriff die Wohnung als Futteral des
Menschen und bettete ihn mit all seinem Zubehör so tief in sie ein, daß
man ans Innere eines Zirkelkastens denken könnte, wo das Instrument
mit allen Ersatzteilen in tiefe, meistens violette Sammethöhlen gebettet,
daliegt."[32] Diese nach innen gerichtete „Wohnsucht" des 19. Jahrhunderts,
das Bild von der Wohnung als Schutzhülle oder Höhle, hatte die metonymische Verschiebung vom architektonischen Raum mit seiner textilen
Ausstattung hin zum Körper zur Grundlage. Das Interieur wurde dabei
mit einer essentiellen Wesenheit des Weiblichen gleichgesetzt. Wie Irene
Nierhaus hervorhebt, wurde „die Schnittstelle zwischen Hausfrauenrolle
und Interieurcharakter" durch affektive Merkmale gebildet, nämlich durch
„die Stimmung, das Gefühl, das Gemütvolle als Vergegenständlichung von
Innerlichkeit".[33] Hierbei nahm das Textile einen zentralen Stellenwert ein.
So wurden in der Wohnliteratur dieser Zeit Textil- und Handarbeiten zum
häuslichen Betätigungsfeld der Frauen im Rahmen ihrer Zuständigkeit
für die dekorative Innenraumgestaltung erklärt und das Stoffliche und
Textile generell an das Wesen bzw. den sogenannten Geschlechtscharakter
von Frauen geknüpft.[34] Vor allem das zwischen Schlafzimmer und Salon
changierende Boudoir ist als weiblicher Raum von Textilität geprägt. In
der zeitgenössischen Wohnliteratur wird betont: „Teppiche liegen auf dem
Boden, Teppiche fallen von den Tischen herab, Decken hüllen die Toilet-
tentische ein. Draperien umhüllen den Spiegel, der auf dem Toilettentisch
steht [...]. Spitzen sind darüber [...] gebreitet, dämpfen die Farben oder
mildern das einströmende Licht der Fenster. Alles ist weich, zart, schwel-
lend und faltig, auf behaglichen und bequemen Genuß [...] in ausgesuchter
Weise berechnet. Zur letzten Wirkung ist es nothwendig, daß im Kamin [...]
das Feuer lodert [...]."[35] Das Boudoir wurde aber nicht nur als luxuriöser,
reich mit Textilien ausgestatteter Raum und Rückzugsort der Frau, sondern auch als sinnlich-erotischer Ort gedeutet; in ihm überlagerten sich die

32 Benjamin 1982, S. 292.
33 Zit.n. Nierhaus 1999, S. 97, 100.
34 Vgl. dazu z.B. die Publikation *Geschlecht und Charakter* von Otto Weininger
    aus dem Jahr 1903.
35 Jacob von Falke zit.n. Helmhold 2012, S. 73, 75.

zeitgenössischen Diskurse der bürgerlich-häuslichen Weiblichkeit und der weiblichen Sexualität. An das Boudoir sind daher auch, wie weiter oben bereits dargelegt, die exotistischen Vorstellungen vom sinnlich-sexualisierten Raum des orientalischen Harems gekoppelt. In diesem Sinne stellte auch Ernst Bloch fest: „Ein Haremshimmel hatte fast über der ganzen Zimmereinrichtung des neunzehnten Jahrhunderts gestanden."[36]

Eine Koppelung der Wohnvorstellungen einer sinnlichen und verfügbaren Weiblichkeit mit einer textilen bzw. tierlichen Materialität findet sich auch in den psychoanalytischen Theorien der Jahrhundertwende. Beispielsweise bei Sigmund Freud (1856–1939), dem zufolge Kleidungsstücke, insbesondere Wäschestücke und Pelze, erotisch besetzt sind und mit Prozessen der Fetischisierung verbunden werden.[37] Als sexueller Fetisch spielt Fell auch in Leopold Sacher-Masochs (1836–1895) Roman *Venus im Pelz* aus dem Jahr 1870 eine zentrale Rolle, übt die Protagonistin doch gerade über ihre räumliche Ausstattung eine erregende Wirkung auf ihren Sexsklaven aus. Hierzu zählen, wie Hartmut Böhme aufreiht, die „wertvollen Pelze, weißer Puder, Atlasseide, marmorweiße Haut, Musselinstoffe [...], mannigfache Accessoires der Kleidung, [die] Beleuchtung des Raums, das Meublement von Schlafzimmer, Bad oder Kerker: All diese dinglichen Ensembles werden zum erweiterten Körper des Idols und deswegen zu Fetischen, die jenes vertreten können."[38] In *Venus im Pelz* sind vor allem auch Kleidung und Stoffe „selbstständig agierende Objekte auf der Bühne des Triebs".[39] Dem Fell, insbesondere dem Pelzmantel als Fetischgewand, kommt hierbei eine besondere Rolle zu: „[J]edesmal, wenn ich das schöne Weib, das auf den rotsamtenen Polstern lag und dessen holder Leib von Zeit zu Zeit, da und dort, aus dem dunklen Pelzwerk hervorleuchtete, betrachten musste, [...] empfand ich, wie alle Wollust, alle Lüsternheit nur in dem Halbverhüllten [...] liegt."[40]

---

36   Zit.n. Nierhaus 1999, S. 121.
37   Vgl. Freud 2000, S. 379–388.
38   Böhme 2006, S. 377.
39   Ebd.
40   Zit.n. Steele 1998, S. 150.

Christina Threuter

Tierfelle in Interieurs des Art déco

Im französischen Art déco sind exotische Tierfelle in der Ausstattung als Teppiche und als Decken bzw. Bezüge von Stühlen, Sesseln, Sofas und Betten überaus häufig anzutreffen. Allgemein handelt es sich bei diesen Interieurs um eklektizistische Ausstattungen, die sich historisierender sowie exotisierender Stilelemente bedienen und sie nonchalant mit der industriell konnotierten avantgardistischen, vorzugsweise stereometrischen Formensprache verbinden. Aufwändig kunsthandwerklich bearbeitete Materialien, wie Lack, Edelhölzer, Leder, Intarsien aus Elfenbein, sogar Möbelverkleidungen aus Elefantenhaut[41], geben den Ausstattungsgegenständen ihre besondere, extravagante Wirkung. Künstler*innen des Art déco sprachen mit ihren exklusiven Raumausstattungen eine mondäne, wohlhabende Käuferschicht an. Daneben wurden moderne Verkehrsmittel wie Flugzeuge, Passagierdampfer, Züge sowie öffentliche Räume, etwa Bahnhöfe, Kinos, Hotels, Theater, Restaurants, Bars, in demselben dekorativ-modernistischen Luxusstil ausgestattet. Bekannt sind auch die Art-déco-Wohnräume angesagter Modeschöpfer*innen dieser Zeit, wie die von Jacques Doucet (1853–1929) oder Paul Poiret (1879–1944). Felle, vor allem von Raubkatzen, waren in den meisten dieser Ausstattungen anzutreffen. Poiret verwendete darüber hinaus aber auch aufsehenerregende exotische Tierfelle in seinen Haute-Couture-Entwürfen, wie bei seinem Modell *Faune*, einem Rock aus Affenfell aus dem Jahr 1919.

Eindrücklich führt ein Foto des Wohnraumes in dem Ateliergebäude des Couturiers Doucet in Neuilly-sur-Seine von 1929 die Kombination exotischer Wildtierfelle mit einer exotisierenden Ausstattung vor Augen. Der Raum diente als Präsentationsort seiner umfangreichen und berühmten Kunstsammlung. Bezeichnend für das homogen exotisierende Raumensemble ist das Zusammenspiel von Sofa und Wandschmuck: Über das schalenförmige Ledersofa wurden Raubtierfelle drapiert. Darüber befindet sich das primitivistische Gemälde *Schlangenbeschwörerin* von Henri Rousseau (1844–1910) aus dem Jahr 1907, das auf die Vorstellung einer naturnahen, paradiesischen Ursprünglichkeit im eurozentristischen Bild des ,Wilden' verweist. Auch weitere Kunstwerke

---

41   Z.B. der mit Elefantenleder bezogene Lehnstuhl von Jacques Ruhlmann aus dem Jahr 1925.

und Ausstattungsstücke in diesem Wohnraum, wie die von afrikanischer Kunst inspirierte Plastik von Modigliani, ein afrikanisch inspirierter Tisch und ein ägyptisierender Hocker von Eileen Gray sowie ein mit Haifischhaut überzogener Kabinettschrank von Pierre Legrain (1889–1929), entsprechen der zeitgenössischen Mode des Primitivismus und Exotismus.[42] Solche Ausstattungen waren durchaus üblich: Raum- und Möbelgestalter des Art déco, neben Legrain z.b. Michel Roux-Spitz, Jacques Ruhlmann, um nur einige Namen zu nennen, schufen zahlreiche exotisierende Interieurs durch Gestaltungsanleihen bei unterschiedlichsten außereuropäischen Kulturen. Die Raubtierfelle bilden dabei eine Ergänzung zu den primitivistischen bzw. exotistischen Arbeiten der Avantgardekünstler*innen in den Art-déco-Interieurs. Auch in dieser Epoche sind sie somit vor allem psychosoziale Trophäen des kolonialen Zugriffs auf fremde Kulturen im Wohnen.

Zieht man die kurz zuvor mit Blick auf den Jugendstil heftig geführten Debatten um das Ornament bzw. um die dekorative Kunst heran, so wird deutlich, dass im Art déco eine Hochkonjunktur der Projektion des Weiblichen und des ‚Wilden‘ in Wohnräumen zu konstatieren ist. Vor allem die innerhalb dieses Diskurses getätigten Äußerungen von Adolf Loos (1870–1933) zum Dekorativ-Ornamentalen zeichnen sich nicht nur durch Misogynie aus, sondern auch durch einen kulturevolutionistischen Rassismus gegenüber den (vermeintlich kulturfernen) ‚Primitiven‘, die er als atavistisch und degeneriert charakterisierte.[43]

---

42 Vgl. Bayer 1990, S. 68.
43 Vgl. Loos 1981, S. 15. Loos' größtenteils rassistisch geprägte kulturevolutionistische Äußerungen gegenüber außereuropäischen Kulturen werden von zeitgenössischen wissenschaftlichen Diskursen – der Biologie, der Anthropologie, der Medizin oder auch der Soziologie – getragen und sind im Zusammenhang mit den expansiven europäischen Kolonisierungsbestrebungen zu sehen. Sie fallen in die Zeit des ausklingenden Hochimperialismus, der in etwa die Zeitspanne von den 1880er-Jahren bis zum Ausbruch des Ersten Weltkriegs umfasst. Seit der zweiten Hälfte des 19. Jahrhunderts fanden auch die sogenannten Welt- und Kolonialausstellungen in den urbanen Metropolen statt, die vor allem das Prestige der vornehmlich europäischen Großmächte und Nationen gegenüber anderen Kolonialmächten und insbesondere gegenüber den Kolonien stärken sollten. Als Ausstellungen mit Weltgeltungsanspruch waren sie Leistungsschauen der fortschreitenden Industrialisierung einzelner Staaten, die um Absatzmärkte und wirtschaftliche sowie kulturelle Vormachtstellung kämpften.

Christina Threuter

Tierfelle: Sensualität im Interieur als psychosoziale Präsenz des Weiblichen und des ‚Animalisch-Fremden'

Mit Eileen Grays Gesamtgestaltung der Pariser Wohnung von Madame Mathieu-Lévy, der Inhaberin des namhaften Modesalons Suzanne Talbot[44], in der Rue de Lota in den Jahren 1920 bis 1924 möchte ich nun an den Anfang des Aufsatzes anknüpfen. Gray griff in diesem Interieur stilistisch neben der geometrisch abstrahierten Formensprache des Neuen Bauens den zeitgenössischen Exotismus des mondän-bürgerlichen Art déco auf und verknüpfte diesen mit den weiblich-erotischen Konnotationen des Boudoirs. Zeitgenössische Fotografien zeigen, dass Wildtierfelle im Zusammenhang mit anderen exotisierenden Ausstattungsgegenständen in dem homogenen Raumkonzept ihren Platz fanden: So gab es einen afrikanisierenden Hocker mit Fellbezügen oder ein Bett, dessen Holzrahmen nicht nur in der Form, sondern auch durch die einfachen geometrischen Ornamente in primitivistischer Manier auf afrikanisches Kunsthandwerk verwies; überdies war es mit einer dichten Felldecke bedeckt. Gray hat dem Material für das sinnlich-körperliche Erfahren und Erleben des Innenraums einen großen Stellenwert beigemessen. Ihre verschiedenen Raumausstattungen verdeutlichen den sensuell-ästhetisierenden Einsatz unterschiedlichster Materialien wie Lack, Stahlrohr, Aluminium, Holz und eben auch Textilien.[45] In ihren schriftlichen Ausführungen betonte sie, dass sie durch die Innenraumgestaltung vielfältige räumliche, auf den Körper gerichtete Bezüge herstellen wollte. Entsprechend definierte sie die Architektur des Hauses als eine intime Hülle, ein Gehäuse für innere, durch Bewegung geprägte Vorgänge.[46] In der Konzeption ihrer Wohnräume bezog sich die Designerin und Architektin auf die im 19. Jahrhundert dominierenden Geschlechter- und Orientalismusdiskurse, vor allem auf das textilreiche Boudoir bzw. das Damenzimmer, um Assoziationen zu häuslicher Zurückgezogenheit, Intimität, Sensualität und auch Erotik zu wecken.[47]

---

44 Hierzu Adam 1989, S. 95.

45 Sie setzte auch unterschiedliche Belichtungsarten ein, um eine sensuelle Wirkung, u.a. eine verinnerlichte Atmosphäre, in den Räumen herzustellen, vgl. Threuter 2015.

46 Vgl. Adam 1989, S. 200f. und Gray/Badovici 1996, S. 71.

47 Zum Orientalismus und zur weiblichen Körpermetaphorik dieses Hauses in Auseinandersetzung mit Le Corbusier vgl. ausführlicher Threuter 2002.

5 Paul Ruaud, Umgestaltung der Inneneinrichtung von Eileen Gray für
die Wohnung von Mme Mathieu-
Lévy in der Rue de Lota, Paris, 1933

Mit diesem Konzept setzte sie sich ganz bewusst von der dominierenden
rationalistischen Architekturauffassung ab und positionierte sich als
eigenständige Künstlerin.

Im Falle von Madame Mathieu-Lévys Wohnung wurde Grays Exotismus durch Paul Ruauds Umgestaltung (1932/33) noch dadurch gesteigert
(Abb. 5), dass er unter anderem den Bibendum- und den Serpent-Stuhl sowie das orientalisierende Pirogue-Sofa mit Fellen weiterer exotischer Tiere
wie Leopard und Zebra versah. Gray löste sich zwar im Laufe der Zeit von
dem motivisch abbildenden Exotismus des Art déco, doch blieben die oben
genannten Signifikanten auch in der abstrahierten oder geometrisierenden
Formensprache der Innenraumgestaltung ihrer späteren Entwürfe erhalten.
Dem über das Bett gebreiteten Tierfell begegnet man so nicht von ungefähr
in der modernen, sachlich-rationalen Innenausstattung ihres Schlafzimmers
in ihrem maritimen Wohnhaus *E.1027* in Roquebrune, Cap-Martin, an der
Côte d'Azur. Der affektive Wert des Tierfells in diesem Interieur bezieht sich
auf seine spezifisch geschlechtlich konnotierte, sensuelle Materialität: Hier

6 Lilly Reich, *Schlafzimmer der
Frau* für die Berliner Ausstellung
„Die Wohnung unserer Zeit",
1930/31

wird weibliche Präsenz im Bild des Textilen bzw. des Tierfells verkörpert
– ebenso wie im *Schlafzimmer der Frau*, das Lilly Reich (1885–1947) im Jahr
1930/31 für die Berliner Ausstellung „Die Wohnung unserer Zeit" entwarf
und in dem sachliche Stahlrohrmöbel auf einem den Raum bestimmenden
dichten hellen Fellteppich standen (Abb. 6).

Eindrücklich vorgeführt hatte diese sensuelle, feminin-körperlich
konnotierte Materialität von Textilem und Tierfell bereits Adolf Loos
1903 in dem Schlafzimmer für seine Frau Lina, für das er neben Textilien
vor allem Angorafelle verwendete, also besonders langhaarige und dich-
te Felle.[48] Wie für Gray stand auch für Loos die durch das verwendete
Material hervorgerufene körperlich-sensuelle Erfahrung des Raumes bei
der Gestaltung im Vordergrund.[49] Im Schlafzimmer seiner Frau erzeugte
er eine außerordentliche Vereinheitlichung des Raumes durch das textile

48   Vgl. Boeckl 2014.
49   Vgl. Loos 1987, S. 140.

und tierliche Material, das nicht nur die Wände, sondern auch die Einrichtung respektive die Ausstattungsgegenstände vollständig ver- bzw. einkleidete.[50] Und wie bei Gray findet auch bei Loos eine metonymische Verschiebung vom architektonischen Innenraum auf den Körper bzw. auf die körperliche und sinnliche Erfahrung durch das Material statt. So erscheint der Raum als ein sexualisierter weiblicher Ort; Irene Nierhaus schreibt dazu treffend: „Visualisiert wird Erotik und Lust auf sexuelle Kolonisierung des weiblichen ‚weißen' Körperterritoriums bei gleichzeitiger Angst vor unregulierbarer Triebhaftigkeit [...]."[51]

Auffallend ist, dass in den Fotografien der hier vorgestellten Räume der weibliche Körper zumeist abwesend ist. An seine Stelle tritt, anders als in den Odaliskendarstellungen, wo sich weibliche Körper auf oder in exotischen Fellen und Textilien räkeln, das Fell exotischer Tiere als psychisiertes und affektiv eingesetztes Ausstattungselement, welches sich vor allem durch seine spezifische Materialität auszeichnet.

Jean Baudrillard stellt die Frage nach der erlebten Dingwelt, nach dem System ihrer Bedeutsamkeiten. Im Anschluss an ihn ließe sich sagen, dass das Fell als Ausstattungsgegenstand „die affektiven Bindungen in diesem Milieu" verkörpert.[52] Es ist Teil der symbolischen Gesamtheit des Raumes, in dem es sich befindet und den es, zusammen mit anderen Gegenständen, als weiblich anderen (gegenüber dem männlich rationellen) sowie als gegenkulturellen Raum im Bild des Tierlich-Exotischen bezeichnet. Indem die weibliche Körperlichkeit in dem tierlichen Material aufgeht, sich assimiliert, wird dieses mit den Worten Baudrillards „grundsätzlich anthropomorph"[53]. Das Fell wird zum „handgreiflichen Symbol" seiner Essenz und erhält so eine eigene „Präsenz", eine „symbolische Würde".[54] Diese nach Baudrillard naturalisierende Konnotation des Ausstattungsgegenstandes wird hier im Kontext des Wohnens zweifach bemüht, da das Fell ohnehin ein tierliches, sprich natürliches Produkt ist und gleichzeitig auf den naturalisierten weiblichen Körper verweist. Die

50   Loos' Privilegierung des Materials und seiner sensuellen Wirkung ist eng
       an seine eigene Auffassung von der Hülle der Architektur als einer Beklei-
       dung (analog der Bekleidung von Körpern) geknüpft, mit der er der Be-
       kleidungstheorie Gottfried Sempers (1803–1879) folgte.
51   Nierhaus 1999, S. 91.
52   Baudrillard 2001, S. 24, 14.
53   Ebd., S. 39.
54   Ebd., S. 10.

Psychosozialität des Fells verallgemeinert somit nicht nur geschlechtliche sowie kolonial geprägte soziokulturelle Strukturen, die sich im Interieur in ihrer je spezifischen Stofflichkeit und Materialität einschreiben, sondern auch die zwischen Mensch und Tier.

Stubentiger: Tierfelle im Wohnen als kolonialkulturelle Trophäen

Literatur

Adam 1989 – Peter Adam, Eileen Gray. Architektin, Designerin, Zürich 1989.

Alloula 1994 – Marek Alloula, Haremsphantasien. Aus dem Postkartenalbum der Kolonialzeit, Freiburg 1994.

Baudrillard 2001 – Jean Baudrillard, Das System der Dinge. Über unser Verhältnis zu den alltäglichen Gegenständen [1968], Frankfurt a.M./New York 2001.

Bayer 1990 – Patricia Bayer, Art Déco Interieur. Raumgestaltung und Design der 20er und 30er Jahre, München 1990.

Boeckl 2014 – Matthias Boeckl, „Wege der Moderne"-Blog, Teil 1: Was ein Schlafzimmer alles kann, in: architektur.aktuell, Online-Ausgabe, 9.12.2014, URL: https://www.architektur-aktuell.at/news/wege-der-moderne-blog-teil-1-was-ein-schlaf-zimmer-alles-kann [20.5.2017].

Böhme 2006 – Hartmut Böhme, Fetischismus und Kultur. Eine andere Theorie der Moderne, Reinbek bei Hamburg 2006.

Benjamin 1991 – Walter Benjamin, „Das Interieur, die Spur", in: Walter Benjamin, Gesammelte Schriften, Bd. V.1: Das Passagen-Werk, hg.v. Rolf Tiedemann u. Hermann Schweppenhäuser, Frankfurt a.M. 1991, S. 281–300.

Frank 1920 – Willy Frank, Das eigene Heim, in: Andreas K. Vetter (Hg.), Das schöne Heim. Deutsche Wohnvorstellungen zwischen 1900 und 1940 in Bild und Text, Heidelberg 1999, S. 30–32.

Freud 2000 – Sigmund Freud, Fetischismus [1927], in: ders., Psychologie des Unbewussten. Studienausgabe, Bd. 3, hg.v. Alexander Mitscherlich, Angela Richards u. James Strachey, Frankfurt a.M. 2000, S. 379–388.

Förschler 2010 – Silke Förschler, Bilder des Harem. Medienwandel und kultureller Austausch, Berlin 2010.

Gißibl 2011 – Bernhard Gißibl, Das kolonisierte Tier: Zur Ökologie der Kontaktzonen im deutschen Kolonialismus, in: Werkstatt Geschichte 56 (2010): Tiere, S. 7–28.

Gray/Badovici 1996 – Eileen Gray u. Jean Badovici, Vom Eklektizismus zum Zweifel [1929], in: Caroline Constant u. Wilfried Wang (Hg.), Eileen Gray, Eine Architektur für alle Sinne, Ausst.-Kat. Deutsches Architektur-Museum Frankfurt a.M., 26.9.–1.12.1996, Tübingen 1996, S. 68–71.

Haenel/Tscharmann 1999 – Erich Haenel u. Heinrich Tscharmann, Das Wohnzimmer, [1908] in: Andreas K. Vetter (Hg.), Das schöne Heim. Deutsche Wohnvorstellungen zwischen 1900 und 1940 in Bild und Text, Heidelberg 1999, S. 20.

Helmhold 2012 – Heidi Helmhold, Affektpolitik und Raum. Zu einer Architektur des Textilen, Köln 2012.

Loos 1987 – Adolf Loos, Das Prinzip der Bekleidung [1898], in: Adolf Opel (Hg.), Ins Leere gesprochen 1897–1900, Wien 1987, S. 139–145.

Loos 1981 – Adolf Loos, Ornament und Verbrechen [1908], in: Ulrich Conrads (Hg.), Programme und Manifeste zur Architektur des 20. Jahrhunderts (= Bauwelt Fundamente 1), Braunschweig/Wiesbaden 1981, S. 15–21.

Mothes 1879 – Otto Mothes, Unser Heim im Schmuck der Kunst. Ein Bildercyclus zur Einrichtung des Wohnhauses in künstlerischer Ausstattung, Leipzig 1897.

Nierhaus 1999 – Irene Nierhaus, Arch6. Raum, Geschlecht, Architektur, Wien 1999.

Niggl 1996 – Reto Niggl, Eckart Muthesius. Der Palast des Maharadschas von Indore, Stuttgart 1996.

Reulecke 1997 – Jürgen Reulecke, Die Mobilisierung der „Kräfte und Kapitale". Der Wandel der Lebensverhältnisse im Gefolge von Industrialisierung und Verstädterung, in: ders. (Hg.), Geschichte des Wohnens: 1800–1918. Das bürgerliche Zeitalter, Bd. 3, Stuttgart 1997, S. 15–144.

Schröder/Threuter 2017 – Gerald Schröder u. Christina Threuter, Wilde Dinge in Kunst und Design. Aspekte der Alterität seit 1800, in: dies. (Hg.), Wilde Dinge in Kunst und Design. Aspekte der Alterität seit 1800, Bielefeld 2017, S. 8–28.

Spickernagel 2010 – Ellen Spickernagel, Der Fortgang der Tiere. Darstellungen in Menagerien und in der Kunst des 17.–19. Jahrhunderts, Köln u.a. 2010.

Steele 1998 – Valerie Steele, Fetisch. Mode, Sex und Macht, Reinbek bei Hamburg 1998.

Threuter 2015 – Christina Threuter, Eine Architektur der Einfühlung. Eileen Grays Wohnhaus E.1027, in: Hanna Katharina Göbel u. Sophia Prinz (Hg.), Die Sinnlichkeit des Sozialen. Wahrnehmung und materielle Kultur, Bielefeld 2015, S. 177–193.

Threuter 2002 – Christina Threuter, Eileen Gray, Le Corbusier und die phantasmatischen Räume der Oda-Liske E.1027, in: Viktoria Schmidt-Linsenhoff (Hg.), Postkolonialismus. Kunst und Politik (= Jahrbuch der Guernica-Gesellschaft 4), Osnabrück 2002, S. 49–62.

Ubl 2007 – Ralph Ubl, Delacroix' Tiere, in: Anne von der Heiden u. Joseph Vogl (Hg.), Politische Zoologie, Zürich/Berlin 2007, S. 177–194.

Ulz 2008 – Melanie Ulz, Auf dem Schlachtfeld des Empire. Männlichkeitskonzepte in der Bildproduktion zu Napoleons Ägyptenfeldzug, Marburg 2008.

Williams 2014 – Haydn Williams, Turquerie. Sehnsucht nach dem Orient, Berlin 2014.

Mariel Jana Supka

Wilde Tiere in der Wohnung. Ko-Habitation im Selbstversuch

Gäste

Vor ein paar Wochen, als ich mir nach dem Aufwachen Kaffee gekocht und die Balkontür im Schlafzimmer geöffnet hatte, um frische Luft hereinzulassen, sah ich ein Eichhörnchen in der Kastanie vor meinem Balkon herumklettern. Nichts Ungewöhnliches, die Eichhörnchen haben den Hof schon vor längerer Zeit für sich entdeckt. Jedes Mal, wenn ich eines von ihnen zu Gesicht bekomme, gebe ich ein kurzes ‚Hallo' in Form von ein paar schnalzenden Lauten von mir. Auch an diesem Morgen habe ich das Eichhörnchen mit diesen etwas merkwürdigen Geräuschen begrüßt, und wie gewöhnlich guckte es in meine Richtung. Für eine Weile sahen wir uns gegenseitig beim Nichtstun zu. Da es noch etwas kühl war, ging ich bald wieder hinein, um mich bei geöffneter Balkontür noch ein wenig unter der Bettdecke zu verkriechen.

Einige Minuten später hörte ich ein Rumpeln auf dem Balkon und zu meiner Überraschung erschien das Eichhörnchen in der Balkontür. Es hielt kurz inne, guckte mich an und lief dann schnurstracks zum Fußende meines Bettes, wo es den Anschein machte, als wolle es zu mir auf die Matratze klettern. Die Vorderfüße auf die obere Kante des Bettrahmens gesetzt, reckte es den Kopf so hoch, dass es über das Federbett hinwegsehen konnte. Dann drehte es sich um, lief schnell eine Runde durchs Zimmer und verschwand wieder dorthin, woher es gekommen war. Der morgendliche Besuch eines Eichhörnchens am noch schlafwarmen Bett

Wilde Tiere in der Wohnung

1 Möwe muss draußen bleiben

zählt zu den eher ungewöhnlichen Begegnungen mit Wildtieren in der Wohnung, weswegen er mir auch lebhaft in Erinnerung geblieben ist. Ähnlich war das mit der jungen Möwe, die – als ich für einige Zeit im englischen Brighton lebte – täglich auf dem Fenstersims saß, von wo sie mir bei der Arbeit zusah. Ich hatte keine Ahnung, was genau ihr dauerhaftes Interesse geweckt hatte. Eines Tages jedenfalls, ich hatte das Fenster weit geöffnet, kam sie kurzerhand hereinspaziert, hüpfte auf den Tisch und stellte sich neugierig vor mich hin. Da die Möwe im Gegensatz zum Eichhörnchen keinerlei Anstalten machte, von allein das Zimmer wieder zu verlassen, habe ich ihr mit ein paar wedelnden Handbewegungen den Weg hinausgewiesen. Ich empfand für sie durchaus so etwas wie freundschaftliche Zuneigung, schließlich interessiert sich selten jemand so ausdauernd für das, was ich tue. Dennoch war ich der Meinung, dass sie ihrem Interesse lieber draußen vor dem Fenster nachgehen sollte und nicht in der Wohnung. Von da an saß sie also wieder auf dem Fenstersims, und ich habe das Fenster nur noch so weit geöffnet, dass sie nicht durch den Spalt hindurchpasste.

Außer dem Eichhörnchen und der Möwe, die nur auf einen kurzen Besuch vorbeigekommen sind, gibt es auch jede Menge anderer Tiere, die sich bei mir eine mehr oder weniger dauerhafte Bleibe gesucht haben. Ich habe diesen Tieren lange Zeit keine sonderliche Beachtung geschenkt. Meistens habe ich sie einfach ignoriert. Den einen oder anderen Gast, wie z.b. die dicken schwarzblauen Käfer, die immer mal wieder hinter den Büchern hervorgekrabbelt kamen, große dunkelbraune Spinnen, verschiedene Weberknechte und eine Hornisse, habe ich allerdings lieber hinausbefördert. Wenn es sich nicht um Heimtiere handelt, die als ‚ordentliche' Mitbewohner*innen zum menschlichen Haushalt dazugehören, werden Tiere, die im näheren Umfeld von Menschen leben, oft als Gäste registriert. Auf der Webseite eines Gartenmagazins wird z.b. von Eichhörnchen berichtet, die im Garten „zu jeder Jahreszeit gern gesehene Gäste" sind.[1] Wildschweine sind nach Angaben des Bezirksamts Berlin Marzahn-Hellersdorf „ungebetene Gäste in der Stadt".[2] In Wohnungen werden Tiere, egal ob es sich um Fliegen, Spinnen, Silberfischchen, Waschbären oder Mäuse handelt, meistens ebenfalls als unerwünschte Gäste verbucht. So suggerieren es zumindest diverse Medienberichte, Webseiten von Schädlingsbekämpfern oder städtische Infobroschüren, die darüber informieren, wie man sich dieser ‚unerwünschten Besucher' am besten wieder entledigen kann.

Gäste sind Ankömmlinge, die von woanders herkommen. Tiere, die im menschlichen Wohnumfeld als Gäste bezeichnet werden, egal ob ihre Anwesenheit erwünscht oder unerwünscht ist, erscheinen demnach als Ortsfremde, die unter bestimmten Umständen zwar beherbergt werden, aber nicht wirklich dazugehören. Da sie sowohl in der Wohnung oder im Garten als auch im städtischen Raum als Gäste in Erscheinung treten können, stellt sich die Frage, wo genau die Grenzen verlaufen, durch deren Überschreitung Tiere zu ‚unseren' Gästen werden.

Im Fall des Eichhörnchens, das mir in meinem Schlafzimmer einen Besuch abstattete, würde ich als Wohnungsinhaberin sagen, dass es in dem Moment zu meinem Gast wurde, als es die Schwelle der Balkontür übertrat. Es erscheint einleuchtend, dass ein wild lebendes Eichhörnchen in der Wohnung nur zu Gast sein kann, denn schließlich lebt es auf

1 Engel/Dusek o.J.
2 Bezirksamt Marzahn Hellersorf (Fachbereich Naturschutz), Wildschweine – ungebetene Gäste in der Stadt, URL: https://www.berlin.de/ba-marzahn-hellersdorf/politik-und-verwaltung/aemter/umwelt-und-naturschutzamt/naturschutz/artikel.354709.php [31.05.2017].

den Bäumen im Hof. Wenn Eichhörnchen im Hof aber auch nur Gäste sind – zugegebenermaßen gern gesehene –, bleibt die Frage offen, wo Eichhörnchen letztendlich nicht zu Gast sind.

In dem bereits erwähnten Gartenmagazin erfährt man, dass Eichhörnchen eigentlich Nadelwälder, Mischwälder und Parks mit altem Baumbestand bewohnen und die menschliche Nähe nur dann suchen, wenn sie in ihrer ‚natürlichen Umgebung' nicht ausreichend Nahrung finden. In dieser Logik ist das Eichhörnchen dort kein Gast, wo es ‚natürlicherweise' vorkommt, nämlich fernab vom Menschen. Die Annahme, dass Eichhörnchen nicht nur in der Wohnung, sondern im menschlichen Umfeld generell zu Gast sind, verweist auf stereotype Vorstellungen von Natur und Kultur: Wildtiere, wie Eichhörnchen, Füchse oder Wildschweine, auch wenn sie seit einigen Jahrzehnten zunehmend in Städten anzutreffen sind, werden oftmals mit Ideen von ‚freier Natur' und ‚Wildnis' verbunden, die idealerweise dort verortet werden, wo Menschen nicht zu finden sind. Das Lebensumfeld einer wild lebenden Tierart wird für gewöhnlich mit dem Begriff des Habitats gefasst. Das Habitat bezeichnet anhand bestimmter struktureller Merkmale den Raumtypus, in dem eine Tier- oder Pflanzenart lebt bzw. in dem eine reproduktionsfähige Population von Organismen dieser Art überleben kann. Der Begriff Habitat geht auf Carl von Linné (1707–1778) zurück. In seiner erstmals 1735 erschienenen *Systema Naturae* ergänzt er die Beschreibung der taxonomischen Merkmale einer bestimmten Tierart durch den Zusatz „wohnt in". Im Fall des europäischen Eichhörnchens *Sciurus vulgaris* z.B. steht dort zu lesen: „habitat in Europae arboribus",[3] was sich als „wohnt in Europas Bäumen" übersetzen lässt. In diesem Sinne beschreibt Linné mit der Formel „habitat in" weniger ein abgegrenztes Territorium, in dem ein Tier bzw. eine Tierart beheimatet ist, als eine Lebensweise, die an das Bewohnen von Bäumen gebunden ist.

Während das Eichhörnchen Bäume bewohnt, lebt die Hausmaus *Mus musculus* im Haus. Zur Hausmaus schreibt Linné demzufolge auch „habitat in domibus",[4] „wohnt in den Häusern". Als strukturelles Gefüge beinhaltet das Habitat Haus nicht nur seine baulichen Komponenten, sondern auch die Menschen, die es bewohnen. So stellt Richard Hesse in seiner *Tiergeographie auf ökologischer Grundlage* (1924) fest, dass „die

3   Linné 1758/59, S. 63.
4   Ebd., S. 62.

ganze Tiergesellschaft, die im engsten Anschluß an den Haushalt des Menschen lebt [...], dort nicht nur Wohnung, sondern auch ihre ganze Nahrung finde[t]".[5] Küchenschaben, Hausstaubmilben, Stubenfliegen, Bettwanzen, Kleidermotten und Hausmäuse leben also in Häusern mit Menschen, „in Ruinen z.B. sind sie nicht zu finden. [...] Wo der Mensch fehlt, fehlen auch sie."[6]

Wenn Eichhörnchen als „ursprünglich reine Waldbewohner"[7] im Garten deshalb als Gäste erscheinen, weil sie auf anthropogen verursachte Störungen, wie z.B. die Fragmentierung von natürlichen Habitaten, reagieren und ihr bisheriges ‚wildes' Lebensumfeld verlassen, um in vom Menschen geprägte Territorien abzuwandern, dann fragt man sich, warum Hausmäuse, Silberfischchen, Wanderratten und Winkelspinnen, die in von Menschen bewohnten Gebäuden zu Hause sind, in diesen dennoch als Gäste angesehen werden, zudem als besonders ungebetene.

Eindringlinge

Ungebetene Gäste sind in der Regel diejenigen, die ohne Einladung kommen und sich womöglich auch gegen den Willen der Inhaber*innen Zutritt zu Wohnungen, Häusern oder Grundstücken verschaffen. Sie sind Eindringlinge, die – wenn sie keine Sachbeschädigungen verursachen oder sich an fremdem Eigentum vergreifen – zumindest den Hausfrieden stören. Tiere, die sich unerwünschterweise Zutritt zu Wohnungen und Häusern verschaffen, gelten gemeinhin als Schädlinge oder neuerdings, wenn sie keinen sichtbaren Schaden anrichten, auch als Lästlinge. Um das unerwünschte Eindringen von schädlichen oder lästigen Tieren zu verhindern, wird geraten, auch kleinste Fugen und Löcher abzudichten, Fliegennetze vor die Fenster zu spannen, Mauerritzen mit engmaschigem Draht zu verkleiden, regelmäßig zu putzen und die Vorräte zu verschließen. Außerdem werden im Handel diverse weitere Hilfsmittel zur ‚Tiervergrämung' angeboten. Die Produktpalette ist groß und reicht von althergebrachten Mausefallen über Mäuse- und Rattenkleber, Fluginsekten-Sauger, UV-Insektenvernichter, Ultraschall-Tier-

---

5 Hesse 1924, S. 559.
6 Ebd.
7 Alber/Cording 2013, S. 31.

vertreiber und Vogelabwehrspikes zu Propangas-betriebenen Knall-
schreckgeräten, kombinierten Maulwurf-Ameisen-Abwehr-Vibratoren
und Wühlmaus-Selbstschussanlagen. Wenn alles nichts hilft, holt man
‚den Kammerjäger‘. Angesichts des immensen Spektrums an praktizierba-
ren Tierabwehr-Techniken erscheint es fast erstaunlich, dass überhaupt
noch Tiere in der Umgebung von Menschen leben.

Als ich einmal in Ägypten in einer Hotelanlage Urlaub machte, wo
ich die meiste Zeit schnorchelnd im Roten Meer zubrachte und bunten
Fischen hinterherschwamm, fiel mir zunächst gar nicht auf, dass es außerhalb des Wassers außer einem Kamel, mit dem die Hotelgäste den
Hotelstrand entlangreiten konnten, wirklich überhaupt keine Tiere gab,
weder im Garten noch im Hotelzimmer. Erst als mein Freund und ich
auf eigene Faust einen Ausflug ins Umland unternahmen, wurde mir
bewusst, dass es auch in Ägypten Mücken, Fliegen, Käfer, Kakerlaken,
Falter, Schmetterlinge und Vögel gibt. Die Stille im Hotel war mir von
diesem Zeitpunkt an unheimlich. Die frühmorgendlichen Geräusche der
Geschäftigkeit, von denen ich manchmal aufwachte, halfen auch nicht,
das Gefühl der Beklommenheit loszuwerden. Im Gegenteil, die Geräusche stammten von kleinen Tankfahrzeugen mit seitlich ausgefahrenen
Düsen, die breitflächig jede Menge Flüssigkeit verspritzten. Arbeiter mit
Mundschutz und Druckbehältern auf dem Rücken, die man tagsüber
nie zu Gesicht bekam, weil sie außerhalb der Hotelmauern neben dem
Kamelverschlag in Baucontainern untergebracht waren, kümmerten sich
um die Ecken und Winkel, die von den Fahrzeugen nicht erreicht wurden.
Was in diesem Hotel offensichtlich gut funktionierte, war die Erzeugung
steriler Räume, die nicht nur für die aus Europa stammenden menschlichen Hotelgäste konzipiert waren, sondern auch ausschließlich von
ihnen bewohnt wurden.

Die vollständige Abwesenheit von Tieren kann ebenso Nährboden für
Horrorvorstellungen sein, wie Kakerlaken, die des Nachts in Scharen unter
dem Bett hervorkrabbeln. Bei den Einschließungs- und Ausschließungs-
praktiken, die das sozioräumliche Umfeld von Tieren und Menschen definieren, produzieren und regulieren, wird das Maß an erwünschter oder
akzeptabler räumlicher Nähe zu Tieren in erster Linie von Menschen
bestimmt. Anhand von unterschiedlichen Kategorien, wie z.B. wild oder
domestiziert, charismatisch oder ekelerregend, gefährdet oder weit ver-
breitet, faszinierend oder lästig, nützlich oder schädlich, wird jedem Tier
der ‚richtige‘ Platz im Verhältnis zu Menschen und zu anderen Tieren zu-

Mariel Jana Supka

2   Europäerin in Afrika

gewiesen. Derartige Raumzuweisungen haben direkte Auswirkungen auf das Leben und Überleben der betroffenen Tiere: „Such placements dictate where animals belong, where they should go, how long they should stay, how they should behave, what use they have (to humans), and how humans interact with them."[8] Tiere, die geltende Ordnungen unterwandern und sich z.B. gegen meinen Willen in meiner unmittelbaren Nähe niederlassen, erinnern daran, dass die unterschiedlichen Begrenzungen, in denen ich mich einrichten und sicher fühlen kann, porös sind. Sie haben Lecks, durch die sich Tiere immer wieder ihre eigenen Wege bahnen, durch Mauerritzen, Abwasserrohre oder Fensterfugen, unter Zäunen hindurch oder an Bahngleisen entlang, bis sie schließlich dort auftauchen, wo sie – wenn es nach menschlichen Vorstellungen ginge – nicht hingehören. Als im Oktober 2014 unzählige Marienkäfer in meinem Wohnzimmer auftauchten, schien es auch mir, als seien sie dort fehl am Platz. Eigentlich habe ich nichts gegen Marienkäfer, auch wenn sich mal der ein oder andere in meine Wohnung

8   Bolla/Hovorka 2012, S. 56f.

verirrt. Und wenn mir im Sommer draußen einer auf die Hand fliegt, ruft das Erinnerungen an Kinderzeiten wach, als ich noch glaubte, mir anhand der Anzahl der Punkte eine Käfergeschichte erzählen zu können. Angesichts der Unmenge von Käfern fand ich meine Toleranzgrenze aber doch überschritten, zumal ich nicht den Eindruck hatte, dass den Tieren mit der Wahl meiner Wohnung aus ihrer Sicht ein Irrtum unterlaufen sei.

Mit den Käfern, die an den Wänden herumkrabbelten, stand die ‚Käferplage' im Raum, Angst vor unkontrollierbarem Vermehrungswillen und davor, dass sie die Oberhand gewinnen könnten, wie auch immer das aussehen würde. Auf rationaler Ebene war mir bewusst, dass meine Reaktion übertrieben war, schließlich tun einem Marienkäfer nichts. Es war auch nicht zu erwarten, dass sie im Herbst anfangen würden, sich fortzupflanzen. Dennoch fing ich an, mir darüber Gedanken zu machen, wie ich die Käfer am besten und ‚käferfreundlichsten' wieder loswürde.

Störfaktoren

Meine theoretischen Recherchen zu Marienkäfern, die sich in Wohnungen aufhalten, führten zu dem Ergebnis, dass es sich bei den ‚Eindringlingen' gar nicht um heimische Marienkäfer handelte, sondern um ihre asiatischen Verwandten namens *Harmonia axyridis*, die zu den 100 „worst invasive alien species" weltweit gezählt werden.[9] Schlagzeilen wie „Asiatischer Marienkäfer: Mit Biowaffen gegen heimischen Glücksbringer", „Marienkäfer im pervertierten Kampfeinsatz" oder schlichtweg „Ladybird Bioterrorists" lassen einen daran zweifeln, ob es wirklich die richtige Entscheidung ist, die Käfer lediglich einzusammeln und vor die Tür zu setzen. Wohin also mit asiatischen Marienkäfern? Sie gehören scheinbar weder in die Wohnung noch in den Garten und schon gar nicht in die hiesige ‚freie Natur', sondern nach Asien, wo sie ursprünglich herkommen. Auf einem von Invasionsbiolog*innen erstellten *fact-sheet* wird unter der Rubrik Habitat zwischen ‚heimischen' Habitaten und denen in ‚besetzten Gebieten' unterschieden,[10] wodurch der Eindruck entsteht, dass das Habitat nicht mehr – wie oben dargestellt – vorrangig mit einer durch einen bestimmten Raumtypus bedingten Lebensweise zu tun

9 Lowe u.a. 2000.
10 Vgl. Roy/Roy 2008.

hat, sondern dass das Leben im Habitat eine Aufenthaltsberechtigung voraussetzt, die an den Ursprungsort der Art gebunden ist.

Was gebietsfremde Tiere von anderen wild lebenden Tieren unterscheidet, ist, dass ihre Anwesenheit auf Menschen zurückzuführen ist. Asiatische Marienkäfer wurden – da sie wesentlich mehr Läuse vertilgen können als europäische Käfer – in den 1980er- und 1990er-Jahren in verschiedene europäische Länder, unter anderem auch nach Deutschland, eingeführt, wo sie im landwirtschaftlichen Pflanzenanbau als biologische Schädlingsbekämpfer eingesetzt wurden.[11] Innerhalb der kontrollierten Bedingungen im Gewächshaus gelten asiatische Marienkäfer nicht als gebietsfremd, sondern als nützlich. Wenn die Käfer jedoch das ihnen zugedachte Arbeitsumfeld verlassen und als wild lebende Tiere in ‚freier Natur' auftauchen, werden sie als ‚invasive gebietsfremde Art' zum Risiko.

Die Unterscheidung von heimischen und gebietsfremden Tieren beruht primär auf der Vorstellung einer ursprünglichen und unveränderlichen Natur, die durch die anthropogen verursachte Anwesenheit von biologischen Fremdlingen unterminiert wird.[12] Matthew K. Chew und Andrew L. Hamilton, die Konzepte von biologischer Zugehörigkeit historisch aufrollen, heben hervor, dass daraus abgeleitete Vorstellungen von

---

11 Vgl. Brown u.a. 2007.

12 Die Begriffe ‚heimisch' und ‚gebietsfremd' korrelieren mit den im internationalen Sprachgebrauch üblichen Termini ‚native' und ‚alien', die erstmals 1847 durch den englischen Amateurbotaniker Hewett C. Watson (1804–1881) definiert wurden: „Native.– apparently an aboriginal British species; there being little or no reason for being introduced by human agency. [...] Alien.– Now more or less established, but either presumed or certainly known to have been originally introduced from other countries." (Watson 1847, S. 63) Seit der Einführung der Begriffe durch Watson haben sich ihnen innewohnende wissenschaftliche Konzepte und Vorstellungen, insbesondere durch Erkenntnisse im Bereich der Evolutionsbiologie, grundlegend geändert. Obwohl die Unterscheidung zwischen ‚native' und ‚alien species' und daraus abgeleitete Naturschutzpraktiken heute umstritten sind (vgl. z.B. Davis u.a. 2011), hat das Forschungsfeld der Invasionsbiologie, das sich vorwiegend mit der Verbreitung und dem Management von gebietsfremden Arten und ihren Auswirkungen auf ‚heimische' Ökosysteme befasst, während der vergangenen Jahrzehnte zunehmend an Einfluss gewonnen, vor allem auf naturschutzrechtlicher Ebene. Die heute innerhalb der Invasionsbiologie gebräuchliche Terminologie, welche wiederum rechtliche Begriffsdefinitionen bedingt, ist – wie wiederholt festgestellt wurde – oftmals inkonsistent in der Anwendung und beruht teilweise auf unterschiedlichen wissenschaftlichen Konzepten (vgl. z.B. Falk-Petersen u.a. 2006).

ökologischer Integrität ebenso wie darauf begründete Naturschutzmaß-
nahmen auf verschiedenen konzeptionellen Inkonsistenzen beruhen: „The
nativeness standard relies on two tacit conceptual transformations. The
first takes nativeness to mean a taxon *belongs* where it occurs, geographi-
cally, temporally and ecologically. The second takes *belonging* to signify a
morally superior claim to existence, making human dispersal tantamount
to trespassing."[13] Vorstellungen von biologischer Zugehörigkeit, die an
einen Idealzustand von ‚unberührter Natur' gebunden sind, machen demnach nicht nur gebietsfremde Tiere generalisierend zu Stör- oder Risiko-
faktoren, sondern im Gegenzug auch heimische Tiere zu geschichts- und
gesichtslosen Wesen, die im Zustand der Ursprünglichkeit ruhiggestellt
werden. „Native [...] animals have no human history."[14]

Nach Donna Haraway stellt die Welt, die nicht nur von Menschen, sondern auch von jeder Menge anderer Wesen bewohnt wird, ein heterogene
Räume und Akteur*innen umfassendes Ensemble dar, dem man mit Gegen-
überstellungen wie Natur – Kultur oder aktive Subjekte – passive Objekte
nicht gerecht werden kann: „Nature cannot pre-exist its construction, its
articulation in heterogenous social encounters, where all of the actors are
not human and all of the humans are not ‚us', however defined."[15] Asiatische
Marienkäfer, die nicht nur in der Natur, sondern auch z.B. im Weinanbau
und in der Wohnung als Störfaktoren angesehen werden, machen in diesem Sinn vor allem deutlich, dass Tiere, indem sie nicht das tun, was sie
sollen, ihre eigene Handlungsmacht ausüben. Sie können Orte, die ihnen
zugewiesen werden, wie z.B. Gewächshäuser, akzeptieren, können sie aber
ebenso verlassen und sich anderswo niederlassen. Die Eigenwilligkeit und
Widerständigkeit von Tieren, die ohne Befugnis Grenzen überschreiten und
sich fremde Territorien zu eigen machen, stellt offenbar eine tiefgreifende
Erschütterung gesellschaftlicher Grundvorstellungen dar. Nur so lässt sich
erklären, dass in den USA die Verantwortlichkeit für das Management von
gebietsfremden Arten vom Animal and Plant Health Inspection Service in
das kurz nach den Terroranschlägen vom 11. September 2001 eingerichtete
Ministerium für *Homeland Security* transferiert wurde.[16]

---

13 Chew/Hamilton 2011, S. 41.
14 Chew 2013, S. 138.
15 Haraway 2004, S. 124.
16 Siehe Larson 2005, S. 489.

Mariel Jana Supka

3 Marienkäfer auf fremdem Terrain

Mitbewohner*innen

Der Ausbau globaler Transportinfrastrukturen, der es mir einerseits ermöglicht, Waren aus aller Welt zu beziehen, ohne das Haus zu verlassen,
oder aber schnell mal nach Afrika zu fliegen, wo mir das Eintauchen in
fremde Unterwasserwelten die Einmaligkeit eines authentischen Naturerlebnisses verspricht, hat andererseits dazu geführt, dass auch immer
mehr Tiere und Pflanzen durch die Welt reisen. Unter Beibehaltung
derzeitiger Lebensstandards ist folglich davon auszugehen, dass sich
die Verbreitung von gebietsfremden Tieren langfristig nicht stoppen
lässt. Verschiedene Invasionsbiolog*innen schlagen deshalb vor, sich auf
die Anwesenheit von gebietsfremden Arten einzulassen und zu lernen,
mit ihnen zu leben.[17] Wie lebt man also mit asiatischen Marienkäfern?
Meine für gewöhnlich praktizierte Ignoranz gegenüber Tieren in meiner

17   Vgl. z.B. Davis u.a. 2011, S. 154.

Wohnung – abgesehen von Eichhörnchen und Möwen – verflüchtigte sich in dem Moment, als ich die Käfer als störend wahrnahm. Mit ihrer unübersehbaren Präsenz forderten sie ein, mich zu ihnen zu verhalten. Als Erstes wandte ich mich von ihnen ab, steckte meine Nase in Bücher und das Internet, um – in bester Absicht – gesicherte Informationen über sie einzuholen. Dabei habe ich eine Menge gelernt, z.b. dass in Europa der Siebenpunkt-Marienkäfer der häufigste ist. Auch dass europäische Marienkäfer viele sehr schöne Namen haben, wie z.b. Augenfleck-Marienkäfer, Verkannter Zwergmarienkäfer oder einfach Schöner Marienkäfer, und dass asiatische Marienkäfer in ihrem Erscheinungsbild variabel sind, aber alle *Harmonia axyridis* heißen. Ich weiß jetzt, dass nicht nur asiatische Marienkäfer, sondern auch europäische den Geschmack von Riesling beeinträchtigen können und dass man sie ab einer Menge von vier bis fünf Marienkäfern pro Kilogramm Trauben herausschmecken kann. Asiatische Marienkäfer sind je nach Perspektive nützlich oder schädlich. Für Menschen stellen sie ein Gesundheitsrisiko dar, da von Bissen berichtet wird, die aber kaum spürbar seien. Die Auswirkungen auf europäische Marienkäfer sind nicht absehbar, es ist jedoch zu befürchten, dass es zur Konkurrenz zwischen heimischen und asiatischen Käfern kommen wird, da Letztere in Europa nicht mehr aufzuhalten sind. Im Herbst bilden asiatische Marienkäfer Aggregationen, um gemeinsam zu überwintern. In Wohnungen, in denen sie auftauchen, um sich ein Winterquartier zu suchen, gelten sie als Lästlinge. Auch ein österreichisches Wandertheater war einmal – wie das *Invasive Species Compendium* informiert – von Störungen durch asiatische Marienkäfer betroffen.[18] *Harmonia axyridis* ist eine der weltweit am besten untersuchten Marienkäferarten, aber darüber, wie man mit asiatischen Marienkäfern zusammenwohnt, habe ich nichts in der Literatur und im Internet erfahren können.

Meiner Lektüre zufolge waren die Käfer bei mir auf der Suche nach einem geeigneten Ort für die gemeinschaftliche Winterruhe, die bei Käfern nicht Winterschlaf heißt, sondern Dormanz. Ein Bedürfnis, das ich ihnen nicht verübeln kann. Auch habe ich mir eingestehen müssen, dass sie nicht wirklich gestört haben. Sie waren leise, haben mich nicht gebissen, meine Vorräte nicht angerührt und keine stinkenden Fäkalien oder ‚Schreckblutungen' an den Wänden hinterlassen. Nützlich waren sie

---

18   Siehe CABI 2017.

allerdings auch nicht. Sie waren einfach nur da. Und mit ihrer Anwesenheit haben sie Unruhe erzeugt, Fragen provoziert: Wo gehören Marienkäfer hin? Wessen Gäste sind Eichhörnchen? Kann ich das Interesse einer Möwe an mir ernst nehmen und wie kann ich es erwidern? Sind Mäuse Haustiere? Störe ich Fische?

Mit der Widerständigkeit von Tieren, die nicht das tun, was sie sollen, steht auch ihre Agency zur Debatte: „Animals also exert their own power and agency through actions and potential intent. [...] Ultimately, the extent to which animals accept, evade, or transgress the places to which humans seek to allot them reinforces or counters human placements, generating a relational negotiation of physical boundaries and discursive imaginaries."[19] Mit ihrer störenden Anwesenheit wurden die Käfer zu Akteuren. Sie veranlassten mich zu fragen, wodurch ich mich berechtigt fühle zu behaupten, dass Marienkäfer nicht in meine Wohnung gehören. Trotzdem lässt sich schwerlich sagen, dass es ihnen bei ihrem Einzug um etwas anderes ging als darum, einen geeigneten Ort für die Winterruhe zu finden. Marienkäfer stören nicht absichtlich. Beim Eichhörnchen und der Möwe verspürte ich durchaus so etwas wie ein intentionales Verhalten, auch wenn ich bisher nicht erschließen konnte, welche eigenwilligen Interessen sie mit ihren irregulären Besuchen verfolgten. Die Anwesenheit von Käfern hingegen erklärt sich völlig käfergemäß: Sie ‚funktionieren' reflexgesteuert, auch bei der Suche nach Winterschlafplätzen. Erst orientieren sie sich hypsotaktisch in der Landschaft, d.h., sie bewegen sich auf hoch aufragende Objekte am Horizont zu, um sich dann bei der Mikrohabitatsuche durch „positive Geotaxis, negative Phototaxis, positive Chemotaxis und Thigmotaxis"[20] leiten zu lassen.

Die belgische Philosophin Vinciane Déspret weist darauf hin, dass es problematisch ist, die Agency von Tieren an anthropozentrischen Ideen menschlicher Handlungsmacht festzumachen.[21] Agency könne nicht an das autonome, intentional und rational handelnde Subjekt gebunden sein: „Agency is not independence: [...] the issue is not about seeking independent existences but about inquiring about the multiple ways one given creature *depends* on other beings. To be an agent requires

---

19 Bolla/Hovorka 2012, S. 57f.
20 Klausnitzer/Klausnitzer 1997, S. 102.
21 Vgl. Déspret 2013, S. 30.

dependency upon many other beings; being autonomous means being pluri-hetero-nomous."[22] Der Raum, den ich meine eigene Wohnung nenne und der so etwas wie meine ‚dritte Haut' ist, erzeugt oft genau das gegenteilige Gefühl: Gerade hier, in meiner Wohnung, fühle ich mich unabhängig, kann überall ganz ich selbst sein und tun und lassen, was ich möchte. Ich bestimme, wie es hier aussieht, ich kann bei offener Tür aufs Klo gehen und auf dem Sofa fläzend am Laptop arbeiten. Dabei lasse ich mich durch nichts und niemanden stören – außer von asiatischen Marienkäfern, für die ich mich nach der ‚Invasion' meiner Wohnung zunehmend zu interessieren begann. Wenn ich nach Hause kam, freute ich mich darauf nachzugucken, was sie gerade so machen. Meine Wohnung verwandelte sich in einen Ort, an dem Käfer zu Hause waren und auch ich mich mit Käfern zu Hause fühlte. Die Marienkäfer waren von Eindringlingen zu Mitbewohnern geworden, weswegen es nahelag, sie als meine neuen Heimtiere zu begrüßen.

Die englische Literaturwissenschaftlerin und Tierforscherin Erica Fudge, die in ihrer Küche regelmäßig eine Maus traf und ähnlich wie ich vor der Frage stand, was sie mit ihr machen sollte, gab der Maus einen Namen, nämlich Tom Pinch. So machte sie die Mäuse – denn sie nahm an, dass Tom Pinch nicht die einzige war – von einer „pest" zu „pets".[23] Diese Transformation hatte, wie sie selbst feststellte, auch reaktionäre Züge: „I have not challenged the structures by which we live with the natural world in naming the mice. I have simply used one relationship of order (the human/pet relation) that puts humans in control as a model of my co-existence with a being that is not a pet. The house is still my house, and Tom Pinch is present on my terms."[24]

Im Unterschied zu Fudge widerstrebte es mir, die Käfer durch Namensgebung als Heimtiere einzuhegen, ich wollte sie in ihrer Wildheit akzeptieren. Da Tiere aber nur dann als wild lebend gelten, wenn sie sich außerhalb menschlicher Kontrolle bewegen, und da ich meine Wohnung nicht als ‚freie Natur' bezeichnen würde, wandte ich einen anderen Kunstgriff an. Statt die Käfer zu Heimtieren zu machen, erklärte ich meine Wohnung zum ‚Wildraum', was wiederum zur Folge hatte, dass dort nicht nur die Käfer wild leben konnten, sondern auch alle möglichen anderen

22 Ebd., S. 44.
23 Vgl. Fudge 2011, S. 58–60.
24 Ebd., S. 70.

Mariel Jana Supka

4   Mitbewohner*innen

Tiere, die sich unter dem Sofa, hinter dem Schrank oder unter der Badewanne ohne mein Wissen ein Zuhause eingerichtet hatten.

Das Zusammenleben mit wilden asiatischen Marienkäfern war zugegebenermaßen ziemlich unspektakulär. Sie spazierten über meine
Bücher, krabbelten an den Wänden entlang, dann und wann landete
einer auf meiner Hand oder auf dem Rechner. Da die Käfer mich für
das Insektenleben in der Wohnung sensibilisiert hatten, wurden mir
mit der Zeit auch die vielen anderen kleinen Lebewesen, die sonst noch
ihre Nische bei mir entdeckt hatten, immer vertrauter. Die Winkelspin-
ne, die unter der Badewanne lebt und die ich einmal dabei beobachten
konnte, wie sie vergeblich versuchte, eine eingesponnene Wespe durch
den schmalen Spalt zwischen den Kacheln in ihre Höhle zu ziehen. Die
verschiedenen Zitterspinnen, die eigentlich in fast jeder dunklen Ecke
zu finden sind. Die Raupe, die sich hinter dem Bilderrahmen verpuppt
hatte und bei deren Entpuppung das Bild von der Wand fiel und eine
Hausmutter herauskam. Der Weißspinner, die Stinkwanze, die südliche
Eichenschrecke, die Strauchzirpen, die amerikanische Zapfenwanze, die
vielen Fliegen und Kleinstinsekten.

5 *Suggestion box*

Im November wurden die Marienkäfer immer weniger. Der Reihe nach verschwanden sie in der Ritze zwischen Fenster und Fensterrahmen, wo sie im Hinblick auf das Mikroklima und die Lichtverhältnisse geeignete Bedingungen vorfanden, um den immer spürbarer werdenden Winter verschlafen zu können. Im Dezember schliefen schließlich alle, nur ich nicht. Da nichts mehr von ihnen zu sehen oder zu hören war, fing ich an, mich um ihr Wohlergehen zu sorgen. Geht es ihnen gut? Störe ich sie womöglich? Damit ich die Käfer nicht aus Versehen zerquetschte, machte ich die Fenster im Wohnzimmer nicht mehr auf. Auch befürchtete ich, sie mit meinem Heizverhalten aus dem Schlaf zu reißen. Einmal, als ich die Heizung sehr hoch aufgedreht hatte, krabbelten wieder zwei von ihnen herum. Ihr vorzeitiges Aufwachen – so hatte ich gelesen – kann, da sie im Winter keine Nahrung finden, zum Tod führen. Also zog ich dicke Pullover an und nahm mit der Wärmflasche vorlieb.

Der Winter war lang und dunkel und kalt und, was das Tierleben anbelangte, weitgehend ereignislos. Da mich die Käfer trotzdem weiter beschäftigten, begann ich, ihnen einen Einrichtungsgegenstand zu bauen. Einen kleinen Kasten, den ich *suggestion box* genannt und am Fenster befestigt habe. Ich dachte, dass die Käfer dort im nächsten Winter einziehen könnten, wenn sie hoffentlich wiederkämen. Das hätte zumindest das Öffnen des Fensters erleichtert. Nachdem die Käfer mit den ersten frühlingshaften Sonnenstrahlen aus dem Schlaf erwacht waren, erst etwas torkelten, ihre Flügel streckten und sich dann in die Weite des Tempelhofer Flugfeldes verabschiedeten, kamen sie – oder andere – wirklich im nächsten Herbst wieder zurück. Natürlich sind sie nicht in die Box gezogen. Sie machten die Dinge auf ihre Weise, genauso wie ich auch.

Die Box ist noch immer bei mir im Fenster. Sie erinnert mich daran, dass die Käfer da waren oder vielleicht wiederkommen. Und dass das Zusammenwohnen von wild lebenden Tieren und Menschen gelebte Erfahrungen beinhaltet, die sich zu gemeinsamen Geschichten verweben, in denen ausländische Käfer und andere Wildtiere andere Rollen spielen können als die, die ihnen zugeteilt wurden und werden. Das wachsende Bewusstsein darüber, dass Menschen gemeinsam mit Tieren, Pflanzen und anderen Lebewesen diesen Planeten bewohnen, erfordert auch das Zugeständnis, dass Menschen nicht die alleinigen Gestalter*innen der Verhältnisse sind. Viele Tiere haben ihre Lebensweisen an die Wohnverhältnisse angepasst, die wir geschaffen haben. Kann umgekehrt nicht auch ich meine Lebensgewohnheiten und mich selbst durch eine Gruppe von Marienkäfern verändern lassen, die in meiner Wohnung neue Verhältnisse schafft?

Literatur

Alber/Cording 2013 – Birte Alber u. Carsten Cording, Eichhörnchen entdecken!, Hamburg 2013.

Bolla/Hovorka 2012 – Andrea K. Bolla u. Alice J. Hovorka, Placing Wild Animals in Botswana: Engaging Geography's Transspecies Spatial Theory, in: Humanimalia: A Jounal of Human/Animal Interface Studies 3, 2 (2012), S. 56–82.

Brown u.a. 2007 – P.M.J. Brown u.a., Harmonia axyridis in Europe: Spread and Distribution of a Non-Native Coccinellid, in: BioControl 53 (2008), S. 5–21.

CABI 2017 – CABI, Invasive Species Compendium, Harmonia axyridis (harlequin ladybird), 22.11.2017 (letzte Überarbeitung), URL: https://www.cabi.org/isc/datasheet/26515 [10.12.2017].

Chew 2013 – Matthew K. Chew, Anakeitaxonomy: Botany, Place and Belonging, in: Ian D. Rotherham u. Robert A. Lambert (Hg.), Invasive and Introduced Plants and Animals. Human Perceptions, Attitudes, and Approaches to Management, Oxon/New York 2013, S. 137–152.

Chew/Hamilton 2011 – Matthew K. Chew u. Andrew L. Hamilton, The Rise and Fall of Biotic Nativeness: A Historical Perspective, in: David M. Richardson (Hg.), Fifty Years of Invasion Ecology. The Legacy of Charles Elton, Chichester 2011, S. 35–47.

Davis u.a. 2011 – Mark Davis u.a., Don't Judge Species on their Origins, in: Nature 474 (2011), S. 133–154.

Déspret 2013 – Vinciane Déspret, From Secret Agents to Interagency, in: History and Theory 52 (2013), S. 29–44.

Engel/Dusek o.J. – Vanessa Engel u. Maresa Dusek, So locken Sie Eichhörnchen in den Garten, in: Mein schöner Garten, Online-Ausgabe, URL: https://www.mein-schoener-garten.de/lifestyle/gruenes-leben/so-locken-sie-eichhoernchen-den-garten-4111 [31.05.2017].

Falk-Petersen u.a. 2006 – Jannike Falk-Petersen, Thomas Bøhn u. Odd Terje Sandlund, On the Numerous Concepts in Invasion Biology, in: Biological Invasions 8 (2006), S. 1409–1424.

Fudge 2011 – Erica Fudge, Pest Friends, in: Bryndis Snæbjörnsdóttir u. Mark Wilson (Hg.), Uncertainty in the City, Lancaster 2011.

Haraway 2004 – Donna Haraway, Otherworldly Conversations; Terrains Topics; Local Terms, in: dies., The Haraway Reader, London 2004, S. 125–150.

Hesse 1924 – Richard Hesse, Tiergeographie auf ökologischer Grundlage, Jena 1924.

Klausnitzer/Klausnitzer 1997 – Bernhard Klausnitzer u. Hertha Klausnitzer, Marienkäfer (= Neue Brehm-Bücherei 451), Magdeburg 1997.

Larson 2005 – Brendon M.H. Larson, The War of the Roses: Demilitarizing Invasion Biology, in: Frontiers in Ecology 3, 9 (2005), S. 495–500.

Lowe u.a. 2000 – S. Lowe, M. Browne, S. Boudjelas u. M. De Poorter, 100 of the World's Worst Invasive Alien Species, hg.v. der Invasive Species Specialist Group (ISSG) 2000, URL: http://www.issg.org/pdf/publications/worst_100/english_100_worst.pdf [31.05.2017].

Linné 1758/59 – Carl von Linné, Systema Naturae, 10. Aufl., Holmiae 1758/59, online einsehbar in der Biodiversity Heritage Library, URL: http://www.biodiversitylibrary.org/item/10277#page/3/mode/1up [31.05.2017].

Roy/Roy 2008 – Helen Roy u. David Roy, Harmonia axyridis, auf der Website von Delivering Alien Invasive Species Inventories for Europe (DAISIE) 2008, URL: http://www.europe-aliens.org/pdf/Harmonia_axyridis.pdf [31.05.2017].

Watson 1847 – Hewett C. Watson, Cybele Britannica, London 1847, online einsehbar in der Biodiversity Heritage Library, URL: https://www.biodiversitylibrary.org/item/104172#page/70/mode/1up [03.10.2017].

BIO GRA FIEN

Silke Förschler ist Kunsthistorikerin und wissenschaftliche Mitarbeiterin im LOEWE- Forschungsschwerpunkt ‚Tier – Mensch – Gesellschaft‘ an der Universität Kassel. Promotion 2008 an der Universität Trier im Rahmen des DFG-Graduiertenkollegs ‚Identität und Differenz. Geschlechterkonstruktionen und Interkulturalität vom 18. Jahrhundert bis heute‘. Die Dissertation ist unter dem Titel „Bilder des Harem. Medienwandel und kultureller Austausch" 2010 im Berliner Reimer Verlag erschienen. Aktuelle Publikation: Akteure, Tiere, Dinge. Verfahrensweisen der Naturgeschichte in der Frühen Neuzeit, hg. mit Anne Mariss, Köln u.a. 2017. Derzeitiges Forschungsprojekt zu ‚Tiere in Bildern naturgeschichtlicher Ästhetik: Spuren zwischen Leben und Tod‘.

Anne Hölck ist freie Szenografin und arbeitet an verschiedenen Theatern in Deutschland, Frankreich und in der Schweiz. Sie studierte Bildende Kunst, Kunst- und Erziehungswissenschaften an der HdK Berlin und absolvierte 2006–2008 den Masterstudiengang ‚Art in Context‘ an der UdK Berlin. Neben ihrer Theaterarbeit kuratiert sie Ausstellungsprojekte im Forschungsfeld der Human-Animal Studies, zuletzt die Ausstellung „Animal Lovers" 2016 in der Neuen Gesellschaft für Bildende Kunst Berlin, sowie Projekte im Bärenzwinger Berlin. Publikationen (Auswahl): Disziplinierte Wildnis. Zur Lesbarkeit von Tierbildern in der Zooarchitektur, in: TIERethik 2 (2014), S. 28–43; Lebende Bilder und täglich wilde Szenen. Tiere im Maßstab von Zooarchitektur, in: Tierstudien 7 (2015), S. 131–143. www.hoelcka.de, www.we-animals.de.

Hörner/Antlfinger
Seit Beginn ihrer Zusammenarbeit in den 1990er-Jahren stehen kollaborative Prozesse im Zentrum der künstlerischen Arbeit von Ute Hörner und Mathias Antlfinger. Ihre Installationen, Videos und Skulpturen handeln von Beziehungen zwischen Menschen, Tieren und Maschinen und der Utopie eines gleichberechtigten Miteinanders der Akteur*innen. Nach der Auseinandersetzung mit den gesellschaftlichen Konstruktionen, die Mensch-Tier-Beziehungen bestimmen, interessiert Hörner/Antlfinger heute vor allem, wie diese Konstruktionen verändert werden können. Zwei Protagonist*innen, die sie in dieser Frage beraten, sind die Graupapageien Clara und Karl, mit denen sie seit 2014 als Interspezies-Kollektiv CMUK zusammenarbeiten. Ihre Arbeiten wurden in internationalen Ausstellungen und Festivals gezeigt (u.a. Museum Ludwig Köln, ZKM

Karlsruhe, Shedhalle Zürich, Werkleitz Biennale Halle, National Museum of Fine Arts/Taiwan, Latvian Center for Contemporary Arts/Riga, Ars Electronica/Linz, dLux MediaArts Festival/Sydney). Seit 2009 sind Hörner/ Antlfinger Professor*innen für Transmediale Räume/Medienkunst an der Kunsthochschule für Medien Köln. www.h--a.org.

Christiane Keim ist Kunstwissenschaftlerin und Universitätslektorin am Institut für Kunstwissenschaft – Filmwissenschaft – Kunstpädagogik der Universität Bremen sowie assoziierte Wissenschaftlerin am Mariann Steegmann Institut. Kunst & Gender/Bremen. Promotion 1987 am kunstgeschichtlichen Institut der Philipps-Universität Marburg, Habilitation 2004 am Lehrstuhl für Kunstgeschichte der TU München. Zuletzt erschienen: Wohnhöhlen und Beduinenzelte. Die Metapher des „Wilden" im Display der Ateliers von Ernst Ludwig Kirchner vor dem Ersten Weltkrieg, in: Gerald Schröder u. Christina Threuter (Hg.), Wilde Dinge in Kunst und Design, Bielefeld 2017, S. 60–79.

Katja Kynast ist Kulturwissenschaftlerin und beschäftigt sich in ihrer Dissertation mit früher Naturkinematografie und Bildern der Umweltforschung. Sie studierte Kulturwissenschaft, Gender Studies und Soziologie in Bremen und Berlin. 2012–2018 arbeitete sie als wissenschaftliche Mitarbeiterin am Institut für Kulturwissenschaft der Humboldt-Universität zu Berlin. Sie ist Redaktionsmitglied von ilinx. Berliner Beiträge zur Kulturwissenschaft und arbeitet freiberuflich für Museen und andere Kulturinstitutionen. Publikationen (Auswahl): Jakob von Uexküll's Umweltlehre between Cinematography, Perception and Philosophy, in: Philosophy of Photography 3, 2 (2012), S. 272–284; Geschichte der Haustiere, in: Roland Borgards (Hg.), Tiere. Ein kulturwissenschaftliches Handbuch, Stuttgart 2015, S. 130–138.

Astrid Silvia Schönhagen ist Kunsthistorikerin und seit 2010 als freie Lektorin, Kunstvermittlerin und Lehrbeauftragte für verschiedene Institutionen tätig (u.a. Daimler Art Collection, Universität Bremen). Im Rahmen des Bremer Forschungsfeldes wohnen+/–ausstellen promoviert sie zu exotistischen Bildtapeten des frühen 19. Jahrhunderts. Zu ihren Forschungsschwerpunkten zählen die materielle Wohnkultur der Moderne sowie Interferenzen von Architektur, Mode und Kleidung. Publikationen (Auswahl): Das Interieur als Bühne. Dufours tapeziertes

Südsee-Arkadien und die Verinnerlichung naturalisierter „Geschlechts-charaktere" im Wohnen, in: Gerald Schröder u. Christina Threuter (Hg.), Wilde Dinge in Kunst und Design. Aspekte der Alterität seit 1800, Bielefeld 2017, S. 30–59; Azra Akšamijas Wearable Mosques. Kleidung als transkulturelle Camouflage, in: kunst und kirche 2 (2016), S. 4–11; Interieur und Bildtapete. Narrative des Wohnens um 1800, hg. mit Katharina Eck, Bielefeld 2014.

Barbara Schrödl ist Kunsthistorikerin und arbeitet derzeit an der Akademie der bildenden Künste Wien und der Katholischen Privat-Universität Linz. Sie studierte Kunstgeschichte, Soziologie sowie Geschichte der Naturwissenschaft und Technik in Stuttgart. 2001 promovierte sie zum Künstler*innen-Bild im Spielfilm und habilitierte 2015 zum Thema ‚Korrespondenzen zwischen Architekturgeschichte, Fotografie und Film'. Publikationen (Auswahl): „MY BEST FRIEND" – Von der neuen Sehnsucht nach Authentizität in der Mode, in: Ansgar Kreutzer u. Christoph Niemand (Hg.), Authentizität – Modewort, Leitbild, Konzept. Theologische und humanwissenschaftliche Erkundungen zu einer schillernden Kategorie, Regensburg 2016, S. 43–64; Architektur im Film – Korrespondenzen zwischen Film, Architekturgeschichte und Architekturtheorie, hg. mit Christiane Keim, Bielefeld 2015.

Ellen Spickernagel ist Kunsthistorikerin. Sie studierte Kunstgeschichte und Germanistik in Münster und Wien und promovierte mit einer Arbeit zur niederländischen Landschaftsgrafik. 1971–1979 arbeitete sie als Volontärin und Kustodin im Städelschen Kunstinstitut Frankfurt a. M. 1979–1995 war sie Akademische Rätin am Oberstufenkolleg der Universität Bielefeld, 1995–2006 Professorin für Kunstgeschichte am Institut für Kunstpädagogik der Justus-Liebig-Universität Gießen. Publikationen (Auswahl): Der Fortgang der Tiere. Darstellungen in Menagerien und in der Kunst des 17.–19. Jahrhunderts, Köln u.a. 2010; Zwischen Weltausstellung und Theater. Max Slevogt im Zoologischen Garten Frankfurt, in: Kunst in Hessen und am Mittelrhein 6 (2011), S. 51–63; Dem Auge auf die Sprünge helfen. Jagdbare Tiere und Jagden bei Johann Elias Ridinger (1698–1767), in: Annette Bühler-Dietrich u. Michael Weingarten (Hg.), Topos Tier. Neue Gestaltungen des Tier-Mensch-Verhältnisses, Bielefeld 2016, S. 103–124; Rousseaus dilettantische Ideen zu Mensch und Tier, in: Tierstudien 13 (2018), S. 115–123.

Aline Steinbrecher ist Privatdozentin für Geschichte der Neuzeit an der Universität Zürich und Associate Fellow am Zukunftskolleg der Universität Konstanz. Promotion 2003 an der Universität Zürich mit der Arbeit „Verrückte Welten. Wahnsinn und Gesellschaft im barocken Zürich" (erschienen 2006 bei Chronos). Habilitation 2017 an der Universität Zürich mit der Arbeit „Auf den Hund gekommen. Zur Sozial- und Kulturgeschichte der Mensch-Hund-Beziehung im 18. Jahrhundert". Zahlreiche Publikationen und Herausgeberschaften zur Tiergeschichte, jüngst mit Clemens Wischermann u. Lena Kugler, Tiere und Geschichte, Bd. II: Literarische und historische Quellen einer Animate History, Stuttgart 2017.

Mariel Jana Supka ist freiberufliche Schauspielerin und Performerin. In ihrer Laufbahn als Performerin gastierte sie an diversen deutschsprachigen Bühnen sowie auf nationalen und internationalen Festivals. Neben der künstlerischen Tätigkeit hat sie 2012 ihren Master in ‚Performance and Creative Research' an der University of Roehampton in London abgeschlossen, wo sie derzeit auch an einem praxisorientierten PhD-Projekt arbeitet, in dem sie sich mit dem Diskurs über gebietsfremde Tierarten auseinandersetzt. Ihre Forschungsarbeit, mit dem Schwerpunkt auf Fragestellungen an der Schnittstelle von künstlerischer Forschung und Cultural Animal Studies, hat sie bereits in unterschiedlichen künstlerischen wie auch akademischen Kontexten präsentiert.

Christina Threuter ist Kunstwissenschaftlerin und an der Hochschule Trier als Professorin beschäftigt. Sie studierte Kunstgeschichte, Ethnologie und Pädagogik an der Johannes-Gutenberg-Universität Mainz, wo sie 1993 mit einer Dissertation über den Architekten Hans Scharoun promovierte. Von 1995 bis 2001 arbeitete sie als wissenschaftliche Mitarbeiterin im Fach Kunstgeschichte an der Universität Trier. Dort habilitierte sie 2006 mit einer Arbeit über Künstlerinnenhäuser der Moderne. Zuletzt ist von ihr erschienen: Wilde Dinge in Kunst und Design. Aspekte der Alterität seit 1800, hg. mit Gerald Schröder, Bielefeld 2017.

Jessica Ullrich studierte Kunstgeschichte in Frankfurt a.M. sowie Kultur- und Medienmanagement in Berlin. Sie lehrt Human-Animal Studies an der Friedrich-Alexander-Universität Erlangen-Nürnberg. Im Wintersemester 2017/2018 hatte sie eine Gastprofessur für Kunstwissenschaft an der Kunstakademie Münster inne. Zu ihren Forschungsschwerpunkten zählen die Tier-Mensch-Beziehungen in den Künsten und der Ästhetik. Publikationen (Auswahl): Tiere und Kunst, in: Roland Borgards (Hg.), Tiere – Ein kulturwissenschaftliches Handbuch, Stuttgart 2015, S. 195–216; Animal Aesthetics, in: Mike Kelley (Hg.), Oxford Encyclopedia of Aesthetics, Oxford 2014; Ich, das Tier. Tiere als Persönlichkeiten in der Kulturgeschichte, hg. mit Friedrich Weltzien u. Heike Fuhlbrügge, Berlin 2008.

Mareike Vennen ist Kulturwissenschaftlerin und arbeitet derzeit an der TU Berlin. Sie studierte Kultur- und Theaterwissenschaft sowie Französische Philologie in Berlin und Paris. 2009–2013 arbeitete sie als wissenschaftliche Mitarbeiterin am Institut für künstlerische Forschung Berlin (!KF). 2011–2013 war sie Doktorandin am Graduiertenkolleg ‚Mediale Historiographien‘ der Universitäten Weimar, Erfurt und Jena und promovierte 2016 mit einer Dissertation zum Aquarium als Objekt und Akteur der Wissens- und Mediengeschichte im 19. Jahrhundert. Gegenwärtig arbeitet sie am Institut für Kunstgeschichte der TU Berlin im Rahmen des BMBF-geförderten interdisziplinären Forschungsprojekts ‚Dinosaurier in Berlin‘.

Friederike Wappenschmidt ist freie Autorin und Kuratorin. Sie studierte Kunstgeschichte, Klassische Archäologie und Ostasiatische Kunstgeschichte an der Universität Bonn. Nach der Promotion und einer Tätigkeit als wissenschaftliche Mitarbeiterin am Museum für Ostasiatische Kunst sowie am Kunstgewerbemuseum der Staatlichen Museen zu Berlin war sie Stipendiatin der Deutschen Forschungsgemeinschaft in Bonn mit dem Forschungsprojekt ‚Chinesische Tapeten für Europa – Vom Rollbild zur Bildtapete‘, dessen Ergebnisse 1989 unter dem gleichen Titel publiziert wurden. Seitdem veröffentlichte sie Bücher und Aufsätze zur ostasiatischen Kunst, zur Chinamode sowie zur europäischen Kunst und Kulturgeschichte und war an zahlreichen internationalen Forschungsprojekten sowie an Ausstellungen beteiligt. Einer ihrer Arbeitsschwerpunkte ist die China-Rezeption.

BILD NACH WEISE

Förschler/Keim/Schönhagen
Abb. 1: Gill Saunders, Wallpaper in Interior
Decoration, London 2002, S. 10
Abb. 2 und 3: The Secret Life of Pets, USA
2016, Illumination Entertainment (DVD)

Hölck
Abb. 1: Heini Hediger, Tierpsychologie im Zoo
und im Zirkus, Basel 1961, S. 47
Abb. 2: Ebd., S. 45
Abb. 3: Ebd., S. 120
Abb. 4 und 5: © Fotos: Anne Hölck

Hörner/Antlfinger
Abb. 1, 2, 4 und 6: © Fotos: Ute Hörner & Ma-
thias Antlfinger
Abb. 3: Museo Nacional del Prado, Pintura del
Siglo XIX en el Museo del Prado. Catálogo
general, Madrid 2015, S. 171
Abb. 5: © Estate of Gordon Matta-Clark/Ar-
tists Rights Society (ARS), New York

Kynast
Abb. 1: Jakob von Uexküll u. Georg Kriszat,
Streifzüge durch die Umwelten von Tieren
und Menschen, Berlin 1934, S. 56
Abb. 2: Ebd., S. 57
Abb. 3: Ebd., S. 58
Abb. 4: Ebd., S. 55
alle Abb.: © Staatsbibliothek zu Berlin, Preu-
ßischer Kulturbesitz

Schrödl
Abb. 1: Wikimedia Commons, https://upload.
wikimedia.org/wikipedia/commons/b/b5/
Jean-Marc_Nattier_-_Madame_la_Comt-
esse_d%27Argenson_-_WGA16452.jpg
[19.9.2018]
Abb. 2: Paul Kweton, © Studio PAULBAUT
Abb. 3: Steffen Jänicke, © seasons.agency
Abb. 4: David Parry, © Samsung Electronics
Austria GmbH

Spickernagel
Abb. 1: Ursel Berger u. Günter Ludwig (Hg.)
Bestiarium. Tierplastik deutscher Bildhau-
er des 20. Jahrhunderts, Sammlung Karl H.
Knauf, Ausst.-Kat. Georg-Kolbe-Museum
Berlin, 27.6.–19.9.1999, Berlin 2009, © Foto:
Bernd Sinterhauf, Berlin

Abb. 2: Josefine Gabler, August Gaul. Das
Werkverzeichnis der Skulpturen. Berlin 2007,
Nr. 52, S. 71
Abb. 3: Renée Sintenis. Das plastische Werk,
hg. v. Ursel Berger u. Günther Ladwig im Auf-
trag v. Karl H. Knauf, Berlin 2013, S. 40 unten;
Sabine Krell, Käthe Augenstein 1899–1981.
Fotografien, Bonn 2011, S. 56
Abb. 4: Philipp Hart zum 100. Geburtstag –
Tiere in der deutschen Plastik des 20. Jahr-
hunderts, Ausst.-Kat. Mittelrheinisches Lan-
desmuseum Mainz, 28.4.–9.6.1985, Mainz
1985, S. 18 (Zeichnung) und S. 19 (Plastik)
Abb. 5: F. Rep. 290-05-01Nr. 138: Landesar-
chiv Berlin/Marta Huth

Steinbrecher
Abb. 1: © Musée Cognacq-Jay/Roger Viollet

Supka
Abb. 1–5: © Fotos: Mariel Jana Supka

Threuter
Abb. 1: Albert Morancé (Hg.), L'Architecture
Vivante [1929], New York/London 1975, S. 37
Abb. 2: Reto Niggl, Eckart Muthesius. Der Pa-
last des Maharadschas von Indore, Stuttgart
1996, S. 74
Abb. 3: Patricia Bayer, Art Déco Interieur.
Raumgestaltung und Design der 20er und
30er Jahre, München 1990, S. 136
Abb. 4: Gérard-Georges Lemaire, Orientalis-
mus. Das Bild des Morgenlandes in der Ma-
lerei, Potsdam 2010, S. 200
Abb. 5: Peter Adam, Eileen Gray. Architektin,
Designerin, Zürich 1989, S. 105
Abb. 6: lilly reich vs greta von nessen, auf:
mondoblogo, 9.9.2011, http://mondo-blogo.
blogspot.de/2011/09/lily-reich-vs-greta-von-
nessen.html [19.9.2018]

Ullrich
Abb. 1a und 1b: © Joanne Bristol
Abb. 2: © Angela Köntje & Peter Frey
Abb. 3: © Annika Eriksson, Galerie Krome
Berlin
Abb. 4: Courtesy Erik van Lieshout, Galerie
Krinzinger, Wien

267

Vennen
Abb. 1: Punch 33 (1857), S. 250
Abb. 2: Blätter für Aquarien- und Terrari-
en-Kunde 16, 18 (1906), o.S.
Abb. 3: Blätter für Aquarien- und Terrari-
en-Kunde 18, 47 (1907), S. 469
Abb. 4: Johannes Peter, Das Aquarium. Ein
Leitfaden bei der Einrichtung und Instandhal-
tung des Süßwasser-Aquariums und der Pfle-
ge seiner Bewohner, Leipzig 1906, Tafel I, o.S.
Abb. 1–3: © Staatsbibliothek zu Berlin, Preu-
ßischer Kulturbesitz

Wappenschmidt
Abb. 1a: Ralf Giermann, „Mehr zum Staat als
zum Gebrauche". Das Federzimmer in Schloss
Moritzburg, hg.v. Schloss Moritzburg, Dres-
den 2003, S. 35, Foto: Sächsische Landesbi-
bliothek – Staats- und Universitätsbibliothek
Dresden
Abb. 1b: Schloss Moritzburg, © Foto: Jürgen
Karpinski
Abb. 2: © Foto: Friederike Wappenschmidt
Abb. 3: Christopher Frayling, Horace Walpole's
Cat, Illustrated by Richard Bentley, William
Blake and Kathleen Hale, London 2009, S. 34
Abb. 4: Ulrich Schmidt (Hg.), Porzellan aus
China und Japan. Die Porzellangalerie der
Landgrafen von Hessen-Kassel, Bestands-Kat./
zgl. Ausst.-Kat. Staatliche Kunstsammlungen
Kassel, 1.7.–23.9.1990, Berlin 1990, Kat.-Nr.
154a Beckeninneres, Farb.-Abb. S. 389
Abb. 5: Christopher Frayling, Horace Wal-
pole's Cat, Illustrated by Richard Bentley,
William Blake and Kathleen Hale, London
2009, S. 42